西方管理思想溯源
及其历史演进

陈继华◎著

The Origin and Historical Evolution of Western Management Thoughts

企业管理出版社
ENTERPRISE MANAGEMENT PUBLISHING HOUSE

图书在版编目（CIP）数据

西方管理思想溯源及其历史演进 / 陈继华著. —北京：企业管理出版社，2021.8

ISBN 978-7-5164-2438-4

Ⅰ. ①西… Ⅱ. ①陈… Ⅲ. ①管理学—思想史—西方国家 Ⅳ. ①C93-095

中国版本图书馆CIP数据核字（2021）第148186号

书　　名：西方管理思想溯源及其历史演进
作　　者：陈继华
责任编辑：张　羿
书　　号：ISBN 978-7-5164-2438-4
出版发行：企业管理出版社
地　　址：北京市海淀区紫竹院南路17号　　邮编：100048
网　　址：http://www.emph.cn
电　　话：总编室（010）68701719　发行部（010）68701891　编辑部（010）68701816
电子信箱：80147@sina.com
印　　刷：北京虎彩文化传播有限公司
经　　销：新华书店
规　　格：710毫米×1000毫米　16开本　16印张　252千字
版　　次：2021年8月第1版　2021年8月第1次印刷
定　　价：80.00元

自 序

目前，从外引进和国内撰写的管理思想史著作，皆是以工业文明昌盛至今的百余年间欧美管理思想的历史演变为主线渐次展开的。即便论及古代和近代的管理思想，也是既简且疏，或流于点滴浮表之思想片断，或流于管理操作层面的细枝末节，于中难窥远来至今的思想发展主脉，难与其详加阐释的西方现代管理思想在精神传承上前后相接。更让国内读者阅及西方现代管理思想阶段各家学说时，对诸如韦伯的“新教伦理与资本主义精神”、泰罗“科学管理思想”中科学性与人性的矛盾、麦格雷戈“X-Y 理论”中“人性假设”源于教会管理经验等内容颇感困惑不解。因为西方文明的某些不同于中华文明的特殊探求及其思想结晶（诸如古希伯来文明的宗教理性、古希腊文明的人本传统、古罗马文明的法治精神和基督教文化的千年浸淫等）对西方现代管理思想的深刻影响，是断难以我们的文化视角和立场就可以心领神会的。必须将它们由远及近娓娓道来，条分缕析一一注解。如此，方能对西方现代管理思想百余年来的纷争和创新了悟其根由，体悟其真意，觉悟其与我之差异的本源所在。

我们不能同意某些学者的这一看法，即认为西方管理思想史开始于大工业的完成，而古代和中世纪管理思想只是“历史的序幕”，这种序幕可作为“史前”来处理。我们认为，管理理论也许出现得较晚，但管理思想则几乎伴随着人类社会初始阶段群体活动的萌动即应运而生。因为“理论一般是指具有前后连贯逻辑关系的‘体系化、系统化’，并可以自圆其说的思想理念体系，而思想则一般是指相对零散，但却也是真知灼见，并具有真理性的认识。而思想的范围更大、更抽象”。古代社会的有些管理思想，其生也早，其思也巧，其义也高，其韵也久。它们也是历史上某一特定阶段巨大而深刻的社会变革的产物，它们的思想内容和思辨轨迹对工业文明以来的所谓西方现代管理思想的形成和嬗变不仅有历史传承上的逻辑关系，而且有鉴古知今、温故知新的警示和启迪意义。这一点，无论对东方还是西方的管理思想史，其理皆然。

有鉴于此，本书拟做如下尝试：

1. 按照下列几条线索对西方管理思想的溯源及其历史演进进行梳理。

一是古往今来的历史线——西方管理思想史是以从远古到当今的时间延伸主线而渐次推演、绵延至今的。今天人们的思想状态是其远古祖先思想的传承和进化的今世注解。即便西方文明在发展演化的进程中出现了像中世纪这样长达千年之久的断代，但经“文艺复兴”之后的再续前缘，其现代管理思想的熠熠星辉中依然有着古希腊－罗马文明镶饰的层层光晕和中世纪管理文化的“神性”基因，西方管理思想古往今来的薪火相传是明白无误的，是有迹可循的。这充分体现了人类社会管理思想发展由简入繁、代续相接的历史性特点。

二是迭有创新的理论线——“历史是社会全体劳动者共同推动的结果，他们的劳动和创造为社会发展提供必要的物质和文化条件，从而为社会发展提供了可能。但从社会演变的方向上看，历史并不遵循所谓的‘平行四边形法则’，而是遵循一种非线性的‘赢者通吃’模式，少数（通常是一个）主导变量一旦获得压倒性优势，就会主导演变的格局。因此，与我们以往所理解的不同，尽管底层民众在社会发展中具有不可或缺的推动作用，但导引发展方向的确实只是少数主导因子，从某种意义上说，历史是属于少数人的。”管理思想史即以少数先知者思想观点的演化革新为其发展主线，这充分体现了其应运而生、与时俱进的创新性特点。在演化发展进程中，先知们思想的跃迁又可以分为若干不同的发展阶段。梳理这种思想的发展轨迹可以探究出其自身创新变革的规律性。

三是由浅入深的人性线——管理是人们所进行的有目的有组织的群体活动，管理思想的发展总是围绕着“如何认识人性”“如何对待人性”的主题，以不断地突破对人性的认识为特征，来寻求管理过程的顺畅圆满和管理活动的最佳境界。西方管理思想的历史演进过程实际上就是一个对人类管理活动过程中的“人性”如何认知、如何摆放、如何引导的文明进化过程。

四是主客博弈的互动线——管理过程中，管理者与被管理者的思想交锋与博弈互动共同推演着人类社会管理思想的演进与完善。只关注历代统治者管理思想的变化，而忽略或轻视广大民众的思想状态和行为反弹（特别是这种反弹对统治者管理思想的调校和修正作用），这不仅是视野偏狭的，而且也无法圆满地解释管理思想发展史上的倒退反复和激进突变现象。当然，在论及各历史阶段管理新思想产生的时代背景中会间接地触及这一互动因素，但本书将特别提出并直接论及这一历史线索。

2. 仅有百余年历史的西方现代管理思想，其研究重心确是落在微观层面的"企业管理思想"上，但是从几千年的管理思想发展史来看，更久远、更大比例的研究内容和研究重心却是落在现代企业组织尚未出现之前的管理活动着力平台——社会管理层面上。本书拟主要从社会管理的宏观视角出发，分析社会环境的巨变导致管理思想演化的历史进程、重要节点和基本规律。

3. 以站在历史发展高度的宏阔视野，以客观理性地解惑释疑的超然心态，梳理总结人类社会管理思想的演变规律。

其一，本书根据最新的考古研究成果和近些年学术界的新锐观点，将传统观点认定的现代西方文明的源头"两希文明（古希伯来文明和古希腊文明）"进一步上溯至"地中海文明"（环地中海文化圈），补充了古苏美尔文明、古巴比伦文明和古埃及文明碎片中的管理思想火花对西方管理思想萌芽和形成的初始探索和启迪意义。

其二，挖掘和剖析古希伯来文明、古希腊文明和古罗马文明中的管理伦理和价值尺度（如宗教理性、人本传统、法治精神等）对西方管理思想发展，特别是西方近现代管理思想创新的源头活水意义。

其三，通过缕析中世纪基督教的发展壮大、基督教文化的核心理念和基督教世界的成型这一历史线索，拂拭并辨明基督教"神性文化"在中世纪管理思想上的深刻烙印及在西方现代管理思想上的印痕。

其四，归纳总结西欧近代三大思想解放运动及其成果对当今欧美社会主流价值观（包括其主流管理思想）的灵魂重塑意义。

其五，对西方现代管理思想中的"科学（效率）"与"艺术（人性）"的对立矛盾和此消彼长的历史脉络循着"人性线"走向梳理清晰，并对这一矛盾的未来趋势进行了初步的描摹。

其六，对西方现代管理思想发展阶段中凸显的"东方神秘色彩——日本管理思想”进行了基于其独特民族文化背景的深入剖析。

其七，概略分析了“后现代主义”思潮对西方当代管理思想的冲击，初步归纳整理了西方“后现代管理思想”的关注热点和特色性观点。

陈继华

2019 年 5 月 22 日于南京

目录
contents

第一章　西方管理思想的原始汲源

第二章　西方管理思想的价值涵养源

第三章　西方中世纪管理思想的“神性异化”

第四章　西方近代管理思想的去魅

第五章　工业文明号角里的“科学拜物教”

第六章　西方现代管理思想的内生性冲突

第七章　西方现代管理思想的解析化

第八章　西方现代管理思想中的“日本色斑”

第九章　国际化潮流中的跨文化差异

第十章　新世纪西方管理思想的所趋大势

第一章　西方管理思想的原始汲源

第一节　西方文明的源头

较长时期以来，谈到西方文明的溯源，虽庞杂多流，但比较而言，公认最为重要的两个源头是“两希文明”，即古希腊文明和古希伯来文明。[①] 然后便是古罗马文明，再加上基督教文明，认为这就是今日欧美文明的源头。时至今日，仍有不少人固执地相信：西方文明迥然有别于世界其他地区诸文明，是由古希腊－罗马文明经由中世纪的基督教文明进而到近代的工业文明独立发展推演而成的。

但随着19世纪后半叶开始的一系列考古发掘的重大突破，研究表明：这个源头其实还不是西方文明的初始源头，而且它也不是独立发展推演的。那西方文明的源头活水究竟在哪儿呢?

现代考古学证明：位于地中海东部的中间位置、爱琴海最南面、距离非洲

---

① 最明确指出这一点的是英国学者阿诺德，他在《文化和无政府状态》中指出：“我们作为一个民族，是依照自己所拥有的最佳准则才显现出我们值得赞美的活力和毅力的。……假如我们要用两个卓越而又辉煌地体现这些力量的民族来命名的话，那么，我们可以分别称之为希伯来精神的力量和希腊精神的力量。我们的世界正是在希伯来精神和希腊精神这两种影响之间运动。某个时刻世界感到了其中一极更有力的吸引，另一时刻则感受到另一极的吸引力。世界应在两极之间完美和谐地实现平衡，尽管这从未实现过。”阿诺德这一论断得到了人们的公认，现在普遍把希腊文化的精神和希伯来文化的精神作为西方文化的两大相辅相成的互补基因。

大陆仅有 300 千米的希腊第一大岛克里特岛，曾在远早于古希腊文明[①]（也早于古希伯来文明的传说时代[②]）出现之前的公元前 2600 年至公元前 1125 年，即涌现出了灿烂的克里特文明（亦称米诺斯文明）。这一远古文明被确定为划开了欧洲文明混沌的第一道闪电。[③]但是最早的克里特人又是从哪里来的？克里特文明又汲源于何处呢？研究表明：他们恰恰来自地中海东侧沿岸古代腓尼基人生活的地方（腓尼基大致相当于现在的黎巴嫩）。

地中海东侧沿岸——那恰恰就是我们熟知的“两河流域”——幼发拉底河和底格里斯河（即现在的伊拉克及其附近的地方，这两条河流经叙利亚北部和伊拉克，最后注入波斯湾）。两河下游的冲积平原称美索不达米亚，希腊语意思是“两河之间”，从两河流域向西一直到尼罗河流域的古埃及，这一地带因其形状似一弯新月被西方人称为“沃月地带”，中国人翻译成“新月湾”。这个地方在远古的时候土地非常肥沃，文化比较发达，原始的商业活动也已经出现。[④]且早在公元前 3000 多年以前，就已出现了高度发达且严密的政治和文字系统国家。它与邻接地区建立了密切的往来关系，不仅有政治、军事、商业、技术上

① 公元前 2100 年—公元前 2000 年，亚该亚人进入伯罗奔尼撒半岛，建立了以迈锡尼地区为主的迈锡尼文明，这才是真正的希腊人的创造。第一代希腊人即亚该亚人，在约公元前 1800 年前后才进入克里特半岛。

② 据《圣经》记载，大致在公元前 1900 年—公元前 1500 年，他们逐渐由美索不达米亚的乌尔迁入当时地中海东岸、一块叫作“迦南”（Canaan）的地区。迦南原来的居民称这批从东边越河过来的人为“希伯来”，意即“越河者”。约在公元前 1200 年—公元前 400 年间，希伯来人才创立了一种宗教——犹太教。据《圣经》记载，希伯来人的先祖亚伯拉罕家族就起源于苏美尔。

③ 克里特岛是地中海文明的发祥地之一。曾在此发掘出公元前 10000 年—公元前 3300 年新石器文化遗迹。公元前 2800 年克里特岛已进入青铜器时代，公元前 2000 年在岛北岸以诺萨斯城为中心建立了统一的奴隶制国家——米诺斯王朝。其居民被认为多半来自西亚。约从公元前 2600 至公元前 1125 年，岛上涌现了著名的米诺斯文明，艺术、建筑和工程技术空前繁荣。全盛时期的克里特文明（公元前 1700 年肇始）不仅统治克里特岛，还遍布在整个爱琴海地区，包括希腊的雅典及迈锡尼地区。同时，其与埃及的关系十分紧密。

④ 被西方称为“史学之父”的希罗多德（生活于公元前 5 世纪）在其所著《历史》里就把远古时期（公元前 6 世纪以前）的两河流域这一块地方，特别是波斯、埃及等地方的文化状况做了很迷人的描述。他的描述即使是听传说也是有价值的，何况他是根据我们已经读不懂的古代文字的记载所得来的。

的交流，而且更有语言、文学、艺术上的互渗。在西方“史学之父”希罗多德所著的《历史》一书里我们就可以看到，两河流域的文化怎么样影响了希腊。波斯的文化通过两河流域，通过埃及（埃及在远古的时候属于亚细亚地区，属于西亚）流入希腊。这是希腊文化的一个重要来源。当然，不是说从两河流域的文化发展出了一个希腊文化，希腊文化有它本土的东西，而是说因为当时的两河流域的文明程度高于希腊，从两河流域到尼罗河这一带的诸多文明，给了远古希腊文明以很大的滋养，这样在以后才有了希腊的古代历史[①]。欧洲文明的源头是古希腊，古希腊文明的源头则是同两河流域的交流（至少是受到那些地区的实质性影响）。

两河流域是迄今为止我们已知的人类最古老的文化发源地。“考古资料显示，公元前 1 万年至公元前 9000 年左右，在两河流域沿扎格罗斯山和伊朗高原脚下，就有分散的一批定居点。根据发掘资料，公元前六千纪（公元前 6000 年—公元前 5000 年）以降，这一地区已有相当清晰的社会和文化的发展线索”。“人类文明的第一缕曙光在这块土地上升起，世界上最早的文字在这里产生，世界上最早的城市在这里建立”[②]。它相继孕育了苏美尔文明、巴比伦文明、腓尼基文明，也哺育了克里特文明、古希腊文明和古希伯来文明。

两河流域文明昌盛的时期是一个大迁徙的时代，人员流动非常频繁：希腊人向地中海沿岸的各个地方流动经商，这些地方的人也向希腊流动，进而产生文化上的融合。现在要是看古希腊的艺术雕刻，再看看古埃及的雕刻，有很多是相似的，从中能看出它们之间的渊源。文字语言也是由两河流域的腓尼基字母传至希腊的。腓尼基的字母只有子音字母，被希腊人加上了一些母音，就构成了后来的希腊字母。希腊文字实际上也是欧洲文字的祖先。因此古希腊文明有相当深厚的小亚细亚、北非成分。

宗教、希伯来语也是从两河流域一带传过去的。两河流域文明对希伯来人的影响既直接又迂回曲折。早在公元前 1500 年，犹太人的原始祖先开始征服巴

---

①科学史专家乔治·萨顿说：“希腊科学的基础完全是东方的，不论希腊的天才多么深刻，没有这些基础，它并不一定能够创立任何可与其实际成就相比的东西。……我们没有权利无视希腊天才的埃及父亲和美索不达米亚母亲。——萨顿．科学史和新人文主义［M］．陈恒六，等译．北京：华夏出版社，1989：64.

②摘自 CCTV 百集大型纪录片《世界历史》（第 4 集）解说词：古代两河流域的文明（1）。

勒斯坦。在那儿，他们和迦南人发生了联系。而迦南人的文化深深地弥漫着两河流域文明的思想和信仰。公元前 586 年，希伯来人的文化首次直接和两河流域文明发生联系：那时尼布甲尼撒王摧毁了耶路撒冷，并把它的居民俘获到巴比伦尼亚。随后，巴比伦人的知识和学问逐渐浸入希伯来人的思想和文化之中。后来，当“巴比伦之囚”——希伯来人返回他们的家园并建立犹太王国时，他们也随之带去了大量两河流域的宗教、教育、法律的仪式。这其中有些被传到基督教，又通过犹太 - 基督的传统而传到西方文明之中。直到今天，犹太的许多崇拜仪式仍可确证是从古巴比伦人那儿借习而来的。在整个关于希伯来法律的大量的、繁杂的评论言词中，有许多来自巴比伦和苏美尔传统，这点以《巴比伦塔木德》[①] 最为显明。——两河流域文明中丰富而复杂的崇拜仪式和神话深深地影响着西方的宗教信仰，特别是犹太教和基督教。

后世学者们综合利用发生学、类型学、语源学、生态文化学、古人类学、比较宗教学及跨文化研究的方法，研究得出了一个进一步的结论：从公元前五千纪（公元前 5000 年—公元前 4000 年）至公元前一世纪，历史上的确形成过一个东起泛美索不达米亚和尼罗河，西达现今的法国部分和西班牙，南邻北非沿岸，北抵阿尔卑斯山脉南麓的“环地中海文化圈”（亦称“地中海文明”）。这个文化圈的范围同地中海地质地理条件是大体一致的。[②] 这个文化圈的中心首先是在地中海东部的西亚和埃及，尔后西移到地中海西部的雅典，再移至罗马。地中海域诸文化经过希腊化和罗马帝国近 800 年之久的交融和碰撞，最终形成了古代最具历史地位的“环地中海文化圈”。后来，随着阿拉伯人的西进和伊斯兰运动的兴起，以及 476 年西罗马帝国灭亡和其后法兰克王朝的建立，到中世纪，“环地中海文化圈”分解为以伊斯兰教为主的阿拉伯文化圈和以基督教为意

---

①《塔木德经》是犹太律法、思想和传统的集大成之作，以后各个时代的判例和新思想都会汇入这个“大海”之中。分散于世界各地的犹太人跨越距离、风俗和语言的差异，通过《塔木德经》紧紧地联系在一起。《塔木德经》出自《圣经》的故乡巴勒斯坦，以及文明的摇篮美索不达米亚。记载始于公元前 6 世纪巴比伦放逐时期，结束于罗马共和时期。

② 法国学者费尔南 · 布罗代尔 (Fermond Braudel) 说：“古老的地中海比现在要大得多，第三纪激烈而频繁的褶皱运动使地中海的面积大幅萎缩。阿尔卑斯山、亚平宁、巴尔干、扎格罗斯山、高加索等所有这些山脉都是从地中海里冒出来的”。——布罗代尔 . 地中海考古：史前史和古代史［M］. 蒋明炜，等译 . 北京：社科文献出版社，2005：3–4.

识形态的近代西方文化。

所以，著名的西方学者斯塔夫理阿诺斯认为中东的早期历史属于他们的文明历史。[①]而在中国也有学者认为：西方文明的源头在东方（当然这里的“东方”指中东，而不是远东）。[②]可以说，人杰地灵的两河流域独创了人类最早的文化，编织了人类文明（包括西方文明）的摇篮。

第二节　苏美尔文明的发现与古巴比伦人的管理思想

一、苏美尔文明的发现

在幼发拉底河和底格里斯河的交汇点上，有一个叫特罗的小地方，从 1877 年到 1900 年，在这块 12 平方千米的土地上，一个叫德・萨西的法国人率领考古队展开了大规模的考古活动。

考古发现让人瞠目结舌：总计有三万多块刻有文字的泥板，刻有两千多行铭文的圆筒形印章及各式雕像被从深埋于地下的远古灰烬中发掘出来，它们距今已有 6000 多年的时间跨度！这是一个我们此前从未听说过的、迄今已知的人类历史上最早的文明——苏美尔文明（苏美尔人及其后的阿卡德人、巴比伦人等都先后生活在现今伊拉克的南部地区）。[③]

既有的考古结论目前仅能勾勒出一个大致的“拼图”：

大约在 6500 年前，苏美尔人来到两河流域的最南端定居，他们“似乎既不

---

①“文明先在美索不达米亚生根，以后又在欧亚大陆和美洲的其他几个地区生根，那之后，便向四面八方传播。随着文明从大河流域的发源地向外传播，并跨越邻近的野蛮地区，这一取代过程不可抗拒地继续着。”——斯塔夫理阿诺斯 . 全球通史：1500 年前、后的世界［M］. 吴象婴，梁赤民，译 . 上海：上海社会科学院出版社，1999.

② 参见搜狐号“北京大学出版社”：《西方那一块土：钱乘旦讲西方文化通论》。

③1922—1934 年，英国考古学家伍莱率领一支庞大的队伍对苏美尔文明的核心聚落乌尔进行了 12 个季度的大规模发掘，揭示了这个遗址从 7000 年以前的一个小村庄到逐步成为世界上最繁华的文明都市和在公元元年前后被最终废弃的一幅全景画。

是印欧人的一支，也不是闪米特人的一支，这一点很可奇怪。他们的语言与汉语相似，这说明他们的原籍可能是东方某地”。他们究竟来自何方？目前人类学家和考古学家还不能完善地予以说明。苏美尔人在冲积平原上建立起房屋，栽种果树、在沼泽中捕鱼，并创造了一种全新的农业生产方式——灌溉农业。苏美尔人早期大规模的灌溉系统始建于公元前6000年（迄今约8000年前），但真正发展起来是在公元前3000年（迄今约5000年）以后。正是大规模的灌溉造就了所谓的两河流域文明。

“人类学者指出了将文明与新石器时代的文化区别开来的一些特征。这些特征包括：城市中心，由制度确立的国家的政治权力，纳贡或税收，文字，社会分为阶级或等级，巨大的建筑物，各种专门的艺术和科学，等等”。大约在4900年前，苏美尔人建立了世界上最早的城邦国家，在苏美尔地区先后产生了十几个城邦。在每个城邦中都有一个统治者，城邦统治者像一个大家族的族长，要主持城邦内的一切事务、发动和指挥城邦间的战争、主持宗教的仪式、建造和修缮神庙、组织贸易活动，等等。大约4300年前，在苏美尔地区北部的阿卡德人的杰出领袖萨尔贡，征服了两河流域各城邦，统一了苏美尔地区，建造了世界上最早的首都，并创造了最早的中央集权制统治的雏形，建立了古代两河流域第一个统一国家——阿卡德王朝。

阿卡德王朝灭亡100多年后，两河流域迎来了新的统一王朝——乌尔第三王朝（又称为新苏美尔时期），这个新的苏美尔王朝是苏美尔文明发展的鼎盛时期。新王朝创建者乌尔那木的儿子舒尔吉将王朝建设成为两河流域有史以来最强大的国家，并颁布了世界上第一部法典——《乌尔那木法典》（因为许多学者误认为这部法典是其父乌尔那木颁布的，故有此称谓），这部法典是后来那部名扬后世的《汉谟拉比法典》的蓝本。

苏美尔文明的一个重要特征是文字的发明和使用。苏美尔人所创造的楔形文字，被后来的阿卡德人、巴比伦人、亚述人所承袭，并随着商业和文化交流的扩大而传播到整个西亚。公元前1500年左右，苏美尔人发明的楔形文字已成为当时国家间交往通用的文字体系，连埃及和两河流域各国外交往来的书信或订立条约时也都使用楔形文字。后来，伊朗高原的波斯人由于商业的发展，对美索不达米亚的楔形文字进行了改进，把它逐渐变成了字母文字。

苏美尔人的宗教发展程度不高，但宗教在他们的生活中占有很重要的地位。苏美尔人和其后继者的宗教信仰深受自然环境的影响，尤其是受底格里斯河和幼发拉底河每年河水泛滥的启示，他们的人生观带有恐惧和悲观的色彩，这反映了其所处自然环境的不安全对其心灵的投影。他们以为，人生来只是为神服务，神的意志和行为是无法预言的，因而，他们用种种方法来预测变幻莫测的未来。他们虔诚敬神，在苏美尔各个城邦中，最高大辉煌的建筑就是神庙。他们向神祈求风调雨顺、五谷丰登、国泰民安。神庙就是城邦和城邦之间，甚至是苏美尔地区与周边地区之间经济活动的中心。苏美尔人崇拜许多神，如天神（安努）、地神（恩利尔）、水神（埃阿）、太阳神（沙马什）、月神（辛）、女神（伊什塔尔）等。苏美尔宗教有一个值得注意的特点：它不主张有什么极乐的和永恒的后世。

祭司在当时社会中占据着重要的地位。祭司统治集团的产生是文明的一个根本特征。祭司凭借掌握的宝贵的宗教知识和灵活运用它们的技术和秘密——这已经被证实是通向超自然境界的途径，以某种方式说服所有人（包括驯服外来人），让他们屈从于超自然因素的约束，接受祭司宣扬的异于自身原有宗教传统的新宗教思想。这种祭司集团赋予现实政治制度和政治领袖以神的制裁力和神的属性，是为维持现实的社会制度服务的，所以他们同城邦统治者关系密切。实际上，他们与城邦统治者保持着微妙的合作关系，分别行使着管理职能，共同促进了美索不达米亚文明的成长。这一点可能对同样汲源于它的后起的古埃及文明的“君权神授”说支撑的政教合一体制产生了一定的影响。

因为祭司和管理人员（这两个词往往意义相同）需要学习楔形文字，因而神庙区内附设有学校，苏美尔的这些学校是人类文明史上目前已知的最早的学校，学校教授苏美尔语语法、写作、书法以及代数、几何、自然等课程。苏美尔人对于数字的运用，可以说已经达到了令人望尘莫及的地步：在金字塔附近找到的一块泥版上，开列出了一道由两个数字相乘的计算题，其最终乘积如果用阿拉伯数字来表示，结果竟是一个 15 位的数字 195955200000000！而晚至公元前 500 年左右的希腊人，还认为 10000 这个 5 位数字，简直是一个“大得无法计算的值”，凡是超过了 10000 的，就被称为“无穷大”。而对于近代欧洲人来说，多位数字一直到 1600 年以后，才由笛卡尔、莱布尼兹等数学家兼哲学家最先用于计算。

苏美尔人在建筑方面也达到了很高的水平，最主要的建筑遗迹是塔庙。由于两河流域没有巨大的花岗石，苏美尔人用砖块建造塔庙。苏美尔人习惯于在旧神庙原址上建新庙，因历代续建，神庙地基变成了多层塔形的高台，顶端供奉着神龛。这种高台建筑叫“吉古拉特”（Ziggurat）。苏美尔人在造型艺术上早期以小型雕塑和镶嵌艺术为主，出土的面具、祭司组雕、公牛头（牛头竖琴）、“乌尔军旗”等，堪称当时的典范。后来，苏美尔人偏重于较大型的雕像和浮雕（纳拉姆辛石碑）。

苏美尔人可能是受陶轮的启发突发奇想发明了车轮。因为早在公元前4000年左右的伊朗，轮子就已用于制陶业了，并在大约500年后由伊朗传入苏美尔。车轮的发明，对其后的人类社会活动影响深远。据现有史料和考古遗迹推测，最早的军事阵列很有可能也是苏美尔人发明的。

苏美尔人的天文学知识堪称惊人。在苏美尔人留下来的典籍和图案之中，整个星相图与现代人测绘的几乎一模一样。他们的“太阴历”以月的圆缺，周而复始为一个月。一年分12个月，其中有6个月各为30天，另6个月各为29天，全年共354天。这样每年比地球绕太阳一周的时间少11天多时间，于是他们又创立了设置闰年的办法。

苏美尔人善于经商和对外交往。早在6000年前，在阿富汗、印度次大陆、小亚细亚、波斯湾沿岸就已经可以看到苏美尔商人的身影。在陆地或是海上，他们将两河流域的粮食、鱼肉制品等运往各地，带回木材、石料、矿产等生活必需品，当然还有一些奢侈品。伴随着苏美尔商人的活动，苏美尔文明传向四方，而其传播载体就是用苏美尔语书写的楔形文字泥版。

苏美尔文明在时间上实早于古埃及文明，是早期最有创造性和发明精神的人类文化之一。它是古代两河流域文明的核心和基础，日后西亚各地各时代的文化在不同程度上都受到苏美尔人的影响。即使在苏美尔人的国家灭亡之后，苏美尔文明（尤其是语言与法律）也被其他民族建立的国家所承继，并对东西方各族人民产生了强烈的影响。

二、古巴比伦人的管理思想

在古代两河流域文明的传承表上，苏美尔文明之后接续的便是古巴比伦文明（约公元前 2000 年—约公元前 1600 年）。古巴比伦帝国的缔造者是第六代国王汉谟拉比[①]（公元前 1792 年—公元前 1750 年）。汉谟拉比是巴比伦文明最重要的开创者，在其统治时期，中央集权君主专制制度进一步强化。社会生活的管理法制化、正规化和系统化水平达到了相当高的程度。

让汉谟拉比显赫于史的，是他继承了苏美尔人的法律传统，将原苏美尔人的法律改头换面而颁布的一部法典，即《汉谟拉比法典》。美索不达米亚人都试图通过编制完备的法典来减轻笼罩于心的不安全感，《汉谟拉比法典》是其中最杰出的一部，它后来成为闪米特人其他各族如亚述人、迦勒底人和希伯来人制定法律的基础，也是迄今为止世界历史上第一部完备的成文法典。

《汉谟拉比法典》全文刻在黑色玄武岩的下半部分，分三个部分：前言、正文和后记。引言下面是法典本文，共 300 条左右，旨在明确地、永久地调整一切社会关系。这部法典不仅阐明了古巴比伦的社会管理制度，其中的思想光芒也照耀了当时乃至其后的东西方文明。以下是法典的几个主要特点：

1. 管理宗旨的公道正义观

法典的开头就是汉谟拉比的一篇引言，他在引言中说，古时诸神早已预定，巴比伦应是世界上的至高无上者，巴比伦应担负起“让正义之光照耀整个大地，消灭一切罪人和恶人，使强者不能压迫弱者”的使命。汉谟拉比在结语处再一次声称：法典是作为神的命令，是为了人类的利益能受到公正的对待而颁布的。

2. 管理思想的系统化和法制化

法典包括对刑事犯罪，如杀人罪、盗窃罪、强奸罪等的处罚规定，以及对民事纠纷，如借贷、转让、婚姻等方面的处理原则，甚至还规定了房屋、土地出租的租金，婚姻的礼金和聘金的额度等。在两河流域地区考古发现的文献中，

①1901 年，在现今伊朗的苏萨遗址，发现了一块高大的黑色玄武岩石碑，石碑上部雕刻的画面描绘的是一个叫汉谟拉比的国王，从正义之神、太阳神沙马什手中虔诚、郑重地接过象征权力的权杖。

各种各样的契约和合同占据绝大多数，土地买卖、房屋租赁、婚姻合同，甚至耕牛租借，当事人双方都要签订契约或合同，并且有证人当场作证签名。由此可见，当时两河流域的社会生活的管理法制化、正规化和系统化水平已经达到相当高的程度。

3. 管理原则的公平持正观

法典施行同态复仇法，即奉行以眼还眼、以牙还牙的原则："如果一个人伤了贵族的眼睛，还伤其眼。如果一个人折了贵族的手足，还折其手足。"（法典第一百九十六条、第一百九十七条）

4. 管理秩序的等级序列观

法典奉行阶级歧视，对下层社会的赔偿低于上层社会："如果贵族阶层的人打了贵族出身的人，须罚银一明那。如果任何人的奴隶打了自由民出身的人，处割耳之刑。"（法典第二百零三条、第二百零五条）

5. 管理手法上的矫枉过正观（严刑峻法）

"如果一个人盗窃了寺庙或商行的货物，处死刑；接受赃物者也处死刑。"（法典第六条）

6. 朴素的国家（君主）社会主义思想

法典颁布了许多"福利国家"的规定，包括：确定基本商品每年的价格，限制利息率在20%，周密地调整家庭关系，保证度量衡的信誉，城市负责对未侦破的抢劫案或凶杀案的受害者做出赔偿。"如果没有抓获拦路的强盗，遭抢劫者须以发誓的方式说明自己的损失，然后由发生抢劫案的地方或地区的市长或地方长官偿还损失。""如果是一条性命（已失去），市长或地方长官须付银子一明那给死者亲属。"（法典第二十三条、第二十四条）

7. 管理的稳定性观点

法典生动、尖刻地诅咒了任何敢于篡改法典的后世统治者："怨声载道的统治，寿命不会长，将出现连年饥荒、一片黑暗、突然死亡，……他的城市将毁灭，人民将离散，王国将更换，他的名字永远被人遗忘……他的幽魂'在地狱里'喝不到水。"（法典结语）

接替古巴比伦王朝的中巴比伦王朝，是古代两河流域历史上统治时间最长的一个王朝。它的辉煌超过了汉谟拉比王统治时期。新巴比伦王国的创建者是迦勒底人，他们是科学史上值得大书特书一笔的民族，他们编辑整理的《巴比伦日志》记载了每月的天文现象、货物价格、水位和天气状况，是世界上最早的天文记录之一。新巴比伦人的天文学知识十分先进。他们将天空分为 12 个相等的区域，正如我们今天所知道的黄道十二宫图。这是天文学的划分，同时也是一种非常先进的行政管理体系。

新巴比伦王国最著名的国王是尼布贾尼撒二世，他于公元前 605 年 9 月 7 日继承王位，他是《圣经》中记载的征服了古希伯来人使其成为“巴比伦之囚”的那位国王。著名的空中花园据说就是他为其来自米底的王妃建造的。巴比伦城的建筑美轮美奂，巴比伦人的生活奢侈豪华。苏美尔人开创的两河流域文明经过巴比伦人的继承发扬得以向更加广阔的地区传播。①

第三节　古埃及人的管理思想

正像美国埃及学研究专家莱昂内尔·卡森所说：“在克里特岛上的米诺斯人于诺萨斯建造宫殿之前的一千年，在以色列人追随摩西摆脱奴隶身份之前的几百年，埃及已经是一个大国。当意大利半岛的部落民族还在台伯河边结草为庐的时候，埃及已经繁荣昌盛。两千年前的希腊罗马人看埃及，就已经有点像现代人凭吊希腊和罗马的废墟了。”和两河流域文明一样，古埃及文明也是人类历史上已知的最早文明之一，从公元前 3100 年到公元 30 年的 3000 多年里，古埃及文明曾是人类历史上最辉煌的文明。

有文字记载的古埃及历史开始于公元前 3100 年左右，但是古埃及文明则可以追溯到公元前 4000 多年甚至更久。但从中世纪开始，人们已经不能识读古埃及的文字——因为，在古埃及历史的后期，因诸多外来文明的强力冲击和干预致使其文明进程发生了灾难性的变故。

公元前 332 年，马其顿王国的亚历山大大帝征服了埃及，埃及受到希腊文化的影响长达三个世纪，随后又被罗马人占领，古埃及的历史就此告终，它成

① 摘自 CCTV 百集大型纪录片《世界历史》（第 4 集）解说词：古代两河流域的文明（1）。

为罗马帝国和后来拜占庭帝国的一个行省，后成为狂热的基督教国家。641 年，阿拉伯人又占据了这块土地，并且盘踞至今。三个外来异质文化（希腊、基督教和阿拉伯）的强力注入，有效地摧毁了尼罗河谷土生土长的原生文化。它们的注入手段虽也曾有逐渐同化和改变的轻柔之举，但更多的是雷霆霹雳般的暴力毁灭。比如，罗马帝国的凯撒大帝在公元 47 年攻占了亚历山大城，将亚历山大城的图书馆付之一炬，据说当时馆内藏书达 70 万卷，有大量与法老时代埃及有关的著作。其中最著名的是由埃及祭司曼涅托写的 30 卷《埃及史》，这是曼涅托应托勒密一世[①]的指示，用希腊文撰写的。再比如，391 年，拜占庭帝国的皇帝狄奥多西一世颁布法令，关闭和摧毁帝国境内所有异教神庙。这使得当时掌握文化钥匙的埃及祭司们顿失所依，星散四方，古埃及文脉由此断绝。到 450 年左右，不但没有人能辨认古代埃及的文献，就连埃及人为了使占领者了解埃及而用希腊文撰写的作品也就此灭迹，埃及古文明因此悄然湮灭于厚重的历史尘埃中。

我们今天关于古代埃及文明的认知是后世西方学者倾心重建的结果。它主要借助于两个途径：一是对古典文献记载的细心研读、连点成线；二是对考古发掘揭示的古代证据的穷究深考。目前的研究结论表明：古埃及文明的出现，在很大程度上应归功于最早在底格里斯河和幼发拉底河流域形成的文明。但是，古埃及人创造的文明决不是苏美尔文明的复制品，它反映了古埃及人及其自然环境所独有的特点，因而有它自己的特色。

一、尼罗河的馈赠——得天独厚的自然环境

古埃及所在的尼罗河流域与美索不达米亚不同，它的西面是利比亚沙漠，东面是阿拉伯沙漠（那里的山脉把埃及与红海隔开），南面是努比亚沙漠和飞流

---

① 托勒密一世（公元前 367 年—公元前 282 年），原本是马其顿帝国亚历山大大帝麾下的一位将军。公元前 323 年，亚历山大病逝以后，托勒密在巴比伦分封协议中成为埃及总督。后来随着马其顿帝国的分崩离析，托勒密在公元前 305 年宣布自己为埃及国王，由此开创了托勒密王朝在埃及近 300 年的“希腊化”统治。托勒密王朝疆域最鼎盛时包含埃及、昔兰尼、安那托利亚南部、叙利亚南部和爱琴海一些岛屿，领土最南可达努比亚。亚历山大港是托勒密王国的首都，也是当时“希腊化”世界的重要文明中心以及贸易枢纽。

直泻的大瀑布（第一瀑布），地中海是埃及的北部边界，那里是三角洲地区的没有港湾的海岸。一个被沙漠和海洋隔绝了与世界其他地方联系的国度——这些自然屏障使它受到特别好的保护，不易遭到外族的侵犯。而尼罗河——这一生命之河就像一根天然的纽带，从南向北滋润着古埃及，把整个流域地区连接成一个稳定、有效的整体。据估计，古代埃及用尼罗河水灌溉的土地有 270 多万公顷，远远超过古代两河流域、印度河流域和黄河流域。正是凭借这一得天独厚的条件，埃及人在这块安全、富饶的流域地区，可以自由自在地安排自己的命运。

埃及这种受到优越自然环境保护的生活，不仅为种族的稳定创造了条件，而且也有助于整个流域地区的集权统一。大约公元前 3400 年前后，此时埃及境内的各部落发展成为两个独立的君主国。埃及南部的尼罗河谷（自第一瀑布到孟斐斯）被称为“上埃及”。埃及北部的尼罗河三角洲（自孟斐斯至地中海）称为“下埃及”。在公元前 3100 年左右，上埃及国王美尼斯统一上下埃及，开始了史称的“王朝时期”。这时，埃及已具备文明的基本特征，不仅有专职的行政官员、士兵、宗教首领和艺人，而且还有文字。“王朝时期”社会管理权力的集中程度经历了一个由松散到集权的过程。“王朝时期”的初期（即“古王国”时期）建立的是一种高度分权的政府。中央政府与各省的唯一联系是税收。中央政府的控制力极弱，各省如同独立王国。“王朝时期”的中期（即“中王国”时期）实现集权化。所有土地都归以法老为首的皇家官员所有，权力集中于法老。各省省长由中央政府任命，不再独立行事，而是执行法老的指示。军队由中央政府维持，赋税也由中央政府征收。由一位首相协助法老工作，参与治理国家，并经常到各地巡查。集权统一的国家管理体制有利于在更大规模上利用尼罗河，发展灌溉农业，从而大大促进埃及经济、文化的发展。这也为之后修建众多金字塔奠定了雄厚的物质基础和必要的社会条件。

二、君主神权统治

1.“君权神授”说支撑的政教合一的管理体制

“君权神授”说是古埃及法老专制制度的思想基础，也是其显著的历史特征。从古王国时期，“众神同尊”的传统宗教信仰便逐渐被改变，太阳神被尊奉为全国最高的神灵，国王（法老）自称太阳神之子，为其管理权威披上“受命于天”的神圣外衣。在古埃及，国王的话就是法律，由于这个原因，古埃及没有任何与美索不达米亚文明（苏美尔与巴比伦）的明文法典相同或相似的法律制度。为得到神权的支持，历代国王都把大量的土地、财富和劳动力捐赠给神庙，致使神庙祭司集团得以形成并逐渐做大，宗教影响渗透社会生活各个领域，甚至在某些历史时期，其社会地位、经济实力和伦理权威竟然构成对法老王权的严重威胁。埃赫那吞[①]改革的失败即为一明证。

古埃及社会管理权力结构由国王、贵族、祭司、官吏、武士等构成，自由民和奴隶无机会参与。国王（法老）拥有行政、军事、经济、司法和宗教等一切权力，地位至高无上，是国家的象征和代表，其意志即法律。国王之下设宰相（维西尔）辅佐国王，主持日常政务，主管行政、司法、经济和宗教事务。宰相下又有大法官、大祭司、灌溉大臣、掌玺大臣等文武官吏。地方行政单位是州，由州长（诺马尔赫）实行统治。州长是国王在各地的代理人，由国王任命，听命于国王的政令，管理地方行政，统率地方军队，维持地方治安，并负责税收、管理水利和神庙事务。州长多由地方上的旧贵族担任，是地方上传统势力的代表，有很强的影响力，因此，他们与中央王权统治者之间存在着相斥分离的张力，当王权衰落时，他们时常拥权自重、割据称雄。

2. 等级森严的社会管理体系

古埃及是一个具有严格的社会身份与等级制度的社会。以国王为首，包括王族、神庙祭司与贵族官僚等构成奴隶主阶级。他们占有大量的土地和奴隶，剥削和压迫奴隶与自由民。中等自由民则成分复杂：工匠与农民一般来说属于自由民阶层，但对神庙与贵族有着比较牢固的人身依附关系，并要向国家交税与服各种劳役。在中王国时期，书吏与商人开始兴起。书吏精通文墨，通过为官府或贵族服务而为人重视。商人则因具有雄厚的财力而有一定的社会地位。

---

① 埃赫那吞，即阿蒙霍特普四世（公元前 1379 年—公元前 1362 年在位），后改名埃赫那吞，古埃及第十八王朝法老。他在位时期，以宗教改革为名，强制推行对太阳神阿吞的崇拜活动，是古埃及历史上最重大的事件之一，也是长期以来学者们研究的焦点课题。详见本章末“埃赫那吞的宗教改革—— 一神教运动”。

奴隶阶级处在社会最底层，有债务奴及更多的战俘奴。奴隶多数为国家所有，或用之于石材开采、灌溉工程、建筑业和农业等方面，或用之于奴隶主阶级的家庭劳动。

三、古埃及的经济

古埃及农业、商业、手工业等物质文明极度繁荣。农业种类繁多，高度发达。农业经济的发展得益于以下几点：其一，较早地使用不用任何报酬的战俘奴兴修水利，参与农业生产；其二，金属农具的使用及农具的不断改进；其三，大规模的水利工程兴建、土地开垦保障了农业的增产丰收。农业的发展促使手工业和商业也迅速发展，古埃及人种植的农产品除一部分自给外，其余都用于交换或出口。手工业分工较为细致，并建立较大的工场，实行雇佣工制，有的工场雇佣多达 20 人以上。工商业的发展带动了城市的兴起，如尤法姆附近的卡呼恩城，在十二和十三王朝时期工商业非常发达。主要同毕布罗斯 / 克里特进行频繁的贸易，这些海外贸易进一步推动了本国经济的发展。埃及商人交易手段先进：他们了解会计学和簿记的要素，善于使用商业文书，知道怎样计算和记账。商人们常用货据和订单进行商品交易，同时还发明了财产契约、书面合同和遗嘱。当时还没有铸币制度，他们以一定数量的铜圈或金圈作为交换媒介，这实际上是现知的人类文明史上最早的货币。

古埃及经济包括商品交易的迅速发展，得益于其国家对经济生活绝对控制的管理制度。古埃及实行的是土地国有（君主）制，国家不仅控制了农业和手工业的大部分生产，而且还负责产品的分配。据说，“所有人的食物供给都由国王负责”。除缴纳赋税外每个村社还得派男子服徭役即强制性劳役。这些劳工被派去采石、开矿和整修灌溉沟渠。金字塔就是这些劳工最著名的劳动成果。这已经迹近计划经济管理模式了。不过土地虽然在理论上属于国家（法老），但大部分被其赐予神庙祭司、贵族与官僚，故大部分土地实际是私人占有。这些土地与王室的田庄，或安排奴隶耕种，或租给自由民（农民）。土地事实上的私有化行为使得占有者可以灵活机动地掌握税收；而宽松的人身依附关系，则有效地鼓励了自由民（农民）择主而侍，这在一定程度上激发了他们的生产热情。

四、古埃及文明蕴含的管理思想

1. 追求安宁和谐的管理境界

埃及文明几乎与美索不达米亚文明同样古老，但比之美索不达米亚的动荡和紧张，埃及文明尤显稳定和宁静的特征。古埃及人最重要的理想是寻求和谐与实践永恒，事实上埃及人在古代历史的很长时期里享有和平。神与人的关系、人与社会的关系都是和谐的。现存埃及雕刻和绘画中的人物看上去往往都流露出迷人的微笑，就像在夏日海滩沐浴着明媚阳光般的舒心满足、怡然自得。

古代埃及的哲学主要是伦理和政治的哲学。其最早的作品是充满哲理的劝世格言《箴言》和《传道书》。在政治哲学方面，大约于公元前2050年写成的《一个能说善辩的农民的故事》提出了作者理想中的统治者形象：为了其臣民的福祉，宽厚仁慈，公正无偏；而国家是由仁慈的君主所主持的福利机构。

2. 乐观自信的世界观

与苏美尔人相反，埃及人普遍地持有自信而乐观的世界观。造成这种差异的主要原因是环境因素。

由于美索不达米亚是开阔的平原，周围没有可以阻止外族入侵的屏障，因而其居民必须时时保持警惕，以军事手段应付闪米特人或印欧人洪水般的侵袭。而古埃及人生活的尼罗河谷地，因受到沙漠和红海的环抱，相对来说不易受到外族入侵的威胁。埃及人生活在这样安全的地理位置，自然深感自身命运的安然祥和。

底格里斯河和幼发拉底河每年的泛滥不可预知、来势凶猛，美索不达米亚人无法把自然看作是可以依赖的繁衍生息的温床，这促成了苏美尔人的不安全感和悲观。而尼罗河年复一年在夏季数月定期泛滥且趋势平缓，在作物种植及成长的季节退潮，留下肥沃的利于丰收的淤泥，这使得埃及人感到大自然是可以预测和宽厚仁慈的，从而助长了他们的自信和乐观。苏美尔人把他们的洪水之神视作恶神，而埃及人则把他们的洪水之神看作“它的到来会给每个人带来欢乐”的喜神。

古埃及《尼罗河颂》中这样写道：

"年复一年，你带着白浪滚滚而来……糕饼和蜜酒，丰饶和喜悦，盛大的恩典自你而来。啊！尼罗河，我赞美你，你从大地涌流而出，养活着埃及……一旦你的水流减少，人们就会停止呼吸。"

3. 循环至永恒的思维

古埃及人从尼罗河周而复始的泛滥中得到启示：世界是有始无终循环不断的。尼罗河象征着从南向北的生命永恒，而太阳标志着从东到西的生命循环。重生接续死亡而来，一如尼罗河水退去之后还会如期重来。而今生的富贵权位在死后也可以延续。基于这样的认知，古埃及人把法老、王后和贵族的陵墓安放在尼罗河的西岸，而在尼罗河东岸则是壮丽的神庙和充满生命力的居民区——"死者之城"和"生者之城"隔河相望，形成阴阳两个世界的永恒循环的回环。

4. 宗教的伦理性

宗教在古代埃及人的生活中占据着重要的支配地位。社会生活中有着浓重的宗教色彩，无论政治、文学、建筑、艺术还是日常事务的处理，几乎每一个领域都留下了它的印记。

中王国即将结束之际，埃及宗教发展到了顶峰。太阳崇拜和奥西里斯祭完全融为一体。阿蒙是生命之神及现世美好事物的捍卫者，奥西里斯则充当死者的判官和赋予行善者以永生。宗教和神祇具有伦理性，成为激发人们善行的伦理综合体。

埃赫那吞的改革是古埃及历史上的重要事件。改革虽然最终失败了，但却影响深远。埃赫那吞宣称阿吞是唯一存在的神，不仅是埃及的神，而且也是全世界的神。他把这个神设想为人类利益的永恒创造者和维护者，设想它是唯一以慈善之心关注一切创造物的天父。这是人类文明史上首倡一神教崇拜的管理思想，是古代社会开始进入君主神权统治阶段在宗教观念上的反映。它有助于人类突破地区与民族传统习俗的狭隘局限，去构建出一种更高层次的管理文化形态。它对犹太教乃至更晚的基督教与伊斯兰教的核心教义都产生了深远的影响。

5. 稳定而开明的文化传统

古埃及独特的地理位置使得其社会有一个相对稳定的政局。从公元前 3100

年到公元前2270年，古王国包括六个王朝持续了八个多世纪的政治稳定期，这在“两河流域”的编年史上是找不到的。这既促进经济发展和文化繁荣，也使文化传统有着更大的稳定性和延续性。

但这并不意味着古埃及文化是闭塞的或僵化不变的。古埃及在与努比亚和两河流域的持续密切的联系和交流中，不断吸取对方的新鲜营养，以维持自身文化的活力。同样，上述地区文明的发展和进步也留下了古埃及文化的深刻烙印。

以苏美尔文明、古巴比伦文明、古埃及文明为代表的两河流域文明所取得的一系列成就，使得这一地区成为当时世界上最发达的文明策源地，并作为人类历史上第一个文明输出地不断向外输出其文明成果，其后的古希腊－罗马文明和古希伯来文明便深受其益。

五、埃赫那吞的宗教改革——一神教运动

1. 改革背景

其一，代表神权的祭司宗教集团与代表世俗王权的法老之间的矛盾激化的结果。

推行太阳神的崇拜过程中形成的祭司阶层，原本极力鼓吹“王权神授”的观点，支持法老的王权集权，法老也对其回报甚丰。双方本来互动良好，配合默契，但随着祭司阶层的逐渐强大与财富的不断增加，他们开始试图控制王权，甚至欲取而代之。这样，统治集团内部法老王权与祭司集团宗教神权的管理权威之争便急趋恶化。

其二，祭司宗教集团的堕落导致宗教的伦理性作用渐趋消失。

驱逐喜克索斯人的残酷战争助长了古埃及社会上的非理性态度，知识的价值降低，结果是祭司势力急剧膨胀。他们利用大众的恐惧心理首创并出售具有魔法的符咒，称可以防止死者的心脏显示他的真实特性，还出售据说可帮助死者进入天国的表白书以为自己谋取好处。宗教的堕落在为祭司集团带来更多财富和势力的同时，不可避免地导致宗教对社会大众的伦理感化作用渐趋消失，这使得身为社会管理者的法老产生了巨大的不安。

基于以上背景，法老阿蒙霍特普四世决定实施宗教改革，以图匡正宗教弊端，重塑宗教教义，更借此扩充王权的管理权威，打击对自己专制统治构成愈来愈大威胁的祭司宗教集团。

2. 改革内容

其一，把太阳神作为唯一的信仰，称为“阿吞”（阿吞是古代有形的太阳的说法）。以阿吞神来代替对阿蒙神的崇拜，禁止崇拜阿吞以外的神，宣讲一神崇拜。阿吞没有人或动物的形状，而是被想象为能赋予生命、温暖的太阳光束。他是万物的缔造者，因而不只是埃及的神，而且是全宇宙的神。阿蒙霍特普四世自视为阿吞神的继承者和共同统治者，其他人应该视他为神。他关闭了所有的阿蒙寺庙，驱赶庙里的僧侣，把各处可以见到的诸神的名字铲除掉，甚至连“神”这一名词的复数形式也被取消了。

其二，建立起一种崭新的、简化的崇拜仪式，废除传统宗教的一切繁文缛节。

其三，恢复埃及宗教的伦理特性。坚称阿吞神是世界道德秩序的缔造者，由他报偿心灵纯洁、诚实之人；阿吞神是一切有益事物的支持者和宽厚仁慈地关照着其所创造的所有生灵的天父。类似的概念，如上帝的唯一性、公正和仁慈等，直到600年后希伯来先知的时代才又重新为人所创设。

其四，迁都、改名，以示对阿吞神的信仰及代表阿吞神。

阿蒙霍特普四世憎恨底比斯的“阿蒙”神，但法老本人的王姓阿蒙霍特普意为“阿蒙很惬意”，其中含有阿蒙神的名字，因此，他改名为埃赫那吞（Ikhnaton），意为“有益于阿吞”“阿吞的光辉”。他把都城从底比斯迁往埃及中部一座新建的城市，并命名该城为“埃赫塔吞”，即“阿吞的地平线”，即现在的阿玛尔纳（Amarna）。阿蒙霍特普四世还将其妻子涅菲尔提提改名为涅菲尔－涅夫鲁－阿吞（意为“阿吞的美人是美丽的”）。

3. 改革结果

阿蒙霍特普四世的宗教改革虽大胆凌厉，但最终结果却失败了。其死后的继任法老与阿蒙神庙祭司集团又重新结成了管理同盟，旧的宗教信仰遂又得以复辟如昔。

回观阿蒙霍特普四世改革的失败，后世研究者认为原因有三：

一是反对派祭司集团阵容强大，能量不容低估。

二是传统习惯的矫正难度和信仰习俗的改造难度超乎想象。

三是新的阿吞神崇拜缺少旧的崇拜方式那种最大的吸引力——对死后生活的允诺。旧有宗教中宣称：阿蒙神是生命之神及现世美好事物的捍卫者，奥西里斯神则充当死者的判官和赋予行善者以永生之神力。但是，新的宗教中的阿吞神的神力却仅限于阳世，不涉及人类死后的阴间评判。因此，难以形成对人们思想行为的完整闭合的管理威慑。

4. 埃赫那吞改革的意义

这是人类文明史上首倡一神教崇拜的思想。一神教思想的理论与实践，有助于人类突破地区与民族的传统习俗观念的局限，超越那些保留了原始图腾残余的多神崇拜，去构建出一种更有利于动员集结社会力量，更有利于形成统一意志，更有利于配合君主专制集权体制的管理（宗教）文化。它对其后产生的犹太教乃至更晚出现的基督教与伊斯兰教都产生了直接而有力的影响。而埃赫那吞改革的过程及其争执焦点，又多么像是西欧中世纪世俗王权与基督教会神权反复缠斗的前世预演！

第二章　西方管理思想的价值涵养源

第一节　古希伯来文明的宗教理性

据《圣经》记载，希伯来人的先祖亚伯拉罕家族起源于苏美尔。据说亚伯拉罕得到上帝耶和华的指示，允诺给他们一块“流着奶和蜜”的乐土——迦南（即“应许之地”，地点在今天的巴勒斯坦）。大致在公元前 1900 年至公元前 1500 年之间，希伯来人逐渐由美索不达米亚的乌尔迁入这块叫作迦南的地区。据《圣经》记载，迦南原来的居民称这批从东边越河过来的人为“希伯来”，意即“越河者”。在人类古代历史中，希伯来文明远没有美索不达米亚文明和埃及文明那么显赫。不过，约在公元前 1200 年至公元前 400 年间，希伯来人创立了一种宗教——犹太教。犹太教对于早期的基督教和伊斯兰教的形成，产生了重大的影响。因此，人们把希伯来文明视作欧洲文明的重要来源之一。也因此故，希伯来文明在人类文明史上便具有了异乎寻常的重要性。

希伯来及其承续者犹太民族被视为“谜一般的民族”，在其数千年的经历中一直是以“孤独流浪者”的悲剧形象出现在世界历史舞台。公元前 2000 年，亚伯拉罕率部南移进入迦南。公元前 1200 年，扫罗因抵御腓力斯丁人的需要而建立以色列 - 犹太国家。公元前 721 年亚述王萨尔贡二世率军占领北部以色列王国首都撒马利亚，将国王及其臣民 27000 多人押回亚述，此后将其散布到征服他们的庞大帝国各地，最后被同化。公元前 597 年和公元前 587 年新巴比伦先后两次出兵巴勒斯坦并攻占了耶路撒冷。公元前 586 年，耶路撒冷城在经过 18 个月的围困后被攻破，犹太教圣殿遭洗劫，贵族、祭司、工匠等 5 万余人被巴比伦帝国尼布甲尼撒二世俘往巴比伦，史称“巴比伦之囚”。从此，犹太人国破家亡，人民流散于世界各地。这期间产生了一神教思想和弥赛亚（救世主）观念，犹太教萌芽。以犹太教为纽带，犹太人“亡国而未灭种”。公元前 332 年巴勒斯坦被希腊的亚历山大大帝征服，造成犹太人的第二次大流散。公元前 63 年，又为罗马所灭。公元 66 年犹太人举起义旗但旋即遭遇失败。公元 70 年，圣殿被毁。此后巴勒斯坦完全被罗马帝国吞并，犹太人也逐渐流落到广阔的罗马帝国的其他疆域。这次大流散使犹太民族进入了为期近两千年的“世界性大离散时代”，从而在一种极其特殊的历史条件下延续、发展着自己独特的文明。

宗教是古希伯来文明最鲜明的标记，宗教信仰的统一是犹太民族形成过程中的决定性因素。从公元前 12 世纪至公元前 8 世纪中叶这一时期，希伯来人逐渐相信上帝并非内在于自然，而是外在于自然，而人类作为自然的一部分，通过神意成为自然的主宰。从公元前 8 世纪中叶到公元前 6 世纪中叶，以色列和犹太两王国灭亡后，深重的民族灾难极大地刺激了犹太民族的宗教信仰，促进了犹太教一神观的进一步深化和完善，它把耶和华推为全人类的至高主宰。从公元前 539 年至公元前 300 年这一时期，希伯来的宗教与波斯宗教和希腊哲学思想融合，最大的贡献是关于人类末世的学说。琐罗亚斯德教的某些思想(关于来世、复活、善恶二元论以及末日审判论、天堂地狱论等神学观念)在犹太人中被广泛接受。他们逐渐相信，上帝会马上派来一位弥赛亚拯救犹太民族，拯救世界。弥赛亚将主持“最后的审判”。

犹太教的经典是《圣经》(《旧约全书》，the Bible)，它编订于公元前 5 世纪—公元 1 世纪，反映的是公元前 12 世纪—公元前 2 世纪巴勒斯坦地区及其周边的政治、经济、文学艺术、宗教伦理和自然科学方面的内容，包括了犹太人在这一千年间的法律、历史、宗教、传说、神话等资料。其中包含的宗教思想与社会思想极为丰富，是一部百科全书式的作品。希伯来人非常注意有关人生和人类命运的大多数问题。在探讨一些人生问题时，总是带有一些伦理的色彩。这些早于希腊人也超过了其他所有民族的哲学思想散见于《圣经》和犹太教的其他经书中。《圣经》中最具哲学意味的篇章是“传道书”。它的基本哲学思想可以概括为：机械论；宿命论；悲观主义；节制。

犹太教基本教义，简言之即：

（1）坚决主张一神论，强调耶和华是创造万物、主宰宇宙、全知全能的唯一真神，它自有永有，无处不在，不生不灭。以智慧、公正、博爱、正义和仁慈为特征。强调人在神之下。反对任何偶像崇拜。

（2）人的原罪性和弥赛亚的拯救（天国观念）。

（3）契约观念。最崇拜"约柜"[①]。相信以色列人是上帝的唯一选民，即所谓"特选子民"（The Chosen People）。固执地相信上帝曾允诺给他们一块乐土，即"应许之地"，那便是迦南，即现在的巴勒斯坦。

（4）强调道德戒律，如干脆把正确的信仰和道德行为结合在一起。

古希伯来文明和犹太教创立了人的"原罪"思想。《圣经》记载了人类的祖先亚当与夏娃偷吃禁果而被逐出伊甸园的故事，认为从此人类便具有了原罪。原罪意识宣告了人人都有罪，没有任何一个人生来是完人。人性是恶的，哪怕是最伟大的人，他依旧带有人性本原的罪恶。由"原罪"思想，古希伯来文明发展出了一种罪感意识和谦卑精神。这种罪孽感充满人的整个存在：就人作为一个软弱而又有限的生灵赤裸裸地站在上帝面前而言，罪孽感就是人的存在。是深知人类存在的痛苦而又难以驾驭的一面；是意识到自己终有大限的那个不完善的一面。它使得人在自省到自己的"罪恶之身"及其局限性的时候，辄生负罪之感和常怀愧疚之心。

犹太人对人类"受苦"及对上帝"正义"意义的理解，还使希伯来信仰传统中产生了一种更深层的灵性或宗教性解读。犹太先知们把自己民族的厄运解释为耶和华假借异族君王之手对离经叛道、崇拜异神偶像的犹太人的报复。"以色列人三番四次犯罪，我必不免去他们的刑罚。因为他们为银子而卖掉女人，为一双鞋而卖了穷人。他们看见穷人头上蒙的灰也要垂涎"（《阿摩司书》）。而对何谓上帝的"公义""智慧"和"仁慈"，犹太人则认为其自有奥秘性和神圣性，世人对之不可妄加测度和置疑，更不可擅行"自以为义，不以上帝为义"

① 源出"摩西十诫"（Ten Commandments），"十诫"即：1. 除了耶和华之外不可有别的神；2. 不可为自己雕制和崇拜任何偶像；3. 不可妄称耶和华的尊名；4. 第七天为汝主的安息日，不能做任何工作；5. 当孝敬父母；6. 不可杀人；7. 不奸淫；8. 不可偷盗；9. 不可做伪证陷害人；10. 不可贪婪他人的一切。摩西把这"十诫"刻在陶片上，然后置于一个柜中，即所谓的"约柜"。古希伯来人认为"十诫"是耶和华与以色列人的约法，是他们与神的契约。"十诫"奠定了犹太教的基础。

之举。至此，希伯来传统中的这种罪感意识和谦卑精神已使“人”彻底放弃了自主思维路径，而内敛自守于虔诚的反省和不断的自责与希冀之中。

由“原罪”思想，古希伯来文明孕育了一种“救赎”精神。人的原罪性和弥赛亚的拯救的观念，必然造就为摆脱“原罪”的重荷以期重获新生而升腾起的无限希望和喜乐凝结而成的“救赎”意识。这种“救赎”精神蕴含着一种危机感、危难感、悲剧意识和自省意识。而“救赎”行为也就意味着被救赎者要通过“以上帝为义”的挺身而出、砥砺奋进甚或自我牺牲的全部努力来追求其宗教境界中的灵魂皈依和神圣拯救。比如，作为犹太人法律范例的“申命法典”[①]，其条文内容比之同时代迦南人和古巴比伦人的法典（如《汉谟拉比法典》），就要开明进步得多。“申命法典”明确要求宽厚对待穷苦人和外邦人。且具体规定到：希伯来奴婢役事六年，主家即应任其自由，而且不可使他空手而去。第三条规定法官和其他官员应由民众选举，禁止他们接受礼物和有任何形式的偏袒不公。第四条谴责巫术、占卜和向亡魂问卜的巫术。第五条不许以父亲罪过株连子女，肯定罪责仅限己身的原则。第六条禁止犹太人之间任何形式的放贷取息。第七条要求每七年之末施行债务“豁免”。“凡债主要把所借给邻舍的豁免了，不可向邻舍和弟兄追讨……”，这样“就必在你们中间没有穷人了”。——这些看似远超其所处时代之普遍社会实践局限的管理思想，恐怕就与古希伯来先知们追求灵魂皈依和神圣拯救、“以上帝为义”的自省意识和自我牺牲精神不无关系。由这样的道德自觉所产生的自我约束力，从管理效能的角度看，其作用不亚于外在的制度强力约束。此种由“原罪”思想派生出的“救赎”意识所激发的对人类行为的内在驱动力，在犹太教及其后受其影响的基督教和伊斯兰教信徒的大量的宗教狂热行为和能量骇人的组织动员行动上亦可窥其一斑。

由“原罪”思想，古希伯来文明还发展出了一种契约精神。这种精神首先表述在“神人立约”的意义上。在《圣经》中，对于犹太初民与上帝的契约关

---

①“申命法典”是《旧约》首五卷之一的《申命记》的核心。《旧约》首五卷，即《创世记》《出埃及记》《利未记》《民数记》和《申命记》，这五卷书是犹太教《圣经》中最重要的部分，为犹太人对耶和华信仰的基石。因所传这五卷经文中的律法是耶和华在西奈直接传授于摩西，故又称《摩西五经》。

系，至少有三次“立约”的记载（基督教形成之后，继承并发扬了这一“立约”之说。基督徒认为耶稣降生即上帝与人重新立了“新约”，因而将以往上帝通过立法而与犹太人所立之约称为“旧约”）。这种契约精神由犹太教初创后经基督教传承和弘扬而在西方文化传统中根深蒂固。从神人之间的神圣契约演化出一种以平等为原则的社会契约、人际契约。西欧近代清教徒在移居北美时更是将这一“契约”精神作为其立国、立教的基础和原则。这种契约观意味着：在承认上帝的唯一性、绝对性权威这一共识下，由大众共构的教会和国家组织都应建立在参与者平等、自愿的基础之上，人们按照契约将其权利委托教会或国家的执掌者来行使，但执掌者若失职、渎职或滥用权力，参与缔约者则可以收回其委托出的权利，重新考虑和选择新的受托人。因此，契约精神乃以一种神圣维度和平等共构的法治原则来保证其立教、立国所应有的民主制度得以实施和维系。

可以看出，希伯来精神是对人的终极价值和人格化的宇宙终极真理的探求，是人的隐退与神的凸显。将之与希腊文明相对比，鲜明的差别令人刻骨铭心。希腊精神用理性思考事物的本来面目，激励人们探求真理，它代表了科学与理性；而希伯来精神则在思考生命的终极价值，关心“人如何被拯救”，认为“训诫和服从”高于一切，强调“良知的严格性”，它代表了道德与信仰。希腊精神重视现世本位、人本位、肉的倾向、自然生活、自律、自立、理智等，而希伯来精神重视来世本位、神本位、灵的倾向、理想生活、他律、服从、空想等。古希腊宗教更强调如何利用神的力量来为个人创造价值，而希伯来宗教更强调对神的牺牲、侍奉与服从。在古希伯来文明中，犹太人须按照神的律法生活，以神和神的律法为大，而不是以“人”（个人）的道德、思想为大。——正如周作人先生在《艺术与生活》一书中的《圣书与中国文学》里所说：这个区别，便是希腊思想是肉的，希伯来思想是灵的；希腊是现世的，希伯来是永生的。鲁迅先生也指出：（古希伯来人）这一民族及其文化精神最突出的特色即“多涉信仰教诫”。

古希伯来文明及其犹太教教义，强化了屡经战乱屠杀甚至惨遭灭国流散磨难的犹太民族的集体认同感和宗教使命感，使其虽长期处于屈辱逆境中而仍可获得永不枯竭的灵魂慰藉，并得以在沧海桑田的历史漩涡中历经千难万劫却依然保有其传统的文明特性，更奇迹般地在当代重新集聚在一起。同时，古希伯来文明及其犹太教教义，以其固有的合理性和特有的宜人魅力，引发了契合西方文明需求的诸多核心理念的凝练，深刻铸就了其后西方管理思想的基本价值尺度和伦理准则。

第二节　古希腊文明中的人本传统

在西方文明发展长河中，古希腊文明以其璀璨的光芒闪耀于前，以其特异的风采勃兴于后，更以其卓越的思想成就惠泽天下。黑格尔说：只要提到希腊，我们欧洲人就有了一种“家园之感”。以致在西方有“光荣属于希腊”“言必称希腊”之说。它的文化硕果达到了人类文明的第一个高峰，被后世的人们称为“希腊的奇迹”。

那么，古希腊光辉灿烂的文明成果是如何产生并凝练成智慧结晶的？它们又有哪些思想特质对其后的西方管理思想与实践产生了深刻的影响呢？

很多后世的研究者早就开始把地中海周边先后出现的各个古代文明（它们共同构成了“环地中海文化圈”）大致分为两大类型，即地中海东部文明区域（包括两河流域、古埃及、安那托利亚高原和叙利亚等地）和地中海西部文明区域（包括巴尔干半岛、亚平宁半岛、伊比利亚半岛和北非等地）。基于显而易见的原因，人们也很容易看到地中海区域各地域文明之间的差异及其相互之间具体的历史关联。这种关联的实质是地中海西部地区由于其经济上的非自足性导致的对东部地区的先天性依赖，而隶属西部文明区域的古希腊文明正是这种自足性不充分的文明，无论是自然资源，还是原创性思想成果。从历史的碎片拼镶而成的远古画面认读可知：当它基本处于独立发展即与东部文明联系规模不大时，它是黯淡无光的，但当它一旦以某种方式和东部文明建立了大规模直接联系时，它就开始大放异彩。在古希腊文明的童年时期，它就开始从邻近的地中海东部文明区域尤其是两河流域（美索不达米亚）和古埃及吸收大量丰富的养料，从而逐渐形成了自己卓尔不凡的独特文明形态。

第一代希腊人即亚该亚人，在公元前 2100 年至公元前 2000 年进入伯罗奔尼撒半岛，建立了以迈锡尼地区为主的迈锡尼文明，这一文明被认定为希腊人的创造。在约公元前 1800 年前后亚该亚人进入克里特岛，与来自地中海东部文明区域的岛上原住民发生了直接而紧密的政治、经济联系，并借助克里特岛为跳板与两河流域和古埃及文明频密交流、汲取所需、各悟其道。这些交流的成果在未来的希腊文明中扎了根。

当然，希腊地区的地理特点是促成古希腊文明独有特质的基本原因。希腊地区的自然资源很贫乏，也找不到肥沃的大河流域和广阔的平原。而具备这些天然条件并合理地开发和利用，是供养如地中海东部文明区域所建立的那种复杂的帝国组织所必需的。古希腊文明本身缺乏实现统一的强有力手段。希腊和小亚细亚沿海地区连绵不绝的山脉，不仅限制了当地农业生产率的提高，还把乡村隔成了互不相连的碎块，其结果造成希腊人没有天然可作为地区合并基础的地理政治中心。这些互不相连的小块村庄或因地处高地，或因土壤肥沃，或因临近商路，逐渐吸引了更多的移民，最终成为该地区的主要城市，它们一般被称为“城邦”。希腊的许多小城邦就是这样形成的，它们彼此相互隔绝，却又生气勃勃地独立发展着。

据历史学家汤因比研究，古代希腊社会在公元前 8 世纪遇到了由于人口增长而导致生活资料严重不足的问题。当城邦的人口过剩时，希腊便大量地拓展自己的海外殖民地。于是从公元前 9 世纪末，希腊人走出了“黑暗时代”，进入城邦制与对外殖民的时代。到公元前 5 世纪，包括黑海在内的整个地中海地区环布繁盛的希腊殖民地。参加殖民活动的 44 个城邦共建立了 139 座以上的新殖民城邦。大殖民运动不仅缓和了希腊的社会矛盾，促进了商品经济的发展，而且它还与大规模的航海贸易活动相结合，练就了古希腊民族勇于开拓进取、善于求索的民族精神。正像黑格尔在其《历史哲学》中所言：“大海给了我们茫茫无定、浩浩无际和渺渺无限的观念；人类在大海的无限里感到他自己的无限的时候，他们就被激起了勇气，要去超越那有限的一切。大海邀请人类从事征服，从事掠夺，但同时也鼓励人类追求利润，从事商业……”

随着古希腊母邦与殖民地之间的贸易交流和对外航海贸易的繁荣，希腊本土经济结构迅速转向商业性农业和制造业。“商业性农业，使能够养活的人口比从前经营自然农业时增长二至三倍”。而商品经济的发展必然要求以平等作为交换原则，海外贸易的拓展也必然要求有相应的自由的管理环境，以及顾及商业贸易者整体利益的宽松政策。这一切都有助于古希腊人平等观念的形成和民主政治的建立。再者，商品经济发展造成的一个社会后果，就是以财产的多寡而不是以门第的高低来划分社会等级，这也是打破旧有的等级制度使人们趋于相对平等的社会动力，雅典政治家梭伦当时的改革即是顺应这一趋势发展的应时之举。

同时，希腊人赢得希波战争[①]的胜利也对其特有文明形态的延续和发展产生了重大影响。首先也是最重要的是，它使希腊人免遭东方专制主义的统治，得以保持自身民主政治的特色。

斯塔夫里阿诺斯在其《全球通史》中对希腊人的非凡成就做出两点解释：首先，希腊人住的地方离埃及和美索不达米亚最早的文明中心很近，能够从后者当时领先于世的文明成就中受益，但是他们之间的距离又没有近到使希腊人不能保持自己的特色的地步。其二是城邦的出现和持久的存在。城邦及其特有的民主、自由、理性（科学）、世俗、人本的人文氛围，为文化繁荣提供了必需的制度保障。

这样，“环地中海文化圈”两大类型文明区域就在既相互交流又各自探寻前路的进程中走向了殊途：西亚和埃及从城邦走向中央集权的帝国；相反，在地中海北岸，也就是后来称为欧洲的地域，形成了同地中海东部文化相关但又独具自身特色的城邦制民主制文明。

特有的地理特点、因自足性不充分而引发的海外贸易和对外殖民、发达的商业意识、对外战争的决定性胜利，再加上吸取美索不达米亚文明和古埃及文明的丰沛乳汁，所有这些要素使得古希腊在精神文化领域取得了辉煌成就，成为当时欧洲文化最发达和繁荣的地区。它的哲学、人文、历史、艺术等学科的发展都达到了一个空前的水平，而且是以一种弘扬理性和人类自重的价值理念

① 希波战争是古代波斯帝国（波斯第一帝国，即阿契美尼德王朝）为了扩张版图而入侵希腊的战争，战争以希腊获胜而告结束，希腊城邦国家和雅典民主政治制度得以幸存下来。而波斯帝国却从此一蹶不振。这次战争对东西方经济与文化的影响远大过于战争本身。希波战争所造成的希腊政治格局，对于后来希腊历史的发展有重大影响。——百度百科

充盈其中的。这对西方后世管理思想的人性回归和科学昌明，无疑存留了再构的蓝图和重生的基因！正如恩格斯曾指出的："没有古希腊文化及罗马帝国所奠定的基础，也就没有现代的欧洲。"

审视古希腊文明的精神内核，特别是从文艺复兴等近代思想解放运动旗手们追思缅怀并高扬力张的理想信念来看，所谓"希腊精神"主要包括以下几点：

1. 理性精神（人本理性）

"希腊精神"中，对后世影响最为深刻的就是其卓越的理性精神（科学传统），历经中世纪到文艺复兴这段崎岖周折百转千回的失而复得后，它已永远积淀在了西方人的内心深处，是古希腊对西方文明乃至世界文明做出的最伟大的贡献。

公元前 6 世纪，古希腊"智者"摆脱古代创业神话和神谱的传统，创立了一种思维方式：把自然当作对象进行非功利性的系统的考察和总体描述，对世界起源、构造结构以及各种天气现象做新的解释。古希腊人认为，自然界是有规律可循的，而不是由鬼神支配。人不仅是感觉的存在物，而且是有理智的，不但能感觉个别的自然现象，也能理解自然规律，这就是人与各种事物之间的"理性"思想关系。理性是一把钥匙，一定可以打开认识自然界的大门。这种以求真的态度、怀疑的精神、批判的眼光科学地思考分析事物本来面目的思维方式就是理性思维（科学传统）。希腊人将之运用到哲学，思考世界的本原，探讨悖论的逻辑；运用到科学，研究杠杆、滑轮、浮力，发现了数的奥秘。

古希腊哲学的理性精神是彻底地反思和怀疑，上天入地地追寻事物的终极真理。最初的希腊哲学家同时也是自然科学家，他们不满足于原始宗教和神话，根据自己的直观，以人类正常的常识为依据，用自然现象本身来说明世界；他们从无限多样的自然现象中看到它们的统一和联系，看到它们的不断变化和发展，看到它们的矛盾和对立。以赫拉克利特、阿那克萨哥拉、苏格拉底、柏拉图和亚里士多德为代表的古希腊哲学大师，倾向于将矛盾纳入理性之中，并把理性本体化，视其为万事万物存在、运动、变化和发展的根据和本源。

古希腊文化中的理性主义精神推崇人的理性，相信凭借人的理性，人可以塑造成有自主意识的自我引导型的人，不相信超验于人的神的存在。他们总是保持着怀疑的精神、批判的眼光。他们探究一切事物，将所有的问题都搬到理性的审判台前加以考察。“清除无知，按照事物的本来面目看待事物，并因为按其本来面目看待事物而看到事物的美，这就是希腊文化为人的本质提出的简单而又具吸引力的理想。由这一简明和动人的理想出发，希腊文化，以及希腊文化所掌握的人类生活被披上了某种轻盈舒适的、洁净的、光华四射的外衣。它们充满我们所说的甜蜜和光亮。困难被排除出我们的视野，这个理想所具有的美和理性占据了我们的全部思想”[①]。这种思维方式上的进一步成熟对人类精神独立有着深远的意义，因为理性思维的创立过程，是人类进一步摆脱神学，发现自我的过程。自由与独立是人最宝贵的权利，在思维方面的进步是人类对自身的肯定。能够独立思考，特别是摆脱思维上的神学观念是整个人类在发现自己、肯定自己、理解自己的道路上迈过的重要里程碑。

2. 人本主义（人性至上，重视人和人的自身价值）

对人的定位和认知，是人类社会管理活动中一个永恒而核心的主题。它涉及管理的目的、原则和手法，也涉及管理的制度设计和技术选择。古希腊人在“发现人”“认识人”“尊重人”方面的成就领先于其他文明，是人类自我觉醒的先声。

众所周知的神话“斯芬克斯之谜”，体现了希腊原始先民对人类自身地位的最初思考。自此，揭示人的地位、业绩及其历史作用，可以说贯穿于整个希腊文明史全过程。彼时，由于希腊城邦制的发展，作为城邦主体的公民个人的作用不断得到体现，因而也就不断强化了对个人价值、个人主义与个人尊严的信念，以至到了智者派代表人物普罗塔哥拉[②]那里，更提出了“人是万物的尺度”这个命题，成为公元前5世纪至公元前4世纪希腊世界理性思潮中的一面旗帜。在希腊文明里，不论是那些一经产生就世俗化倾向明显的希腊诸神，还是较早地便由关注自然界转向关注人自身的希腊哲学；也不论是由“智者”创立的理

① 语出马修·阿诺德所著的描写19世纪英国情况的《文化与无政府状态》（三联书店2012年出版）。马修·阿诺德（Matthew Arnold，1802—1888年），英国诗人、评论家。

② 普罗塔哥拉（约公元前481年—公元前411年），智者学派的主要代表人物。其思想观点的中心内容是：“人是万物的尺度，是存在的事物存在的尺度，也是不存在的事物不存在的尺度。”“人是万物的尺度”的主张，一下子把人置于世界和社会的中心，这是原始宗教和自然统治之下人类自我意识的第一次觉醒。我们有理由把智者运动看作是西方人文精神的滥觞，而把普罗塔哥拉视为西方第一次思想解放运动的先驱。

性思维，还是享誉后世的希腊艺术（包括雕塑、戏剧等），乃至于史学以及娱乐休闲，无一不浸透着浓郁的人本主义气息。这些着意渲染与表现人的意志、人的力量、人的创造性的思想结晶的接续问世和交互作用，对古希腊人的思想启迪无疑是有凿壁透光、振聋发聩，并终致润物无声、灵魂重塑之效的。无怪乎著名的瑞士古典文化学者安·邦纳说："全部希腊文明的出发点和对象是人，它从人的需要出发，它注意的是人的利益和进步。为了求得人的利益和进步，它同时既探索世界也探索人，通过一方探索另一方。在希腊文明的观念中，人和世界都是一方对另一方的反映，即都是彼此摆在对立面的、相互照映的镜子。"这种渗透希腊文化所有方面的人文精神，便成了古希腊文明的一种典范。

与此有关的一个值得注意的现象是，古希腊社会管理结构中没有享有特权的宗教集团，祭司们只是一般的神职人员，在政治和社会生活中不起精神权威或灵魂主宰作用。如果说其他文明将神明高高奉上，那么希腊文明则将神明拉向了人间。"神人同形同性"是希腊神话的重要特点。希腊人的神话映现出整个希腊文明的特征：自由、乐观、世俗、民主；理性与理想并存而不矛盾；强调心灵的同时亦重视肉体；对人的价值与尊严给予高度承认与尊重。

希腊人重视现世，追求人生享受和现世娱乐的生活情趣，把无限的希望寄托在现实人间。他们不管宗教宣扬的冥、神界的欢愉，而是用文学、艺术、哲学、科学等社会活动丰富着自己的生活，享受着现实的幸福。

重视个体的人的价值的实现，强调人在自然和社会面前的力量，崇尚人的智慧和智慧引导下的自由，肯定人的原始欲望的合理性，认为神的欲念、神的意志实际上就是人的欲念和意志，这一古希腊文化的本质特征，也是后来欧美文化"以人为本""个体本位"观念的历史源头所在。

3. 推崇民主

民主的首次提出正是在古希腊，它由人民和权力两个词构成，意指人民的权力。古希腊雅典城邦的公民大会、陪审团制度、十将军委员会以及公民成年便拥有选举权等制度安排，展现了在专制时代雅典独树一帜的"民主制度"。

大约自公元前1000年起，希腊就有了城邦的形态。由于地理环境等特殊原因，古希腊地区没能统一起来，众多而分散的小城邦便成了古希腊特有的景象。亚里士多德在写《政治学》的时候，就考察了150个城邦的政治体制。城邦的政治、城邦的历史也就是古希腊的历史，这也是古希腊文明的一个极大的特点。古希腊的城邦大多区域狭小，居民只有几万人，这就为发挥直接民主制的公民大会的作用提供了可能。当然，分散独立的城邦并不必然走向民主，它还需要开放的经济和对外贸易与之相互助推。后来凡是以封闭的自然经济为基础的城邦大多演变成不同形式的贵族制，其中最典型的就是斯巴达；而以开放的商品经济为基础的城邦则大多发展了各种形式的民主制，其中最典型的就是雅典。

古希腊民主思想拒绝接受一个存在统治者和被统治者的社会，它认为一个理想的城邦应该是所有公民都积极参与社会政治生活。其原则是谁也不能自封为统治者，谁也不能以个人名义握有不可让渡的权力。直接与积极的自治是雅典公民的最高信条。

第一，平民政体。伯里克利[①]在其著名的《阵亡将士墓前的演说》里直言："我们的政治制度之所以被称为民主政治，是因为政权是在全国公民手中，而不是在少数人手中。"亚里士多德也说"谁说应该让一个个人来统治？这就在政治中混入了兽性的因素"。他认为：雅典平民政治的本质特征是"平民群众必须具有最高权力；政事裁决于大多数人的意志；大多数人的意志就是正义"。

希腊的"主权在民"思想表现为制度上的"轮番执政"。雅典政治向全体公民开放，官职不再受财富和门第限制。雅典人有这样一种观念：既然每个公民都是自由的，那么任何人都不应受他人统治。

第二，权力制约。公民以集会方式直接决定有关法律和政策的事务。城邦的每个自由人都是公民，公共事务由他们选举出来的执政官主持，由全体公民组成的公民大会以直接民主表决的方式决定城邦的重大事务。

贝壳放逐法，是全体雅典公民对高级行政官吏进行制约控制的重要手段。在雅典人看来，在平等的人民组成的城邦中，以一人高高凌驾于全邦人民之上，是不合乎自然的。如果某行政官权势太大，就可能危害国家，公民就应在每年举行一次的秘密投票中把他驱逐出境。

---

① 伯里克利（约公元前 495 年—公元前 429 年），古希腊奴隶主民主政治的杰出代表者。从公元前 443 年到公元前 429 年，伯里克利每年连选连任雅典最重要的官职——首席将军，完全掌握国家政权。在伯里克利的领导下，雅典的奴隶制经济、民主政治、海上霸权和古典文化臻于极盛。

第三，法律至上。雅典政制严格实行法治，禁绝人治。伯里克利说，“在私人生活中，我们是自由和宽恕的。但在公家事务中，我们遵守法律。这是因为这种精神深使我们信服。”雅典人认为，无视法律的专制政体是最坏的政体。雅典还树立了刻有反僭主法的大理石石碑，规定对企图在雅典建立独裁统治的人，人人皆可诛之而不负罪责。

第四，公民意识。每个公民可以通过抽签，担任一定的官职。可以通过公民大会、法庭等机构，亲自参加国家大事的管理。人人皆可从政，统一的公民集体形成了。关心雅典，参与政治，轮流执政，是当时雅典人心中神圣的事。城邦公民积极参与城邦政治，锻炼了人们明辨是非的能力，培养了他们的思维能力。这种民主思想及其付诸实践，培养了古希腊公民强烈的独立自主性，为思想自由创造了良好的条件。

4. 崇尚自由思想

德国历史哲学家卡尔·雅斯贝斯曾明确地指出：“希腊城邦奠定了西方所有自由的意识、自由的思想和自由的现实的基础。”这里所说的思想自由或自由思想是指将思想作为一种见之于世的理性认识的成果，它出现在古代世界，以希腊人的实践为最早且最具生命力。

在古希腊人看来：思考是人的特权。在自由思想风气影响下，古希腊人可以对任何问题进行自由的思考，并把自己的思考表达出来。他们在发挥自己的思想自由的同时，也在通过行使自己的公民权来践行自己的自由思想，这无疑是对人性的最大尊重。所以，黑格尔一再强调：希腊的精神是自由，是雄伟的、美丽的。

思想自由与自由思想在希腊城邦中得以萌发并一时蔚然成风，离不开奴隶制经济与奴隶制民主政治的高度发展而造就的必备条件：海外贸易和殖民经济带来的丰裕富足的物质条件；城邦民主政治生活伴生的欢愉的精神生活。加之当时所有工作都是由奴隶们承担，城邦里的自由民们有足够的闲暇，可以从早到晚把大把的时间花在各种辩论上。尤为重要的，希腊宗教从未系统地提出过共同的宗教教义或编出一部宗教经典。在城邦的实际生活中，没有形成一个有势力的宗教集团和一种钳制人们思想自由的统一的宗教意识形态。拿希腊宗教与美索不达米亚人的宗教相对比，希腊宗教的这一特点显得非常明显。

5. 崇奉中道思想（中庸精神）

希腊的一切艺术都体现了希腊人平衡、和谐和中庸的基本思想。前面所述的“希腊精神”的特征，也无一不渗透着希腊人的中道思想（中庸精神），亦即一种平衡与和谐的管理理念。同时，他们所崇奉的中道思想（中庸精神）又反过来制约着希腊城邦文明与城邦公民生活的各个方面。这里，就须谈到古希腊的传统理性精神与西方启蒙运动始发而后在“现代化”进程[①]中大放异彩的所谓现代性“理性精神”的巨大差异。在古希腊亚里士多德的论著中，理智是一种“善”，是美德的重要组成部分。在他看来，美德是一种适度，而适度则是由逻各斯确定的，因此，灵魂分为有逻各斯的和没有逻各斯的两部分，灵魂的德性则相应地包括道德德性和理智德性。也就是说，古希腊的传统理性服务于“善”的要求并且对其作用范围也有明确的限定，人通过这种理性在追求善的过程中同时领悟到自己的有限性。恰如其分地理解人与上帝、人与世界的关系，被认为是真正的理性行为。这种理性不包含“统治”和“控制”的内在要求，所以，“理解”而非“力量”是古希腊理性的要义。而现代性确立的理性精神服务于力量的运用与控制。现代性理性的这种无限扩张及其对力量和控制的强调，就剥离了古希腊理性对“善”之追求的价值意蕴而蜕化为功利性的技术理性。曾被《华尔街日报》称为“我们时代最伟大的导师和学者之一”的美国当代著名的古典文学家及教育家伊迪丝·汉密尔顿即一语中的地说道：“希腊所取得的全部成就都打上了这种平衡的烙印。”对此，有的学者认为：古希腊城邦文明之所以能维持几个世纪并在世界文明史上大放异彩，恰恰与这种中道思想（中庸精神）有关——“希腊文化、希腊民族精神的内核是政制背后的德性伦理和政治理念，以及深层次的希腊人的身心追求和价值观念。他们既崇尚体育，又追求智慧；既创造了奥林匹克运动会（公元前776年开始，4年一届），又创造了学科形态的哲学和具体科学，还有那陶冶情操的史诗、悲剧、喜剧、抒情诗、宴会诗、颂歌以及雕刻与建筑。这才是希腊文化的特色和精华，也是它源自西亚和埃及又高出‘老师’的地方。”这里即点出了这种中道思想（中庸精神）的初始

① 按照后现代主义者的共同理解，“现代化”或曰“现代社会”是指从文艺复兴开始，经启蒙运动到20世纪50年代的这一历史时期。实际上也就是指西方资本主义从产生、发展到走向现代化的这一历史过程。

起源——与古希腊文明同属“环地中海文化圈”的两河流域文明。

希腊人是第一个真正吸收美索不达米亚文明并把其中一部分传播到西方的民族。科学史专家乔治·萨顿说：“希腊科学的基础完全是东方的，不论希腊的天才多么深刻，没有这些基础，它并不一定能够创立任何可与其实际成就相比的东西。……我们没有权利无视希腊天才的埃及父亲和美索不达米亚母亲。”与其他古代民族根本不同的是：美索不达米亚人创造出一种由中庸和平衡来调节的生活方式。在物质和精神两方面——信仰和伦理上、政治和经济上——他们在理性和想象、自由和专制、知识和神秘之间达到一种可实践的中庸之道。而古埃及文明中“安宁和谐的管理境界”也可以在古希腊文明的这一精神内核里解析出自己遗留的思想基因。

约公元前 5 世纪中叶，随着希腊社会情况的日渐复杂，哲学家们将他们的注意中心从物质世界转移到人和有关人的各种问题上，此中激荡出的认知成果为西方管理思想的后续发展埋下了一些重要的伏笔。

首先需要提到的是普罗塔哥拉。他是当时最受人尊敬的“智者”，是智者派最杰出的代言人。普罗塔哥拉一生旅居各地，收徒传授修辞和论辩知识。他曾多次来到当时希腊民主制的中心雅典，与民主派政治家伯里克利结为至交。据说他著述颇丰，但没能保存下来。后人是通过柏拉图的一些对话集的记述才对他的思想有所了解。

普罗塔哥拉接受了赫拉克利特[①]关于万物流变的思想，认为变动不居的感觉现象是真实的，万物是在不断地运动变化的。他断言每个人的感觉都是可靠的，人们对一切事物都根据各自的感觉做出不同的判断，无所谓真假是非之分。因此他提出一个著名的命题：“人是万物的尺度”（“人是万物的尺度，是存在的事物存在的尺度，也是不存在的事物不存在的尺度”）。其核心思想认为：万物的存在与否，事物的形态性质，全在于人的感觉。一阵风吹过有人觉得冷有人觉

① 赫拉克利特（约公元前 535 年—公元前 475 年），是一位富有传奇色彩的古希腊哲学家，爱非斯学派的代表人物。他出生在伊奥尼亚地区的爱非斯城邦的王族家庭里。他本来应该继承王位，但是他将王位让给了他的兄弟，自己跑到女神阿尔迪美斯庙附近隐居起来。据说，波斯国王大流士曾经写信邀请他去波斯宫廷教导希腊文化。著有《论自然》一书，现有残篇留存。其广为人知的名言为：“人不能两次走进同一条河流”。——赵敦华 . 西方哲学简史［M］. 北京：北京大学出版社，2012.

得凉爽。难受与惬意，全在于个人的感觉。根据这种观点，普罗塔哥拉对传统宗教神学提出了怀疑："至于神，我既不知道他们是否存在，也不知道他们像什么东西"。

普罗塔哥拉把感觉看成是真理的标准，其本意并不是要否认事物的客观存在。他只是看到了不同人的感觉有对立与差异，这触及了主观和客观的关系问题，更触及了"人性差异"的管理思维问题。"人是万物尺度"的主张，强调人的作用和价值，把人置于世界和社会的中心，表现出个人主义思想倾向，这是原始宗教和自然统治之下人类自我意识的第一次觉醒，这一认知在当时有力地支持了雅典政治的民主管理尝试。对人的强调使智者派谴责奴隶制度和战争，并支持民众的大部分事业。这可以说是宣扬"人本主义"的登峰造极的观点！普罗塔哥拉思想中所包含的相对主义和个人主义、自由主义因素，也为后来的西方思想家们所继承和发展。我们据此有理由把智者运动看作是西方人文精神的滥觞，而把普罗塔哥拉视为西方第一次思想解放运动的先驱。

但另一方面，又有许多希腊人，特别是那些保守派，对智者派的相对主义很顾忌，担心它会危及社会秩序和道德。苏格拉底（公元前 469 年—公元前 399 年）是保守派的主要代表。当时腐败的政治和社会没有任何明确的生活准则的现实状况使他深为忧虑，他认为有关绝对真理、绝对善或绝对美的观念将为个人行为提供永久性的指导。他强调私利的获得与道德规范通常都是对立的，人们只有摆脱物欲的诱惑和后天经验的局限，获得知识，拥有智慧、勇敢、节制和正义等美德，才能建立更和谐的社会秩序。而这些观念与成为个人放纵不羁、公共道德败坏之借口的智者派的相对主义大不相同。

苏格拉底还主张专家治国，他认为各行各业，乃至国家政权都应该让经过训练的、有知识才干的人来进行管理。他反对以抽签选举法实行的那种直接民主。苏格拉底认为：管理者不是那些握有权柄、以势欺人的人，不是那些由民众选举的人，而应该是那些懂得怎样管理的人。他举例说，一条船，应由熟悉航海的人驾驶；纺羊毛时，应由妇女管理男子，因为她们精于此道，而男人们则不懂。他还说，最优秀的人是能够胜任自己工作的人，精于农耕的便是一个好农夫；精通医术的便是一个良医；精通政治的便是一个优秀的政治家。这已经涉及管理体制与管理机制、职业经理人的选拔和聘用、管理的专业化分工、管理人员素质与能力的考量等现代管理探究的诸多问题了。

柏拉图（公元前 427 年—公元前 347 年）是苏格拉底的弟子，他与其老师苏格拉底、其学生亚里士多德被并称为“希腊三贤”。他也被视为整个西方文化中最伟大的哲学家和思想家之一。

柏拉图认为国家起源于劳动分工，第一等好的国家是贤王国家，因而在其代表作《理想国》中，他将公民分为治国者、武士、劳动者三个等级，分别代表智慧、勇敢和欲望三种品性。治国者依靠自己的哲学智慧和道德力量统治国家；武士们辅助治国，用忠诚和勇敢保卫国家的安全；劳动者则为全国提供物质生活资料。三个等级各司其职，各安其位。柏拉图认为这种等级划分是永久的，但是阶级之间的人员却是可以流动的。在这样的国家中，治国者均是德高望重的哲学家，因为只有哲学家才能认识理念，具有完美的德行和高超的智慧，明了正义之所在，按理性的指引去公正地治理国家。治国者和武士没有私产和家庭，因为私产和家庭是一切私心邪念的根源。劳动者也绝不允许拥有奢华的物品。理想国应该很重视教育，因为国民素质与品德的优劣决定国家的好坏。柏拉图甚至设想在建国之初就把所有 10 岁以上的人遣送出国，因为他们已受到旧文化的熏染，难以改变。全体公民从儿童时代开始就要接受音乐、体育、数学到哲学的终身教育。教育内容要经严格选择，荷马、赫西俄德的史诗以及悲剧诗人们的作品，一律不准传入国境，因为它们会毒害青年的心灵。柏拉图鄙视个人幸福，无限地强调城邦整体、强调一己以为的“正义”。在柏拉图眼中，劳动者阶层的人们是低下的、可以欺骗的。在理想国里，柏拉图还赋予了统治者无上的权力，甚至允许其“为了国家利益可以用撒谎来对付敌人或者公民”。以今天的眼光审视，柏拉图描绘的理想国实在是一个可怕的极权主义国家。但是柏拉图自称这是“第一等好”的理想国，因为“理想国其实是用正确的方式管理国家的科学家的观点”，其他的政体都是这一理想政体的蜕变。理想政体由于婚配的不善引起三个等级的混杂，导致争斗，军人政体便随之兴起。军人政体中少数握有权势者聚敛财富形成寡头政体。贫富矛盾的尖锐化导致民众的革命，产生民主政体。民主政体发展到极端时又会被僭主政体所取代。柏拉图甚至用一则神话即“高尚的谎言”作为自己这一学说的理论根据，这则神话说，理想国中的不同等级是神用金、银、铜、铁四种不同的金属创造出来的。这是主张将专业化分工原则运用于社会管理活动并对此观念佐之以神谕的较早的历史记录。我们从中世纪的思想家如阿奎那的《神学大全》中都能析出这一思想的古老印迹。

由于目睹希腊城邦民主管理实践的曲折反复，特别是其自身在叙拉古的政治实践受到挫折后，柏拉图的后期思想也发生了变化。在其最后的作品《法律篇》中，他又提出了他认为第二等好的城邦：宪治国家。从理想出发，柏拉图推崇哲学王（真正的政治家）的统治，“没有任何法律或条例比知识更有威力”；但从现实出发，他则强调人类必须有法律并且遵守法律，他说：宪治国家必须以法律为治国的最高准则，并且要求人人遵守法律。他认为，统治者不遵守法律就会滥用权力，公民不遵守法律就如同野蛮的兽类。由于指导思想的变化，第二等好的城邦与《理想国》中的正义之邦相比，在具体措施上已有很大的不同。主要包括：政治制度由哲学王执政的贤人政体转为混合政体，以防止个人专权。《理想国》主张统治者实行公产、公妻、公餐、公育制，《法律篇》则恢复了私有财产和家庭。《理想国》中划分公民等级是依照其先天禀赋的优劣，而《法律篇》则是按照后天财产的多寡。

柏拉图的《理想国》饱含了一种理想主义的浪漫情结，可以说是近代“乌托邦”思想的源头。中世纪空想社会主义者莫尔的《乌托邦》就是在《理想国》的启发下写就的。《理想国》反映了柏拉图追求完美的一种努力。柏拉图论述的理想的国家形态也成为后世的政治制度、社会治理和官僚制管理实践的模本。该书中描述的许多国家管理的原则，例如分工合作的原则、国家的目的是追求最高的善的原则，都在后世的国家建设和社会管理中受到了人们的重视，并被许多管理体制所吸收采纳。在欧洲的中世纪，《理想国》中的许多政治、伦理和道德的准则被重新提起讨论，并渗透到社会和教会管理理念之中，成为它们思想体系的一部分，例如天国的观念、地狱的观念都来源于《理想国》。

这一历史时期的另一位伟大的思想家是亚里士多德（公元前384—公元前322年）。他开始时是柏拉图的弟子。亚里士多德是一个集大成者和理性主义者。作为一个伟大的百科全书式的学者，他寻求自然界和人类生活的各个方面的秩序。他认为，整个自然界，最低级的是矿物，位于矿物之上的是植物，位于植物之上的是动物，人类处于最高级。他将人类社会的各个阶级与自然界的各个等级相对应，从而证明，人类划分为天生的主人和天生的奴隶是天经地义的。“有些人生来就注定应该服从，另外有些人生来就注定应该统治；……战争的艺术是一门关于获取的自然艺术，因为它包括狩猎；是一门用来对付野兽和那些生来应该受统治、却不愿服从的人的艺术。这种战争当然是正义的。”中世纪神学家阿奎那《神学大全》一书所阐释和宣扬的“宇宙秩序等级论”的管理思想的源头即可追溯至此。

亚里士多德虽认为城邦高于公民，但是他更主张人有自己的权利，对于不同出身、财产、地位、能力的人要平等对待，要求实现城邦和公民利益的平衡。为此他非常推崇民主制和君主制的结合，在立法上实行民主制，行政上实行君主制。这种对管理制度中个人与组织、民主与集中的权力关系的平衡设想，对其后罗马帝国管理制度的探索与成功影响至深。

古希腊雅典民主毕竟是小国寡民的产物。狭隘的城邦体制，过于泛滥的直接民主，最终无法容纳政治和经济的迅速发展。至公元前 4 世纪后半期，国力日渐衰微的希腊被北部崛起的马其顿王国所灭。辉煌一时的希腊城邦民主制度，湮没在历史的尘封中。但“希腊精神”却在希腊走向衰微的时候，由与其同出一源的罗马人接过了其手中文明的火把，完成了另一次规模更大，也更成功的文化整合。

第三节 古罗马人的法治精神

古罗马人与古希腊人同出一源，有共同的民政制度、共同的宗教与共同的语言。公元前 2000 年左右，南下的印欧民族分成两支，一支进入希腊，另一支进入意大利。但是，罗马城的起源却不像古希腊和古代东方国家那样有一个久远悠长的文明源流，它缺乏一个循序渐进的历史过程，而是一种强制性的混杂产物。一个广为流传的说法很是说明了此点：最初的罗马城是战神马尔斯那对被母狼养大的儿子罗慕洛斯兄弟建立的，它最初的居民大多是奴隶、逃犯和亡命之徒。而罗马后代的繁衍则是罗马人劫掠萨宾妇女强行混血的。这些关于罗马起源的传说充分反映了罗马人勇猛、野蛮的民族性格，为其后世的尚武精神奠定了基调。

古代罗马的自然地理环境与希腊大同小异，同属于半岛式的地理环境，同属于温和的地中海类型的气候，但航海条件不如希腊。土地较之希腊相对肥沃，农业条件比希腊略好，但罗马的小麦等粮食产量只能满足其需要的1/3，其余的粮食要从北非、西西里等地输入。在公元前2世纪中叶之前，罗马是一个以自耕农为社会基础的共和国。而在布匿战争[①]之后，随着大量奴隶的输入，一种面向市场的奴隶商品经济替代了原有的独立的自耕农经济。其后，随着罗马帝国的出现和不断向外扩张，特别是整个希腊和希腊化的东方被纳入罗马版图后，罗马帝国时期的商品经济规模便更为扩大，发展水平也更加提高。著名西方学者M.罗斯托夫采夫认为：公元2世纪的罗马帝国的商业和以往一样是一种世界性的商业，但其范围则较前更大。“罗马人和所有邻近地区——北面的斯堪的纳维亚、莱茵河对岸的日耳曼、多瑙河对岸的达契亚和撒哈拉沙漠以南的非洲的贸易关系都很兴旺。这对欧亚地区产生了广泛的影响，不过，影响最为重大的，还是和东方的贸易交往。”[②]如同商品经济和对外贸易塑造了希腊文明一样，发达的对外贸易加上野蛮勇猛的内生性格也铸就了古罗马民族精神更显一种开拓、征服、勇于进取的风尚。

相对古希腊文化的注重美和自由，古罗马文化更注重的是实用性，艺术与生活相离。如果说希腊的精神在于文化，在于自由、民主的精神，那么罗马精神的特点就是行动。由于罗马文明本身相对于其他文明凸显贫乏蛮荒（即便在武力征服其他文明古国后，其文化上依然被视为蛮夷之邦），讲求实用的功利主义天性便使罗马人在贸易交流和四面征讨的过程中积极主动地模仿和吸收其他先进文明。罗马从建城经共和时代至帝国时代，一向以善于调和和折中著称。这个民族以调和拉丁姆平原的各支印欧语族起家，之后融合上古时代进入意大利的伊特拉斯坎人。通过深受希腊文化影响的伊特拉斯坎人，产生了对希腊文

① 布匿战争（Punic Wars）：布匿之名来自当时罗马对迦太基的称呼Punici（布匿库斯）。是公元前264—公元前146年古罗马和古迦太基两个国家之间为争夺地中海沿岸霸权发生的三次战争的总称。布匿战争的结果是迦太基被灭，罗马争得了地中海西部的霸权。

② 出自个人图书馆：古代中西方自然地理环境对其文明的影响.http：//www.360doc.com/content/17/1124/22/50074169_706873311.shtml.

化的认同与敬重，以至于达到全盘吸收的地步。故而，罗马的文明和希腊的文明存在着极为明显的前后接续性：罗马人打到希腊以后，继承了希腊文明，当然不是全部而是部分地延续了。当进一步接触和吞并了东方的先进农业文明之后，罗马又迅速走上了东方帝国专制主义的道路。“到戴克里先[①]建立一个伟大的东方朝廷时，帝国的真正东方化已告完成。”

罗马帝国的崛起是“环地中海文化圈”形成的第二次浪潮，这次它结出了更加丰硕的果实。罗马帝国对所征服的各地土著文化持有一种调和和宽容的态度：每征服一个民族，一个地区，罗马帝国就将象征这一地区、民族文化图腾的神灵请进罗马的“万神殿”。源自东部的方术和宗教都可以向罗马本土传播。被征服者在臣服于征服者的霸蛮武力的境遇下，依然可以存续自己的文化与民族精神。基督教也是在这个背景下由中东传向罗马本土并漫延到整个罗马帝国的统治疆域的。罗马人对基督教经历了从容忍到迫害再到融合的转变，最后于392年竟然将其定为罗马帝国的国教。罗马人甚至逾越了希腊人狭隘的城邦视野，把公民权扩充到帝国疆域内所有的自由人，这是古今许多征服者无法比拟的。这种调和和宽容为“环地中海文化圈”内各地域文化的交流和融合创造了充分的条件，也较为有效地维系了一个多民族的庞大帝国统治的稳定和持久。它不仅体现出罗马人的宽仁与道义，更展现了其明智的、富于实用主义和调和折中的文化传统。罗马文化注重实用性的精神对西方文化影响尤其深远，或许可以说西方人注重实用不喜空谈的习惯便是从这时相沿成习的。

罗马，从一个七丘之山的小国起步。立国之初，地促势微，四面受敌，屡陷危亡之境。但它充分利用四邻矛盾，分化瓦解、远交近攻，在几个世纪的时间里八方征讨、持续扩张，终成地跨欧亚非三大洲、以地中海为“内湖”的超级大国。遍览这一几世纪征战的大扩张画卷，罗马人崇尚武力的民族性格和视死如归的荣誉意识，以及不达目的决不罢休的顽强意志给人留下极为深刻的印象。而这一勇猛、顽强、凶残、忠诚的性格特点以及为了国家利益和荣誉不惜

---

①戴克里先（244 — 312年），罗马帝国皇帝，于284年11月20日—305年5月1日在位。其结束了罗马帝国的第三世纪危机，建立了四帝共治制，使其成为罗马帝国后期的主要政体。其改革使罗马帝国对各境内地区的统治得以存续，最起码在东部地区持续了数个世纪。他为罗马帝国去掉了过多的罗马共和国的残余，其最后则如古罗马政治家辛辛纳图斯一样，退隐田园。

自我牺牲之精神的培养，不借助某种铁血的纪律和森严的法度，再经由长期的战争实践淬炼是无法想象的！宗奉秩序主义、严峻刻板的罗马法恰是培养这一民族性格并成就罗马奇迹的思想武器，它就像是生长在荒蛮的罗马文化沙漠之中的仙人掌，形态虽然狰狞诡谲，却特别适应这片贫瘠严酷的土地。黑格尔曾评价道："这点造成了罗马的伟大，它的特性就是各个人和国家、法律、命令的统一，森严无比，不能伸缩。"同时，随着扩张过程把越来越多的国家和地区囊括到自己的统治版图中，罗马统治者也不能不建构某种系统而完备的秩序体系，来协调那些习俗彼此不同的国家和地区之间错综复杂的关系。古罗马的法治文明就是在这样的情况下产生和发展起来的。它以灵活务实的态度摸索出一套治理国家的成熟经验，即制定出古代世界最系统完备的法律体系并严格推行之，以求得国家意志的贯彻执行和社会纷争的平息与安宁。

难能可贵的是，罗马人的法律是基于理性而不是习俗。正像它的混合政体（共和管理体制）是由其习俗使然而非刻意选择。这可以说是古罗马人在思想意识方面对人类文明所做出的最重要的贡献，其对后世西方管理思想的灵魂塑造刻印颇深。与凯撒、庞培、克拉苏、安东尼同时代的罗马共和国时期著名的政治家（曾担任罗马执政官）、思想家西塞罗即说道："法是一种自然的权利，是理智的人的精神和理性，是衡量正义与非正义的标准……自然法是整个法律科学的思想基础和各种具体法规的指导原则，它高于一切人定法和人为权力。"由于疆域的扩大，多民族帝国的形成，罗马人发展了希腊化时代的、充满世界主义精神的斯多亚哲学，并将其用于实践。罗马法明确地将斯多亚学派那种主张人生而平等的自然法作为其公民法和万民法的基础，规定残杀奴隶的，要以普通杀人罪论处。罗马皇帝（斯多亚哲学家）马可·奥里略曾这样构画他的理想国家："一种能使一切人都有同一法律的政体，一种能依据平等的权利与平等的言论自由而治国的政体，一种最能尊敬被统治者自由的君主政府。"

古罗马最早的成文法是公元前 451 年—公元前 450 年制定的《十二铜表法》。即在罗马广场立了 12 块铜牌，每一块铜牌写一条法律规定。这里面包括了司法权、审判权、父权、借贷权等，统称为"十二铜表法"。这里面，实际已经包含了公法和私法的一些星星点点的东西，是后来罗马法的起源。《十二铜表法》所反映的立法为了平民大众和有法必依的精神，为日后罗马法律的发展指明了方向。以后每一个罗马皇帝都根据当时不同的情况制定相应的法律，有针对元老的、针对公民的、针对人际关系的、针对社会秩序的各种法律，这些法律汇集成为罗马法。到 161 年时，法学家盖琉斯[①]把这些法律综合成了一本《法学总论》，把古罗马的法律做了一个比较全面的综合。529 年，东罗马帝国的查士丁尼大帝颁布施行一部《敕法汇集》，也就是著名的《查士丁尼法典》，这标志着罗马法已经发展到完备阶段。它保留了罗马在法学方面的创造成果，对人的行为做出详细的法律规范，为调解复杂的社会矛盾提供了法律手段，成为维系帝国统治的强有力工具。

罗马法的立法技术具有相当的水平。它所确定的概念、术语，措词确切，结构严谨，立论清晰，言简意赅，学理精深。现在世上公认的法学理论、法制民主原则均发端于罗马法。其“法律面前人人平等”的原则也成了法治建设永恒的价值观。从法律规范的范围来看，罗马法又可分为公民法、万民法和自然法。公民法和万民法针对不同的人群，具有因地制宜和因时制宜的特点，反映了极其复杂的经济关系和社会关系。而自然法具有普遍意义，适用于所有时代的人类。当近代的洛克、卢梭、孟德斯鸠等人从所谓的“自然权利”和“法的精神”来说明天赋人权的法律依据时，当美国《独立宣言》宣称“人人生而平等”时，当法国《人权宣言》要求“把自然的、不可剥夺的和神圣的人权阐明于庄严的宣言之中”时，它们所依据的都是这种抽象假定的自然法。

从内容上看，罗马法已经广泛涉及了诸多领域，罗马的民法体系已经达到了相当完备的水平。罗马法中的许多原则和制度，也被近代以来的法制所采用，如公民在私法范围内权利平等原则、契约自由原则、遗嘱自由原则、“不告不理”、一审终审原则等，以及权利主体中的法人制度、物权制度、契约制度、陪审制度、律师制度等。罗马法于民法、商法、私法等方面建立的较完密的体系，使其他古代民族难以望其项背。恩格斯说：“罗马法是第一个世界性的法律”，是“充分预料到现代私有制的法律”。近代欧洲都以罗马法为基础，制定了本国的法律制度，如《德国民法典》《拿破仑法典》等都以罗马法为法律蓝本。

---

① 盖琉斯（又译盖尤斯，约 130—约 180 年），罗马帝国前期著名法学家，所谓的“罗马五大法学家”中出生最早的一位。代表作为《法学阶梯》，该书是唯一一部流传至今的古代罗马法学家的文献，成为查士丁尼编纂同名法典的范本。

以《十二铜表法》为开端、《查士丁尼法典》为总结的罗马法，是世界史上内容最丰富、体系最完善、对后世影响最广泛的古代法律。罗马法不仅包含着具体而细致的法律条文，更重要的是它奠定了一种法治精神，这种精神包括对个人权利（尤其是私有财产权）的尊重，公正与正义的原则，在法律面前人人平等的原则（奴隶除外），以及依法办事、不徇私枉法的原则，此外还有一套作为实用法律的形而上学根据的自然法理论。

古罗马文明遗留给后人的精神财富，除了它的法治精神，还有就是基于对权力有效运作的经验总结而构建的"混合政体"（分权制衡理念）。

古希腊学者波利比阿[①]曾带着"希腊政治哲学与罗马政治实践相遇"的困惑，思考一个关键的问题："罗马人怎样和借助于什么特殊的政治制度，在短短不到53年的时间里，几乎征服和统治了全世界？"他认为："单单叙述一件事，当然也有趣，但却没有教育意义；如果能补充说明其前因后果，那么研究历史就有收获了。因为拿历史上的事实来比照我们当前的情况，我们便可以得到一种方法和根据，用以推测未来……"他在其倾力撰成的40卷著作《通史》（该书叙述了从公元前264年到公元前146年间罗马征服世界的历史）中对此做出了独到的解答。

他认为，罗马兴盛的根源，不仅在于其军事强大，更主要的是在于其优良的政治体制——共和政体。共和精神在罗马的政治结构中表现尤为突出。所谓"共和"乃是多元并立，有差异之统一。罗马人成功的秘密在于，他们不自觉地采用了一种不同于希腊城邦，也不同于君主国的混合政体。

在罗马政体中，君主制的因素、贵族制的因素和平民政制的因素被很好地融合于政治制度中，且保持一种平衡，三种要素之间相互制约又相互协调。"如果人们只注意执政官的权力，那罗马国家就完全是君主制政体，如果人们只注意元老院的权力，它又完全是贵族政体，而如果只注意民众的权力，它显然又是民主政体。"罗马人的高明之处在于，使这三种权力既互相牵制，又互相支持

① 波利比阿（约公元前200年—约公元前118年），古希腊历史学家。出身名门，年轻时就献身城邦的政治事务。后作为人质于公元前168年—公元前151年客居罗马。曾随西庇阿家族出征，亲眼目睹罗马逐一征服迦太基、西班牙和希腊成为世界帝国。写下了不朽的历史著作《通史》。

与合作，从而实现了相互间的制约与均衡，不使任何一种力量过于强大。三种因素或力量中，“任何一个都不是绝对的”。执政官虽享有绝对的权力，但他必须有人民和元老院的支持；元老院虽有巨大的权力，但它必须在公共事务中尊重人民的意愿，得到人民的授权；同样，人民也必须在国家事务方面尊重元老院的意见。这样，每个掌权阶级都有自己的权力范围，不可逾越，从而保证公共权力能够为国家的整体利益服务。“权力就是这样组织的，每个部分牵制其他部分又与之合作，在所有紧急情况下，它们的联合又是非常适当的。所以，难以发现比这再好的政治制度了。”通过这种方法，罗马政体得以跳出政体循环的命运，走上了稳固发展之路。

波利比阿同时指出，罗马人的政治制度并不是有意设计的结果，而是罗马风俗自然而然的产物。他们的政治创造是通过多次斗争和解决政治问题的训练，借助于从一次次灾难中吸取的经验而完成的。它不是借助于理性思考，而是一个不自觉的自然发展过程。罗马人有一个坚定的政治信念：任何凡俗个人或政治集团都不得独霸政治权力。罗马人的这种传统甚至在王政时期依然被牢牢持守着。例如，在国王最为荣耀的凯旋式上，总有一个奴仆在王的身边不断地对他喊着：“不要忘记你是一个凡人。”而希腊城邦却在反对僭主制的过程中，把平民权力推到了唯一的和至高无上的地步，破坏了权力的平衡。

其实，混合政体的思想在古希腊的思想家中早有论及，如柏拉图在《法律篇》中设计了君主制、贵族制和民主制相混合的政体形式；亚里士多德也把民主政体和寡头政体相混合的政体作为其心目中理想的政体。但亚里士多德的混合政体主要是各种社会力量和权力集团之间的混合与平衡。而波利比阿的混合政体概念不仅包括这种平衡，还包括各种不同性质的政治权力的混合与平衡，因此，他的学说就不仅是一种混合政体而是一种分权制衡的管理思想了。这种制约与平衡才是罗马共和体制的本质特征。

这一管理思想对中世纪取代罗马统治地位的日耳曼人所建立的“王权有限、封建分权、层级管理”的社会管理体制有直接的影响，也对西欧近代启蒙运动思想家和英国、美国的民主共和制度产生了较大影响。比如，孟德斯鸠在《论法的精神》里面就特别注意到了在罗马帝国已经形成的、带有苗头的东西，那就是“一个相互制约的体制”。为此，孟德斯鸠提出了“三权分立”的分权制衡主张，即立法、司法、行政三权分立，它们既各自独立，互相牵制，又相互联系，互相配合。这一经诸多管理实践反复验证的智慧结晶，在很大程度上就是研究古罗马的管理思想得以总结出来的。

德国著名法学家耶林在《罗马精神》中说过："罗马帝国曾经三次征服世界，第一次以武力，第二次以宗教（基督教），第三次以法律。"武力因罗马帝国的灭亡而销声匿迹，宗教也随着科学的昌明渐失光彩，唯有法治精神因对人类社会进步的推动而辉耀至今。

第四节　"环地中海文化圈"对西方管理思想的影响

历史表明，任何单一的文明模式，都不可能自发地演进出新的文明来。因为地理环境条件的决定性作用，苏美尔、古埃及、古巴比伦、古希腊和古希伯来等文明得以围绕地中海这一同心圆以各种方式交融渗透（其中甚至不乏流血冲突的方式），最终激荡出人类最早的远古文明火焰——"环地中海文化圈"①。

"环地中海文化圈"在人类文明的远古时期探索实践了人类社会起步阶段的管理活动，思考并奠定了人类社会最初的管理价值体系，摸索并逐步累积了多样的管理方法，进而初步反思了对于人性的基本认知和假定，并逐渐尝试构建日趋系统的管理思想体系。其中触及的管理之价值取向、核心理念、关注焦点以及困惑纠结，犹如遗传密码一样在其后各个历史阶段的西方管理思想的发展沿革中产生了令人印象深刻的久远影响。

无论是因生活的富足和充分的闲暇油然而生对人类自身充分肯定的古希腊人本主义，还是因困厄流离和灾难深重而萌发对命运无常的迷思和追问的古希伯来的宗教理性；也无论是对大自然的周期性馈赠心生感激从而就此领悟生命轮回规律的古埃及文明，还是因对辽阔的疆域、多元的民族、多彩的文化如何共处穷究答案而终择法治调和之途的古罗马文明，尽管其管理思想依凭的价值

① 包括"古代两河流域""古代埃及""古代希腊－罗马""古希伯来"等这些接续存在于地中海周边的古代文明。

理念不尽相同，思考而获的答案也各会其心，但是其管理思想的聚焦点不外乎以下几个基本方面：

一、对管理合法性的力证

“环地中海文化圈”中的诸多文明几乎无一例外地表现出一个共同的特征：世俗管理者都试图通过与宗教集团的结盟，鼓吹“君权神授”，借助超验的神力力证其王权管理的合法性。这种通过宗教的力量襄助尘世的霸权，以思想的统一整齐行动的步伐，从而推动管理实践活动导向预期管理目标的努力，在人类文明的初始阶段似乎是一种普遍的管理尝试。当然，这可能也反映了作为协调有目的、有组织的群体活动的管理活动本身，首先需要向大众自证其身——权力的获得和行使，必须有一个服众的理由。

陈恒先生在研究美索不达米亚文明时就曾指出：古代两河流域文明的一个重要方面是宗教思想的确立和宗教在人类社会上作用和地位的奠定。无时无处不在的宗教既是两河流域文明的基础，同时又是其文化的动力和创造力的源泉。他进一步指出，在政治上，美索不达米亚将其政治制度中最重要的两项内容传给了西方文明，一是城邦和神圣王权的概念，城邦制度分布在整个地中海周围的大多数地区；二是王权—君权神授的概念，即君应向神们述职的概念——也传入西方社会。陈村富先生更指出：“‘环地中海文化圈’的形成不是单向运动，将西亚、埃及文明通过腓尼基和希腊的殖民运动推向西部，同时还通过‘希腊化’所开拓的双向流通，使得各个地区的文化超脱地区局限和原有文化的民族局限，走向文化的融汇。其中最典型的就是希伯来文化。犹太教仅局限于犹太人。耶稣及其门徒突破传统犹太人的局限，自称是全世界的‘光’和‘盐’，意在洒向全世界，这正是在地中海文化交融影响下形成的。所以才有后来的使徒保罗和犹太哲学家斐洛，才有以希腊文为载体的新约和教父哲学。这已经不是巴勒斯坦地域的现象，而是地中海的宗教文化现象。”英国著名人类学家弗雷泽就此提出了“宗教是旨在操纵世界的原始技术”的著名论断。即便是古希腊亚里士多德所主张的“自然界和人类生活的秩序论”，其实也是试图为管理体制中的等级序列寻找其合乎自然法则的依据的。

二、对管理活动的秩序性、稳定性和规律性的探索和追求

无论是苏美尔法典还是汉谟拉比法典，乃至于古罗马以罗马法构筑法治文明的创举，在“法治至上，公平公正”的立法宗旨里都饱含了远古的统治者们对管理活动的秩序性、稳定性和规律性的探索和追求。

“在法律上，美索不达米亚最珍贵的一份政治遗产是成文法。这种法律源于个人权利的意识——又因众多的纠纷和诉讼而加强——美索不达米亚法律演化为一种崇高的理想，符合整个人类的利益。”“美索不达米亚的法律照亮了文明世界的大多数地方。”

三、管理的科学性与艺术性的均衡协调

当今西方精神生活和社会生活形式的胚芽差不多都能在古希腊找到。自由探究的精神，民主政体的理论和实践，丰富多彩的艺术、文学和哲学思想，对个人自由和个人责任心的强调——所有这些都是古典希腊留给人类的光辉遗产。而希腊文化、希腊民族精神的内核是政制背后的德性伦理和政治理念，以及深层次的希腊人的身心追求和价值观念……这才是希腊文化的特色和精华，也是它源自西亚和埃及又高出“老师”的地方。

西方现代哲学体系庞杂、分支繁多，但真正主流的，对西方社会形成更深远影响的哲学思想，还是实用主义、理性主义和人文主义。它们的源头即是古希腊哲学。古希腊哲学早就在西方人身上烙下了深刻的印记。

苏格拉底可以说是实用主义的奠基人。柏拉图作为唯心主义的始祖，也是理性主义的奠基人。而亚里士多德，则是人文主义的奠基人。实用主义是一种从实际出发并回到现实的思想，它主张一切思考和行为都应具有现实的作用和意义。理性主义是一种带有逻辑主义的求真思想，它主张以经验为基础，通过推理认识现象背后的本质。而人文主义是一种提倡自由、平等、博爱的思想，它主张在维护个人利益的基础上，再建立公共利益。

尽管西方非理性的宗教力量蓬勃发展，乃至历经中世纪的千年浸淫，在社

会领域形成根深蒂固的宗教理性和信仰理性，使上帝作为一种绝对的客观理性或道德理性的化身而获得了长期存在的依据，但在逻辑与自然领域，西方的逻辑理性与科学理性并没有湮没于“神性”光辉，而是获得了顽强的发育，并最终在近现代取得了统治地位。理性精神是古希腊对西方文化的重大贡献，永远积淀在西方人的内心深处。从希腊民主制与巴比伦君主神权专制的两极对比，到古罗马“分权制衡”的“混合体制”的确立，这种对人性自由（管理艺术性的追求）与管理效率（管理科学性的追求）两者的平衡和协调的探索性实践接续不断。而“中庸调和”的管理理念的凝练成形，也与这种探索的阶段性反思密切相关。

四、对人性的自我认知

在公元前800年到公元200年这一千年中，人类在世界上的三个不同地区几乎同时涌现和发展出了对自身的人性精神进行不同方面反思的学问，它们就是由古希伯来先知首创的神学、由古希腊哲人首创的哲学和由古中国圣人首创的人学。严格地说，它们都是反思人性精神的人性之学，不同的是，神学反思人性精神的神秘的意志力量，哲学反思人性精神的实践的理性力量，人学反思人性精神的道德的情感力量。它们虽各擅人性精神的一个侧面，各自成为一个系统的学问，但它们的目的却都是在关心人类自身的命运。

马克斯·韦伯在《新教伦理与资本主义精神》里指出，科学和宗教是西方文明中最具代表性和普遍意义的现象，把握了西方的科学与宗教就把握了西方文明的核心和最典型的东西。而“西方精神之库中的自然精神、浪漫精神、自由精神、神秘精神、理性精神、科学精神和思辨精神等，都可以在古希腊精神中找到其雏形和根源。”[①] 英国学者阿诺德也认为：“我们的世界正是在希伯来精神和希腊精神这两种影响之间运动。某个时刻世界感到了其中一极更有力的吸引，另一时刻则感受到另一极的吸引力。世界应在两极间完美和谐地实现平衡，尽管这从未实现过。”在阿诺德看来，“活力”与“智力”的对立，构成了西方

① 出自文档库：希腊精神与希伯来精神.http：//www.wendangku.net/doc/96161a7e168884868762d612.html.

文明的基本精神格局，它们实际上就是希伯来和希腊精神的化身。两种文明的基本精神尽管有相通之处，但在一些重要的方面是彼此对立互补的。首先，希腊精神的最终目的乃是“人的完满”，而希伯来精神的最终目的则是“人被拯救”；其次，希腊精神的最高观念是“按照事物本来面目看待事物”，而希伯来人则认为，“训诫和服从”高于一切；最后，希腊人的支配性观念乃是“人的意识的自发性”，而希伯来人却强调“良知的严格性”。

希腊的理性精神与希伯来的宗教情结，这两者之间的接触、冲突、融合与破裂的纷繁复杂过程，构成了以后西方思想的历史，当然也构成了西方管理思想的历史。它们实际上都是源于人们因对已知世界的自信与对未知世界的迷茫而交织生发的困惑与纠结，即人类在对自身人性的不断解剖和称量中的心得记录。

第三章　西方中世纪管理思想的“神性异化”

476年，随着日耳曼族的不断迁徙和入侵，西罗马帝国终于崩溃瓦解。在北方蛮族的铁蹄践踏下，辉煌的罗马成为一片废墟，灿烂的希腊－罗马文明在征服者的蛮力洗劫和荡涤后几乎完全毁灭。在西罗马帝国的原有版图上，相继出现了西哥德、法兰克、伦巴、汪达尔等好几个日耳曼族的王国。作为征服者的日耳曼人有着顽强的政治性格和根深蒂固的自由传统，其在构建的新西欧社会制度中，强行嵌入了自身鲜明的文化传统内核。但刚从原始氏族制解体阶段走过来毫无国家统治经验造成的管理能力短板，却使其在治理新疆域时颇感力不从心。而罗马数个世纪以来所建立的良好秩序与对人民的影响，并没有随着帝国的崩溃而完全消亡；何况日耳曼人在向罗马渗透的漫长过程中，不可避免地也受到了罗马文明的诸多影响。这样，向罗马文明中经由实践检验的成熟管理经验学习便成为顺理成章之事。

日耳曼国家的管理文化形成过程中一开始就交织了罗马文化遗存与日耳曼文化传统的碰撞与调和。当此历史断裂与转轨之际，更为引人注目的是，早在罗马帝国后期伴随希腊－罗马文明由盛转衰即起而扮演调和各民族、各阶层矛盾之“定海神针”的基督教，在西罗马帝国灭亡后的动乱时代，责无旁贷地开始大量介入世俗事务的管理，成为当时处于无政府状态的非常时期里社会秩序的代表。更进而在动乱之后，充当起地方重建与秩序维护的领导角色。借助自身的道德感召力和强大组织能力，基督教会成为这一时期势力远远超越任何世俗国家的一股强大的社会力量，其发展势头和社会影响一时无出其右者！最后，基督教会竟使得因人数相对过少而急需借力维持统治地位的“蛮族”日耳曼人的国王和臣民也一一归化成了基督教徒。“从中世纪早期欧洲文化形态来看，军事上强大的日耳曼人虽能破坏一个旧世界，但因其文明进程上的落后却无力创造一个新世界。而兼收并蓄、推陈出新的基督教既能扬弃古希腊罗马文化，又能创立一种承前启后的新文化，于是新的统治者在征服西罗马的同时也迅速实现了对基督教的皈依。”“罗马帝国灭亡以后，获胜的野蛮人也同样被基督的福音迷住了。虽然他们并不比今天的善男信女更能克制自己的邪欲，但是他们有共同的教义和神灵的启示。一条纽带联结着欧洲各个民族。一个世界性机构遍布所有国家，它无比强大，而且是罗马时代幸存下来的唯一的成为系统的机构。这一机构的首脑是罗马的主教，他在精神上或者至少以教职的形式，恢复了罗马皇帝已经丧失的权威。基督教会成了知识和学问的唯一庇护所，它的侧廊和回廊里收藏着从古代世界抢救下来的一切遗产。它使人们在冲突和罪恶中体会到‘人间悲哀得到唯一的安慰，尘世权力受到唯一的限制’，在异教文化的光辉尚未完全消失之时，新的光辉已经开始照耀野蛮人。……基督的启示驯服了野蛮人，并使他们精神振奋。”这样，在西罗马废墟上猝然相遇且不乏碰撞交织的罗马文化遗存和日耳曼文化传统，经由基督教文化的浸润，终究融合达成了西欧中世纪特有的“神性”管理文化。

中世纪的西欧没有现代意义上的主权国家。根据基督教的信仰，世俗国家的地位和作用被贬低，它只是在教会之旁或教会之下的一个负责较低等级事物的社会组织。人们生活中最本质性最重要的部分由教会来控制。在中世纪欧洲人的观念中，有一个统一的“基督教世界”，它处于最高层次，而各个世俗国家则处于次一级的层次。中世纪的人们虽都相信世俗世界上的一切权力皆由上帝授予，但在谁才是这个权力的代执人的问题上，却争执不休。封建君主和教会都想就此做出有利于己的解释并在实践中争当“上帝”尘世权力的代执人。正因此，双方摩擦和碰撞也就接连不断。教皇与封建君主们时而勾连交易，时而攻伐缠斗。更由于西欧封建化以后教皇和各国的主教们又置身于世俗社会错综复杂的封君封臣关系网络中，他们也就不可避免地时常卷入西欧各国的世俗政治斗争中。“教俗权争”叠加上“世俗权争”，一时间闹得天昏地暗、混沌不堪！历经近千年的文攻武卫和互为攻守，教会神权与世俗王权的分庭对垒最终形成了一种独特的二元化的政教关系。“即在一个社会共同体内，并存着两个平行的权力体系——教权与王权。前者负责人们的精神生活和宗教事务，后者负责人们的物质生活和世俗事务。教权与王权各自独立，互相平行、并立、平衡并互相制约，形成各自传统的相对稳定的控制领域。由此便把人的生活分成两个部分，使人具有二重的社会角色，也产生了独特的指向双重权威的两种忠诚。这种持续上千年的独特的政教关系在西方人深层心理上也积淀为一种根深蒂固的意识，即世俗国家的权力是有限的，它只与人的一部分价值上较低的生活有关，个人生活还有一部分是世俗管理者无权干预的。”“诚然，基督徒服从政府的权威，但它仅仅是世俗权威，绝不是精神上和道德上的权威。服从只是一种世俗的义务，绝不是从内心里对世俗权威的认同与依从，更不会把自己整个的命运交给它去支配。两种权力的分化带来一系列的问题，困扰了欧洲社会数百年。如何认识两种权力各自的性质、范围、权力依据，如何处理两种权力的关系，两者哪个更高，权力界限何在等，都成为管理思想考虑的核心问题。在中世纪大部分时间里，这个问题占有压倒性的地位。”[①]

天主教会凭借自身千余年的辛勤耕耘和纵横捭阖，在业已浸染西欧社会全域的基督教文化的加持下，以“上帝的归上帝，凯撒的归凯撒”的耶稣断语奋力将世俗王权排除到信仰领域之外，从而守住并淬炼了“政教分离”的管理原则，保有了自己在精神伦理层面的权威地位，并以不容置疑的决绝姿态在教堂的门口对世俗王权立上了一块界碑：你的权力之手到此为止，决不能染指人们的思想和精神。虽然教会也从未打算还给信徒个人以思想自由，而是企图将这些领域永远地攫为已有，但是，它阻止了世俗王权对民众精神世界的干预，从而为其后的民间新思想萌发和生长扫清了来自王权暴力的世俗阻碍，这是它在始料未及的情况下不自觉地留给近代西欧社会的一份珍贵遗产。后世学者认为，中世纪后期天主教会强调政教分离思想并坚守政教分离二元管理结构的历史实践，是近代西方人们思想自由的渊源。思想自由的实现，其最重要的历史意义恰在于：在当时急剧扩张的世俗王权织就的天罗地网上撕开了一道硕大的缺口，从而使民众的信仰领域可以不被同样贪婪无度的王权染指，以免王权因其世俗利益需要而控制人们的道德生活和精神生活，从而在“身不能至心向往之”的身心挣扎之际，依然坚守对美好理想和纯洁人性的不懈追寻。而这正是近代西

① 丛日云 . 中世纪西欧政教二元化权力体系及其影响［EB/OL］.［2005-6-1］.http：//flwh.znufe.edu.cn/article_show.asp?id=1461.

方社会个人所享有的一系列自由的先导。

通观整个中世纪西欧社会，一个基本事实在于，基督教及其主导的基督教文化占有绝对统治地位。彼时，欧洲几乎所有人（包括新征服者、封建领主和普罗大众）都皈依了基督教，基督教会无可争辩地控制着人们的精神世界，并广泛地渗透影响着人们的世俗生活。而世俗国家由于宗教的和现实的诸多缘由长期处于混乱无序的状态。“特别是在中世纪的早期和中期，世俗政治权力和政治机构的社会控制功能几乎被降到文明社会的最低限度”，其作用和影响十分有限。可以说基督教不仅仅对于西欧封建管理制度的形成及其维系起到了精神、文化上的塑型作用，它更全面深入地渗入整个西欧各民族的血液中，在长达千年的漫长历史进程中为中世纪的西欧创造出了一种诡谲异常的发展环境。乌尔曼①在解释基督教神学在中世纪独特地位和作用的原因时指出：“人们需了解一个社会的成长：从 5 世纪到 12 世纪，欧洲大陆的广大区域仍然杳无人迹，它必须学习如何控制公共生活秩序的基本原理和初步知识。没有‘历史的’先例可循，不可能通过模仿或通过别人的错误来学习如何进行统治。它是一个年轻的社会，对外面的世界所知甚少，它不得不找出自己的方法去解决那些别的社会被视为理所当然的事情。中世纪早期和中期的政治思想明显地以基督教为中心和以《圣经》为导向就不难解释了：基督教和《圣经》包含着现成的哲学，从中可得到大量关于政府问题的有用的知识。”② 在这种情况下，基督教神学信仰成为解释一切问题的基本依据。神学解释一切，包容一切，吞没和渗入各门学科（包括管理学科），也就显得顺理成章了。

在基督教成为欧洲国家的官方信仰之后，以基督教教义为指导的，又是来源于万众信仰不容怀疑的神旨的“教会法”，曾长期处于欧洲社会规范的核心地位。中世纪时的基督教教会法相当完备，涉及民法、刑法、经济法、财产继承法、婚姻法等诸多社会管理领域。律法兼有宗教的诫律、礼仪、教规、犯罪审判的内容。基督教道德观中将律法与道德等同，道德规范与宗教诫律有时在同

① 沃尔特·乌尔曼（Walter Ullmann，1910—1983），20 世纪西欧中世纪史研究领域的一位大家，《剑桥中世纪政治思想史》把乌尔曼作为 19 世纪后期以来对西方思想史学科发展有重要影响的学者之一。

②Walter Ullmann. Medieval Political Thought［M］.Middlesex：Penguin Books，1975：229-230.

一意义上使用，并把道德律法建立在神的启示和对神的信仰基础上。因为根据《圣经》里的记载，“摩西十诫”是直接来源于神，是神所颁布的，所以，基督教会的教会法就是神认可颁布的，甚至是传说中神直接写出的法。由此，西欧各国在很大程度上分散在政治、经济、社会文化习惯之中的世俗法律（自然法和人为法），也必须合乎教会法的原则。比如，皈依了基督教的欧洲各主要部落的统治者都先后整理颁布了各自的部族法律，但这些法律必须符合《圣经》中摩西律法与“十诫”的原则。正如中世纪的哲学是神学的婢女一样，按照伯尔曼[①]的说法，中世纪的罗马法也不过是“教会法的一个侍女”。故而，乌尔曼[②]指出：“所谓中世纪政治思想，完全围绕着基督的主题形成”[③]。以《圣经》为至高无上的尺度、善恶的标准，从中演绎出管理的伦理准则和价值标准，并据此推导出管理的原理和方法。这样，管理学从内容上就成为神学不折不扣的婢女。管理思想从神学中推演出来，从法律中派生出来，在教会和政府的管理实践中不自觉地创造出来和运用起来。在整个中世纪，管理学都没有实现从神学中独立出来的愿望。

第一节　三种文化交织融合的管理思想共识

回顾基督教文化的生成演化进程，解析西欧中世纪封建管理制度上镌刻的日耳曼文化传统、罗马文化遗存和基督教文化的印迹，可以总结得知它们融合而成的管理思想共识大体如下。

---

① 哈罗德・J・伯尔曼（Harold J. Berman，1918–2007）美国当代著名法学家。是当代美国最具世界影响力的法学家之一，世界知名的比较法学家、国际法学家、法史学家、社会主义法专家，以及法与宗教关系领域最著名的先驱人物。他对中国当代法学界也产生过重大影响，是中国法学界比较熟悉的外国法学家。

② 沃尔特・乌尔曼（Walter Ullmann，1910–1983），20 世纪西欧中世纪史研究领域的一位大家，《剑桥中世纪政治思想史》把乌尔曼作为 19 世纪后期以来对西方思想史学科发展有重要影响的学者之一。

③Walter Ullmann. Medieval Political Thought［M］.Middlesex：Penguin Books，1975：14.

一、“神性”高于人性并主宰人性的管理主张

基督教会从巴勒斯坦地区一个被压迫的无名小宗派，最终成为越过罗马疆界，连蛮族也被其降服，影响力和威权遍及全欧大陆的荣耀宗教，这几百年间荣辱逆转的变化无疑是巨大的。而更为巨大的内在性变化，是在这一时期第一次出现了一种可以称为“基督教世界观”的东西。美国学者史密特在《基督教对文明的影响》一书中指出：“假如耶稣从来没有走过古代巴勒斯坦尘土飞扬的道路，没有受死，没有从死里复活，在他身边没有聚集这样一小群门徒去向外邦人传扬他的福音，西方将不会达到如此高水平的文明，并且赋予它如此深厚的、至今仍引以为荣的人文内涵。”基督教精神层面的价值取向及其推论，对中世纪乃至其后的西方文明各层面当然也包括其管理思想都产生了“铸魂塑灵”的深刻影响。

首先，由基督教核心教义会自然推导出以下基本的管理伦理和价值准则：神定乾坤、君权神授（人在神之下，荣耀归于神）、法缘神启（天启法律）、神秉正义(末日审判、拯救理念)等。而由基督教义的“原罪”概念和“赎罪”意识又必然推导出“负罪的人性”这一对人性认知的基本价值前提。原罪意识宣告了人人都有罪，没有任何一个人生来是完人。人性是恶的，哪怕是最伟大的人，他依旧带有人性本原的罪恶。而由“上帝选民”概念和“救赎”（赎罪）意识的渲染，则将必然强化“神性”高于人性并主宰人性的管理主张。最后，所有这些准则和推论又必然汇集归结成“教权神圣”（教权至上）的管理结论。

——这是一个潜在的可能导致“神性”压抑人性的管理命题。

更为令人遗憾的是，基督教会在中世纪初期的借势而为和基督教运动在整个中世纪的世俗化发展，在当时的西欧造就了一个政治地位超高、经济实力超强、垄断思想文化，其影响力和权威性无远弗届的“特异型世俗利益集团”——基督教会（天主教会）及其主宰的超国家组织——基督教世界。这样，一个声称代表“神”并可以阐释“神性”的尘世单元便在精神领域和道德层面被独家定尊。“神性”也就不可避免地被这一尘世单元基于其世俗利益诉求而偷梁换柱成了“教会性”“教皇性”。一个潜在的可能导致“神性”压抑人性的管

理命题也就最终演化成了“异化的神性”（“教会性”“教皇性”）压抑扭曲人性的世俗管理实践。

“神性与人性的深刻矛盾，在信仰与理性的互动之间造成了恒久不变的痛苦。这样一种摇摆不定的心灵特质，只能靠个人默念体察，固然可以借助外在的修行实践来使其偏向一端，但对于不同的人有着不同的接引方式，用一种自命‘放之四海而皆准’的仪式强以为所有人必须遵循的原则，本末倒置的教条化结果，不仅没有拯救出信徒，反而戕害了亿万民众，使思想形成禁锢，学术不得昌明”[①]。这也就至少可以部分解释为什么阿奎那、马基雅维利和许多中世纪及其稍后时期的西方思想家都特别推崇威权专制制度并以其为最佳政体。那可能并不仅仅是“由于君主制意味着权威和效率”“社会经济越不发展，政治上愈是趋向集权。可供分配的资源越少，越是要由一个人加以掌握，以便在进行大型工程建设或面临战争、自然灾难等紧急事件时最大限度地保障资源的分配”[②]这样一种基于管理科学性的考量，其更深层的缘由恐怕正是“基督教文化”对“负罪的人性”这一极为消极的认定。因为，无论是阿奎那还是马基雅维利的管理思想，都是建立在“人性本恶”的价值前提之上的。

以对人类的悲悯情怀和对世间不公强力抨击而勃然兴起的新兴大众文化（群众运动产物），基督教的“神”在尘世登场伊始面向民众展现的是悲天悯人的、舍身取义的、循循善诱的、众生平等的管理文化，但在收拢了尘世无数苦难者的人心后，却以与人性对立的所谓“神性”构筑起居高临下地否定人性自然诉求甚至践踏人性的新管理文化——这不能不说是基督教的“神性异化”（尽管这一“异化”是由基督教会实施完成的）。

“神性”（甚至是异化的“神性”）高于人性并主宰人性的管理主张是中世纪管理思想最醒目的标签。

① 出自百度文库：基督教与西方文化 . https：//wenku.baidu.com/view/541e5202eff9aef8941e0628.html.

② 出自百度贴吧：浅论托马斯・阿奎那政治思想及其现实意义 .https：//tieba.baidu.com/f?kw=%E6%89%98%E9%A9%AC%E6%96%AF_%E9%98%BF%E5%A5%8E%E9%82%A3&ie=utf-8.

二、封建分权和层级管理的思想

中世纪的西欧社会几乎是从管理发展的原始水平上起步的。入主西欧的日耳曼人打碎了罗马帝国原有的管理体系，社会散落为由一个个日耳曼王国和贵族领地组成的管理碎片。刚从原始社会走出，习惯于自由部落传统的日耳曼人没有公共权力观念，也没有能力建立系统的权力组织以实现对国家的集中控制。

日耳曼人有着根深蒂固的自由传统，有着顽强的政治性格。他们由部落社会转型而来，其本身带有强烈的平等平民色彩，其构建管理制度和维持相互关系的依据不是统治者的意志，而是产生于人类古老习俗的日耳曼法律。日耳曼法律是习惯法，与罗马法律相比显得粗犷、迷信，采用神裁法[①]。这种习惯法的权威超越王权，没有一个日耳曼国王可实行绝对专制统治，所以有人说，民主起源于日耳曼丛林之中。这种“王权有限”制度是中世纪西欧管理制度的一个特点。

“王权有限”的管理传统使得日耳曼人建立的中世纪西欧国家成了一个没有明确国界概念的松散的封土集合体。这种封建主义的核心是“封君封臣制”，以“封地”的分封和占有为基础。国王把土地分封给大封建主，大封建主把土地分封给小封建主。国王、封建主和基督教会通过层层分封建立起依次互为主从的封建等级制度。每一层的上下级之间都是领主与附庸的关系，都是主从关系。但是，附庸只效忠于直接的领主，对于其他领主包括更高级的领主，则不必承担什么义务。例如，国王虽是最大的封建主，权力却也只限于自己的领地内，甚至无权管辖一个不直接隶属他的小封建主。“中世纪的国家本质上是一种个人的联系。”[②] 整个王国成为大小不等、层层分割、互相交错的封地的拼合，以及一大堆复杂的特权与义务的综合体。在一定程度上，这种“封君封臣制”是政治、经济、法律制度的替代品，这一制度使得西欧社会连成一个整体，有了某种秩

① 神裁法（ordeal)，是古代的一种审判方法。将嫌疑犯置身于对其肉体有伤害的物中，例如将其手浸于火或沸水中，受神主宰，若身体无损，则定为无罪。

②Heinrich Mitteis.The State in the Middle Ages：A Comparative Constitutional History of Feudal Europe［M］. Amsterdam：North-Holland Publishing Company，1975：5.

序，从上到下形成了所谓责任的“链条”。由于有效忠关系、经济联系，使这种关系十分紧密，给地方上带来了安定，再配合封建庄园的自然经济制度，从而得以形成一个稳定有序的社会，但是它也确实造成了整个社会权力的广泛分散和管理关系的层层分割与多维交织。在这样的结构下，很多日耳曼国王到最后仅仅成了一种国家的符号，而实权往往操纵在各个地方城邦封建领主的手中。加上在世俗王权之旁，还有一个相对独立的基督教会的教权与之并立，分割了许多原本属于国家的权力。

由亲兵制[①]转化而来的“封君封臣制”，是以土地为基础形成的双方既相互享有权利又彼此承担义务的私人关系。双方以这种私人关系代替了国家统治，最大限度地排斥了公共权力，从此私人契约取代了公共法律，公共权力沦为私人义务。这使得中世纪西欧社会分权化和管理分割交织化的特征尤为显著。

“王权有限”制度和封建庄园制度客观上给了封建领主以及城邦自由民极大的生存空间。这一时期，尽管王室和教廷拥有很多特权，各地的封建主却是各个土地上的事实统治者。这种管理、经济合一的封建制度里，封建领主在其封土内首先明确拥有的是土地的所有权，进而在王权衰落后，又逐步取得了王权在地方的权力并将其转化为同封土一并世袭的私人权力，其中包括行政、司法、税收、铸币等权力。国王与封建主之间不是古罗马帝国那种绝对服从与压制的上下级管理关系，而是靠忠诚、道义维持的较为宽松的领导关系。因此，在日耳曼人社会的一开始，日耳曼人的国王与各个城邦封建主之间的关系就不是任命与被任命、服从与被服从的关系，而是靠着忠诚与契约关系维持的相互平衡与制约的关系。所以，许多西方学者认为，在近代民族国家开始崛起之前，中

① 日耳曼人亲兵制最早记载于凯撒的《高卢战记》。所谓亲兵制是指在氏族社会出现的受传统习惯法制约的军事首领与亲兵之间的权利与义务关系。这是由王或部落首领与一群忠于他的战士组成的以战争和掠夺为职业的一种战争帮团。王和亲兵之间的关系以荣誉、诚信、勇敢和相互尊重为基础，是保护与服从、负责与效忠的人身依附关系。在这种关系中，一方面主人负有保护亲兵的义务，赏赐亲兵饮宴、战马和兵器；按照血亲复仇的原则，亲兵被侵害时主人必须为其复仇或取得赎罪金，亲兵侵害他人时主人应为其负责。另一方面，亲兵应对主人宣誓效忠，向主人进献财物；在战场上服从主人的指挥，决不做任何不利于主人的事；若主人在战争中被俘，亲兵甚至会自动投入敌营，随主人一起被监禁，以表示同甘共苦。可以看出，这种关系是一种双向的私人关系，双方主体都既享有权力，又承担义务。它是西欧封君封臣关系的社会关系原型。

世纪没有真正意义上的国家。[①] 中世纪的帝国和王国最多可称为“准国家”。也正是在这种社会管理结构下，罗马天主教才得以在日耳曼国家蓬勃发展起来，教会阶层也迅速发展成为一个可以和封建主甚至国王相抗衡的独立的社会力量。而正是教会势力乘风借势的超常发展，使其很快便成为能够盖过国王以及封建主阶层的中世纪西欧社会的主导势力。

同时，日耳曼人“王权有限”的自由传统和层层分权实施层级管理的“封君封臣制度”，还形成了各种社会力量在扩展自身权力的内在动力驱使下以“博弈斗争、动态平衡”为特点的社会管理结构不断调整更新的发展态势。“西罗马帝国灭亡后西欧新的多元社会的主要组成部分如下：独立于而非听命于皇帝的教会；取代了帝国朝廷的封建君主和封建主；取代了罗马时期奴隶种植园、各自开垦荒地的自给自足的采邑；产生于城市，发展顺利从而对贵族、高级教士甚至君主有所冲击的新兴商人阶层。”“各种政治力量、各个团体和个人积极的权利斗争，是西欧中世纪政治史的一大特色。教会有教会的‘自由’，贵族有贵族的‘自由’，市民和农民也各有他们的‘自由’，他们不懈地争取和维护自己的‘自由’，有力量时就要扩大这些‘自由’。自由’由一项项‘权利’构成。整个中世纪，在教会与国家之间、国王（皇帝）与诸侯之间、领主与陪臣之间、各国主教与教皇之间，总之，上下左右之间，进行着无休止的纵横交错的权利斗争。这使得中世纪的社会结构不断地调整更新，不断地破坏与整合，从未定形为僵固不变的模式。”比如日耳曼人入主西欧后原有奴隶制的消亡过程即为一证。身处中世纪社会最底层的农奴与原先制度下的奴隶的一个重要区别，就是他们已经被当作人来对待。最典型的成文契约即“特许状”，它把农民对领主承担的各种义务固定下来，约束领主不得再向农民额外索取。“特许状”第一次使领主任意专断的权力受到了限制，而使农民的权利得到了稳定的保障。

日耳曼人的顽强性格和自由传统无疑是这种“封建分权，层级管理”的多元多维秩序形成的重要原因，同时这一管理思想也在这种关系和秩序下得到滋

① 坎宁也认为，尽管“国家”这个术语在内容上是充满历史性变化的，它所具有的中世纪涵义与多种现代意义都相去甚远，但如果用它来描述 12 世纪之前西方中世纪有组织的政治社会很难说有什么意义。有的学者甚至认为，中世纪如果说存在国家的话，那它不是神圣罗马帝国，也不是英格兰和法兰西等王国，而是天主教会。

养而进一步发育成长。

当然，日耳曼人的这一管理思想及其制度建设也不能不让人注意到其衬托背景上依稀可辨的“罗马文明遗存”的鲜亮底色。

正如前面章节里所谈到的，“古罗马文明遗留给后人的精神财富，除了它的法治精神，还有就是基于对权力有效运作的经验总结而构建的‘混合政体’（分权制衡理念）。”“罗马人有一个坚定的政治信念：任何凡俗个人或政治集团都不得独霸政治权力。罗马人的这种传统甚至在王政时期依然牢牢持守着。”“罗马人的政治制度并不是有意设计的结果，而是罗马风俗的自然而然的产物。”这一“分权制衡理念”与日耳曼人的“王权有限”自由传统情理相通，不谋而合，极易产生文化的认同与思想的融合。

另外，早在公元前 3 世纪至公元前 2 世纪，因为罗马人对土地的特殊偏好带动了大地产制的迅速发展。罗马的贵族和富人们纷纷购买土地，建立并经营起基本上可以自给自足的农村庄园。庄园基本满足了人们的物质和精神生活的需要，可以说是一个封闭自守的小天地。到公元 3 世纪，随着罗马帝国严重的经济危机，一些大土地所有者索性搬离因人口锐减而日渐败落的城市，退居自己的农村庄园。罗马帝国灭亡后，罗马城市进一步衰落，城市中的贵族与富人更是放弃城市中的豪宅，大批迁入农村中的庄园。这样，罗马帝国原先的奴隶制商品经济便渐次过渡到了以隶农为主要生产者、实行租佃分散经营的田庄制自然经济。这成为日后遍地开花的封建庄园的一个来源。几乎自给自足的庄园小世界，在政治上必然形成一个个割据自主的独立王国。这也必然加剧了管理分散化甚至是管理碎片化的倾向。

再者，罗马很早以来就存在着一种保护关系：一些人因败落而寻求富有的庇护人的保护，成为他们保护下的平民或附庸。帝国衰落后，这种保护关系更为扩大。这与日耳曼人的“亲兵制”及后来转化而成的“封君封臣制”，在管理双方的权利义务关系的设定上相似之处甚多，也被后世研究者认定是日后西欧封建制度的起源之一。

还有一种罗马管理文化影响也对中世纪封建制度的产生起到了很大的作

用——行省制度①。行省制是罗马帝国在极速对外扩张过程中，对辽阔的被征服地区实行的允许其高度自治的管理制度。作为行省最高长官的总督，握有行省的军事、民政和司法大权，其在行省内的权力几乎不受制约，结合雇佣兵制度，这种行省制就非常容易导致各个地方对帝国中央的分裂割据倾向。

三、契约观念与权责对等理念

中世纪的西欧是建立在契约基础上的社会。人与人之间的契约关系原则或许是中世纪除了“法律至上”思想以外最重要的管理思想。

契约思想可追溯到日耳曼人的亲兵队制度，它建立了首领和亲兵相互间契约关系的观念，直接促进了西欧封建制度的形成。西欧封建制的社会管理结构中，不存在什么君臣之间的关系、统治者与被统治者的关系，它们都转化成领主与封臣之间的关系。贵族集团内部的契约关系通过采地分封建立，在采邑制基础上，从国王到最低等级的骑士，形成了层层叠叠的领主与附庸的关系。这种关系受到习惯法的保护。从内容上说，它以包含双方互相忠诚和互相保护的双重承诺的契约为基础，其本质是双方相互的权利义务关系。它将不同的等级、团体和个人以契约为纽带联结为一个共同体，把国家权力化作私人性质的忠诚与保护关系，国家不是自上而下单向的金字塔式权力结构，而是一种网络式的权力义务的连锁。这种关系的法律基础是一种私人性质的契约，有着浓重的、独具特色的原始契约色彩。它那极其多元化的管理秩序，使不同的等级、团体和个人在多种法律与管辖权的并存和竞争中有较多的选择和自由的空间，从而确认了契约双方权利主体的地位和某种程度的平等。这种契约关系渗入西欧封

---

①“行省”一词源于拉丁文 provincia，有“委托”之意，原指意大利境内的行政区或境外由罗马官员治理的地区，后专指意大利境外那些必须向罗马国家纳贡的属地。行省设置约始于公元前 3 世纪下半叶，从共和国中后期到帝国时期，罗马的行省制度得到不断的发展和完善。在中央和地方关系上，罗马国家控制行省的官吏任免权，负责对外防务，并从地方取得赋税；各行省则成立以总督为核心的地方政权，拥有地方立法、行政和司法治权，部分行省总督还掌握军事权。地方官僚体制、土地制度、赋税制度、交通制度乃至意识形态制度从无到有，逐步定型和完善。这样形成了中央收权、地方分留部分权力的基本格局。行省既充当中央集财的工具，又是唯一有权机动地支配地方留用财赋的机构。

建社会秩序的每个细节，由此产生的契约观念和相互的权责对等观念，对中世纪封建管理制度的构建和发展影响至为深远。

遍观整个中世纪的加冕誓言，契约思想随处可见。国王与领主之间、领主与农奴之间，向来存在着基于权责对等的相互制约和自由博弈。至少从8世纪始的西欧加冕仪式上，在国王与人民间的相互誓约中，契约观念即得到明确的表达。在9世纪，互尽义务的原则不仅是“认可”国王的一部分，而且，对国王义务的持续吁求也决定了国王与人民关系的性质。因为在相互的誓约中，国王发誓不仅维护抽象的正义，还有具体的法律；人民则发誓服从国王。这种契约确认双方的权利和义务永远是相互的，契约中的任何一方违反契约，另一方就不再受义务的约束，并有权采取行动予以纠正。而反抗权的整个观念就存在于统治者与被统治者、高贵者与卑贱者相互之间的这种契约关系中。

这样的契约关系必然反对单方面绝对专断的权力。任何君主或领主无权将个人意志随心所欲地强加于其臣民。他必须按契约行事，信守承诺。帕多瓦的马西略[①]特别强调这样一个原则：共同体是所有实证法的来源，统治者的权力来源于共同体，如果他违反法律，授予其权力的共同体可再收回其权力。“撤回忠诚是从11世纪开始的西方封建关系的法律特性的关键”。西欧封建社会的管理结构也提供了相应的手段以保证契约的履行：在领主与陪臣发生争端的场合，不是由领主裁决，而是由所有陪臣组成的法庭来裁决。

细究中世纪西欧社会契约观念之所以根深蒂固和深入人心的缘由，除了有日耳曼古老文化传统的传承因素，也源于罗马文化中法治至上的传统，更有说服力的可能是源于基督教的神人立约思想和教义中“公平正义”“自由”“平等”“诚信”的律法要求和伦理规定。这对当时已普遍皈依基督教的西欧信众们可是事关信仰虔诚与否的根本性问题，其规约性和内敛强度恐怕远超其他！

“契约”一词在希伯来文中为berit，有“束缚”的含义，是指立约双方（包括神与人之间、人与人之间）通过某种应许或承诺或某种仪式达成的有约束力

---

① 马西略（Marsilius，约1270—1342年），又译马西利乌斯，意大利思想家，生于帕多瓦城，曾任该城教长，1312—1314年任巴黎大学校长。因拥护王权、反对教廷，于1327年被罗马教廷开除教籍，逃往巴伐利亚投靠路易四世王朝，继续反对教皇。其政治思想主要反映在1320—1324年所写的《和平的保卫者》一书中。

的协议或约定。《圣经》旧约和新约全书中关于“上帝和人立约”的思想就蕴藏着基督教文化中最原始的契约理念。在基督教的教义里，人是有“原罪”的，由于人的完全堕落和对上帝救恩的完全依赖，因此，人只有遵守神与人之间订立的契约，履行上帝赋予的职责，才能实现救赎。上帝是人的创造者，是万物的主宰，人本应毫无条件地顺从上帝。但上帝是博爱的，是正义和美德的化身，人又是上帝造的实现上帝美德的工具，所以上帝没有凭借自己至高无上的权力强迫人无条件地遵从自己的命令和意志，而是乐意用平等的身份以立约的方式明示上帝对人的恩典。无论是旧约还是新约，其实质都是要表明：立约时人与上帝的地位是平等的，不存在高低贵贱之分。双方通过契约进行沟通，而契约所包含的权利与义务对双方都是公平的。从《圣经》中描述的几次重大的“约”来看，神与人签订履行各种契约时，一直遵从公平正义、主体平等、契约自由、诚实信用等重要原则。“这种契约精神经犹太教、基督宗教的传承和弘扬而在西方文化传统中根深蒂固……”①

四、法治至上

在中世纪，法律具有崇高的地位，法学远比政治学发达。“法律的崇高地位以日耳曼人的传统为基础，也受到教俗双方的支持和肯定。”由于国家发育尚不成熟，法律对社会的控制作用远超过政治控制。中世纪政治社会的首要原则不是君王至上，而是法律至上，因为法律是正义的化身。“在中世纪，正义概念在法律中表现出其重要而有效的形式，以及它在国家中的权威性。正义指什么，很显然，它们首先是指法律，是与统治者任性和变化无常的意志截然不同的法律。”“布莱克顿以不朽的语言表达了这样一个原则：尽管国王在众人之上，但却在上帝和法律之下；如果抛开法律而随心所欲地统治，也就没有国王。索尔兹伯里的约翰在谈到国王与暴君的区别时说，国王遵守法律，而暴君轻视法律。生活在15世纪的库萨的尼古拉以亚里士多德的权威加强了这一论断。他援引亚里士多德的话说：如果不以法律为至上权威，便不存在国家（城邦）。明智而谨

① 出自文档库：希腊精神与希伯来精神 .http：//www.wendangku.net/doc/96161a7e168884868762d612.html.

慎的政治思想家圣托马斯·阿奎那也毫不犹豫地说：尽管叛乱是严重的犯罪，但反抗暴君不能称为叛乱，因为暴君的统治不公正。”“中世纪政治理论的一贯主张：因为法律具有高于所有人的至上权威，或许是理性的社会秩序的最本质特征。”①

权威超越君王的法律，又应该奉行什么样的立法精神呢？它难道不应该体现和贯彻“统治者的意志”吗？对中世纪的西欧人来说，这一点却是丝毫不能含糊的：法律首先不是国王意志的表达！中世纪早期的法典不是立法行为，而是习惯的记录。它首先是共同体的习俗，即共同体生活习惯的表达。虽然这些法典曾一次次地被国王和他的左右所修改，但却不是也不能由他们随心所欲制订的。这一重要理念不仅源于日耳曼人的文化传统，也源于罗马文明中的“自然法是整个法律科学的思想基础和各种具体法规的指导原则，它高于一切人定法和人为权力”②的理性认知，更源于基督教“法缘神启（天启法律）、神秉正义（末日审判、拯救理念）”的管理伦理。

中世纪欧洲是被基督教神学家称之为“神圣秩序”的时代，根据基督教的信仰，世俗国家的地位和作用被贬低，它只是在教会之旁或教会之下的一个负责较低等级事务的社会组织。所以，教会认为：人类的成文法必须尽可能地来自自然法，只有这样，人类的成文法才能通过自然法从永恒法那里获得神圣的渊源，也才能具有使人得以一体遵行的效力。如果世俗的法律不能通过自然法反映上帝的永恒法，世俗的法律就没有存在和生效的合理化根据，因为它违犯了事物的神圣秩序和人类真正的美，即违犯上帝的正义和人类社会的正义（即法缘神启或曰天启法律）。至此，法律开始被人理解为一切人都必须遵守的、凌驾于个人意愿之上的诉讼程序。现代罗马法精神正是经历了欧洲基督教世界改造后的宗教信仰进一步理性化和世俗化的产物。

---

①摘自R. W. Carlyle和A. J. Carlyle《西方中世纪政治学说史》一书的结论部分，刊载于《政治文化论丛》第二辑，丛日云、王淑梅译。

②与凯撒、庞培、克拉苏、安东尼同时代的罗马共和国时期著名的政治家（曾担任罗马执政官）、思想家西塞罗所言。

第二节 阿奎那《神学大全》的管理思想

托马斯·阿奎那（约1224—1274年）是西欧封建社会基督教神学和神权政治理论的最高权威，经院哲学的集大成者。他以创新的精神和渊博的学识，为基督教创立了一个百科全书式的神学体系，是继奥古斯丁主义之后又一完备的理论形态。阿奎那一生著有十八卷著作，如《神学大全》《反异教大全》《哲学大全》《论存在和本质》等。他集各家思想之大成，思想理论涵盖政治、法律、哲学、神学、德行、习俗等各方面。他尚在人世时就已经达到了神学和哲学的巅峰，其学说更在1879年被教皇利奥十三世正式定为天主教的官方神学和哲学，被称为"永恒哲学"，他本人被尊为"天使博士"。阿奎那的学说至今仍被誉为是对罗马天主教神学、哲学、伦理观的权威解释。

阿奎那生活的年代是意大利早期文艺复兴运动的前夜。这是一个各种思想文化和政治势力相互较量的年代。社会经济的发展、社会思想的交织与社会矛盾的碰撞，推动了多种思潮的问世以及所谓"亚里士多德主义"的兴起。它严重威胁了天主教信仰的统治地位。为了适应当时社会对于理性的普遍要求，缓和由理性思潮冲击所造成的天主教教义危机，更加牢固地确立基督教哲学的地位和影响，阿奎那将亚里士多德的人与自然的概念同基督教思想进行了综合，将哲学的理性与神学的启示融成一体，完成了基督教教义与亚里士多德哲学的一种巧妙的结合。他除了接受亚里士多德的思想外，还接受了斯多葛派、新柏拉图主义特别是奥古斯丁的学说，构筑了自己富于哲学思维的神权政治理论的完整体系，解释回答了当时的社会、政治、思想方面所面临的各种矛盾和问题。在其哲学体系中，信仰主义、理性主义和神秘主义达到了高度的统一，从而把中世纪经院哲学推向了高峰。

阿奎那论证了人性与"神性"、理性与信仰基本上是协调的，并提出了"上帝的神恩不取消人的本性，而只会使它更加完善"这一至今为教会所引用的著名论断。后人曾如此评价阿奎那思想对西方文明的深刻影响：从13世纪的伟大神学家阿奎那开始，希腊精神就与希伯来精神合二为一了。单有希腊精神，那顶多成就个罗马帝国；单有希伯来精神，那顶多做个犹太人。但二者合一，当然最核心的还是基督的救赎与自由指向，那就造就了整个西方现代世界。

对《圣经》的绝对信仰是阿奎那解决一切问题的基础。在坚持基督教信仰的前提下，调和信仰与理性的矛盾，并以此作为其政治思想的理论基础，是阿奎那神权政治思想的基本特点。阿奎那及其推崇者罗马天主教会的管理思想就包含在其构筑的包罗万象的神学体系之内。

一、信仰高于理性，但理性之光不灭——部分承认人的主观能动性

阿奎那认为：哲学以理性认识对象，而神学靠天启认识对象，两者应是彼此独立的。“基督教神学来源于信仰之光，哲学来源于自然理性之光。哲学的真理不能与信仰的真理相对立。”“信仰可以帮助理性开阔视野，补充和完善哲学真理，所以不应该禁止用上帝启示的学问去讨论哲学家用理智去认识的理论。”“（哲学的真理）确有缺陷，但也能与信仰的真理相类比，并且有些还能预示信仰真理，因为自然是恩典的先导。”阿奎那认为，人类信仰和天启的赐予是以人们通过自然赋予的理性能力为基础的，理性尽管不可能认识和证明所有的神学真理，但至少可以认识和证明其中的一部分。这实际上等于部分承认了人的主观能动性，将人性（人类理性）从“神性”的霸蛮控制下有条件地释放了出来。

诚然，阿奎那仍然坚持神学高于哲学的宗教立场、杜绝哲学批判神学的可能性，但肯定理性的独立人格，甚至不完全否认双重真理的说法，这为后世文艺复兴和理性主义的发展开辟了道路。

二、神定乾坤——宇宙等级秩序论

阿奎那认为，宇宙是一个无所不包的有序的等级体系，上帝不仅是宇宙的创造者，而且由于上帝理性精神的参与，使得自然与社会呈现出和谐与一致。从最高级的上帝到最低级的生物，每一种生物都按照它自己本性的内在冲动行

事，追求它固有的善或完美的形式，并按照它完美的程度在追求上帝的过程中发现自己，确定自己。高级生物对低级生物的统治像人的灵魂统治人的肉体一样普遍存在。一种生物无论多么低微，都有它自己的位置、义务和权利，即具有它存在的价值。而正是经由这些，它为宇宙整体的完满做出了自己的贡献。这种各自独立的价值的存在与实现，促成了宇宙万物的和谐与完美，在这样的自然结构里，既有物质的成分，又有精神的成分，但二者存在统摄与被统摄的关系，即精神的统治物质的。

在这个世界里面，人以及人的本性在万物之中占有举足轻重的位置，因为人是物质和精神的完美结合，同时又由于和上帝的形象相近而产生了根本不同于宇宙万物和上帝理性命令的关系。

在这里，阿奎那宣扬“人与人之间的不平等是神的旨意，是宇宙的铁律”，他主张“在人类事务中，低级的人也必须按照自然法和神法所建立的秩序，服从地位比他们高的人”，这为维护分层管理的中世纪封建制度提供了思想武器。而在“灵”与“肉”（即精神与物质、神圣与世俗）的关系上，他则主张应是精神的统治物质的（即“神圣”统治“世俗”），这是近乎直白地为天主教会“教权至上”的神权统治主张找寻理论依据。

三、负罪的人性——人性本恶，但善念犹存

与奥古斯丁一样，阿奎那承认人性本恶这个前提。阿奎那否定人有彻底认识善与恶的本质的能力，日常生活中人并不能洞察和把握道德生活中最重要的东西。对于人来说，生命的目的和达到这一目的的道路何在，并非人类自身的能力所能解决的问题，而必须借助于上帝的恩典和启示。但阿奎那同时认为，人类是按照上帝的形象创造的，尽管后来堕落，但是仍然保留着一些美德和理性方面的能力。在人的本性之中存在着“勉力为善，避免作恶”的倾向，并视其为人类社会一条亘古不变的道德实践原则，这条原则构成了自然法与自然伦理的基础。

四、管理的终极目的和理想境界是生活幸福和善

阿奎那认为，有如整个自然界一样，人类社会就是一个具有种种目的和意向的体系，它是建立在人的自然本性基础之上的。政治性和社会性是人的两大特性，“人天然是个社会的和政治的动物，注定比其他一切动物要过更多的合群生活”。公民社会对人来说是自然的，更是使人的本性完善所必需的东西。人属于社会，没有社会，人就不能生存，更不用说很好地生活。阿奎那的这一思想直接来自亚里士多德，甚至表述都几乎雷同：“凡人由于本性或由于偶然而不归属于任何城邦的，他如果不是一个鄙夫，那就是一位超人”。阿奎那认为，真正能满足人的生活需要和道德需要的是人类社会最高形式——城邦（国家），国家是人类理性实践的最完善的产物。国家的建立和治理，城市的计划，堡垒的修建，市场的建立和教育的促进，都渗透着上帝借以创造和统治世界的精神。

阿奎那进一步说到，一个社会之所以聚集起来，组成共同体，其目的在于过一种幸福的有道德的生活，实现善。阿奎那认为低层面的德行生活是指人们“服从同样的法律，并受单一政府的指导以求生活充盈”；而高层面的德行生活是指人们普遍享受上帝的快乐，而这单纯依靠人的理性和美德就难以达成了，必须在对上帝的信仰中才能获得。

国家统治的目的在于建立一个正义的政治秩序，借以服务于社会公共利益。管理者行使权力的目的也就应是确保人们可以在现实生活中为自己取得财富、健康、技能和学问等一切特殊利益，因为这些东西必然导向幸福的社会生活。而这一方面要通过政治权威进行制度建设，另一方面，要依靠社会成员的普遍善举。从具体的角度来讲，阿奎那认为人间统治者的任务在于：第一，由维护治安和秩序而为人类生活的幸福奠定基础；第二，确保行政管理、司法和防务等所有必要的服务都得到切实的践履而落实这种幸福；第三，纠正各种弊端和铲除一切可能破坏有序生活的犯罪行为而增进这种幸福。

五、威权体制是最具效能的

阿奎那认为，社会和政治制度以人的本性为基础。在国家结构中，每一个个体或者任一部分的行为动机都是出自各自不同的欲望和激情，所以是靠不住的。对于一个国家来说，最要紧的是应该有一个统一的权威，并凭此保护整体利益和维持各部分之间的秩序。因此，政治权威是国家最为关键的构成要素。在这个体系中低级者服务于高级者，高级者指挥和引导低级者，这也是符合自然秩序的。

故而，最具效能的政体便是君主制，理由如下：

（1）君主政体最符合自然的原则和自然的本性。阿奎那认为，在自然界，支配权总是操在单一个体手中。“在身体的各器官间，有一个对其他一切器官起推动作用的器官，那就是心。在灵魂中有一个出类拔萃的机能，那就是理性。蜜蜂有一个王，而整个宇宙间有一个上帝，即造物主和万物之主。这是完全合乎理性的：因为一切多样体都是从统一产生的。”在他看来，君主制便是这一原则的典型。

（2）君主政体最有利于实现公共幸福的施政目的。因为和平与统一是保证社会幸福和繁荣的前提，什么样的政府能更有效地获得和平、统一，它就是最好的。君主政体恰恰是所有政体中最能有效地获得和平统一的形式。

（3）从当时的经验来看，一个国王统治的城市和省份都是公道盛行，财富充盈，民情欢腾，歌舞升平。相反，并非由一个人统治的城市和省份，则纠纷不止，陷于分裂。因此，现实经验也证明君主政体是最好的。

（4）君主制是防止暴君的良策。虽然君主也可能变成暴君，但多数人执政的政体，更容易利用人数上的优势而实行暴政。两相权衡，君主制更为安全。

六、法治至上

“政治权力的基础在于社会”这一思想是中世纪的传统。中世纪继承了古典时代的传统，普遍认为自然法、习惯法至上，认为法律本身是一种古老的传统，它理应高于国家。

阿奎那认为，法律是理性的体现，理性是法律的基础。法律之所以最终能使人们放弃邪恶，改恶从善，是因为人有理性这个武器。理性可以帮助人们抑制卑鄙欲念和残暴行为。理性在本质上与人的向善的愿望是一致的。因而，法律的本质是一种合乎人之理性要求的规范。

法治在绝大部分情况下是一种实践的必然需要，因为人治会不可避免地滥用职权。作为统治者的国王本人必须与臣民一样服从法律，并受法律的约束，公正而非残暴地进行统治，尊重并保障臣民的权利。实际上，在阿奎那的观念中，法治所要求的是确保统治活动的正当性，这自然成为防范政体变质、堕落的最有力的工具。

基于此，阿奎那认为政治权力应当受到限制，而且权力只能按照法律来行使。他认为，权力服从法律的支配，乃是政治管理上最重要的事情。“一个君主不能不受法律的指导力量的约束，应当自愿地、毫不勉强地满足法律的要求。”政治权力的行使只能以公共福利为目标，否则人民没有义务服从，不法的命令违背自然理性，也就没有约束力。当统治者实行暴政统治时，人民的反抗是正当的。但阿奎那并没有因此而得出人民主权和人的自然权利来自天赋的这种看法，而是承认人是不平等的，一切权力最终源于上帝。

七、法缘天启，“神（教会）”秉正义

阿奎那认为，一切法律均源自上帝的永恒法。而上帝的永恒法是不言自明充满着上帝的理性和正义的，即在所有的人法之上，永恒地存在着一种理性和一种正义。尽管人们不能知道永恒法的全部真理，但可以借助于上帝赋予他的理性逐步地发现它、认识它、理解它。阿奎那将这种理性动物参悟的永恒法叫作自然法。自然法有四条原则：第一，人的自然本能是自我保存；第二，异性之间相互吸引，希望延续并教育后代；第三，人都天然地渴望知道有关上帝的真理，并且具有一种驱使其摆脱无知的倾向；第四，人都希望过社会生活，因此他自然会避免去伤害那些他必须与之共处的人。这些原则都是自然法的普遍原则，永远不会改变。

自然法之所以能成为人们行为的理性法则，在阿奎那看来，其基本原则就是“行善戒恶”。凡是依照合理的本性所企求的事，必然是善的。人类的成文法必须尽可能地来自自然法，只有这样，人类的成文法才能通过自然法从永恒法那里接续神圣的渊源，也才能具有使人得以一体遵行的效力。如果世俗的法律不能通过自然法反映上帝的永恒法，世俗的法律也就没有存在和生效的合理化依据，因为它违犯了宇宙的神圣秩序和人类真正的美，即违犯了上帝的正义和人类社会的正义。任何人在任何时候、任何情况下，都可以凭此理由而对这种世俗的法律提出非议、批评甚至公开的抵制。阿奎那说：“所有的法律是否有效，取决于它的正义性。在人类的事务中，当一件事情能够正确地符合理性的原则时，它才可以说是合乎正义的。一切由人所制定的法律只要来自自然法，就都和理性相一致。”

阿奎那认为，自然法与人为法（人类的成文法）存在着矛盾和冲突。他说，是人类自身理性的有限性，导致了自然法和永恒法之理想的实现难以如愿。但人们不应以此为借口来放弃对永恒法和自然法价值的追求，那样只能使有罪的人罪恶更加深重。在这种情况下，确定何为自然法的法则，以及如何用自然法指导人为法，就需要一个社会的权威机构来予以确认。阿奎那认为：教会作为上帝在人间的代理机构，在这方面具有义不容辞的责任，特别是在决定一个统治者何时和何种程度上违反了法律并因此将受到抵制的问题上，教会成为最高仲裁者。

八、大道为公，抗暴天助

阿奎那认为，真正的法律和人类真正的目的，都必须以上帝的理性和正义为出发点和落脚点。首先，依据政治目的标准，如果一个政体以社会幸福、公共利益为其施政目的，那它就是正义的统治、是优良的政体；反之，如果只为一个人或少数人，或者虽是为平民多数却同时压迫了富人，那便是不义的统治、不良的政体。一个统治者统治的目的不能是为了私人利益而应是服务于公共福利。一切当权的人都应当顾及其所照管的所有人的利益。政治权力的正义性在于它服务于社会利益这一目的。“当一个人力求靠他的地位获得私利，而置其所管辖的社会的幸福于不顾暗无天日地施政时，这样的统治者就叫暴君。"反抗暴政和抵制非正义的法律，在阿奎那看来，就不仅是民众一项不可剥夺的天赋权力，更重要的它还是一种借助于上帝的启示和正义的召唤而产生的神圣义务。

九、政教分离——上帝的归上帝，凯撒的归凯撒

阿奎那大胆地将国家从教会的束缚下剥离出来，审慎地肯定了国家的合理性。认为国家无论是在其起源上还是在其运行上都与教会的权威无关，它有着自身存在的价值，有相当的独立性。

与中世纪普遍为人所接受的全能的上帝观不同，阿奎那用"人的要求"而不是用"神的意旨"去阐释"国家"，由此确立了世俗政治的权威性。他通过对国家目的层次的限定，论证了国家职能的有限性，从而从历史角度提供了一些富有启发性的东西——国家既是必需的又不是万能的，所以只能以"有限的姿态"出现。这不仅意味着国家的目的、功能的有限性，而且还表明，国家所行使的权力也应该是有"边界"的。在阿奎那提出问题的基础上，近代思想家如霍布斯、孟德斯鸠等提出了"契约论""三权分立"等理论，在一定程度上也是对阿奎那这一疑问的详解细答。

阿奎那认为，化解王权与神权之争的关键是确定二者的权力界限，而不是简单地用一方去压倒另一方。在现实生活中，世俗王权应就世俗事务中有关幸福的问题进行统治。教会则应就精神生活进行引导，两者相互独立、互不干涉。与早期的圣奥古斯丁学派相比较，阿奎那的主张有着显明的政教分离的倾向。

阿奎那的这些阐释与论证，可以说是对基督教基本教义中蕴含的管理思想系统而又深刻的提炼与总结。这些管理思想为西方社会此后的神秉正义、政教分离、全民政府、社会契约论、为民造福的管理宗旨、法治至上、恶法非法、反抗暴政天赋正义等主流价值理念的形成，奠定了早期的理论基础和道义上的优势。

第三节　马基雅维利的管理思想

尼可罗·马基雅维利（1469—1527年）是中世纪晚期过渡到文艺复兴时代的一位重要思想家，是中世纪经院哲学向现代政治哲学转型的标志性人物。他在西欧历史的转折时期，以彻底的现实主义态度和经验主义方法考察其所处时代的政治现象，提出了具有时代高度和历史深度但又颇具争议的一系列管理思想。

自马基雅维利的思想发表伊始，对其观点的评价就可谓冰火两重天。抨击者因其对君主专制体制的推崇和对暴力权术的鼓吹而斥之为“邪恶导师”；而拥趸者则因其率先将“政治的理论观念摆脱了道德，也摆脱了神学”而推崇他为“现代政治学之父”。尽管毁誉参半，但是马基雅维利的思想在西方管理思想发展历史传承上的重要性却是毋庸置疑的。

马基雅维利的思想集中体现在其所撰写的《君主论》一书，而《论李维》和《曼陀罗》也包含了一部分他的思想主张。《君主论》自16世纪30年代起即风靡一时，但在50年代末因被贬损为“邪恶圣经”“恶棍手册”而列为禁书。直到19世纪70年代方得重获新生，随即畅销于全世界。但是一直延至20世纪后期，人们才逐渐能以平和的心态和客观的态度来正视它、探究它。平心而论，《君主论》确是一部名副其实的惊世骇俗之作。在西方思想史上，还从来没有哪部著作像它这样，在饱受无情的诋毁和讳莫如深的禁忌的同时，引发了绵延470余年的持续关注并赢得了空前的声誉。在欧美，这部书被列为最有影响和最畅销的世界十大名著之一，被认为是西方社会有史以来，对政治斗争技巧最独到、最精辟、最诚实的“验尸报告”。公认其对整个世界的政治思想和学术领域都产生了极为重要的影响。[①]

① 美国《纽约时报》评论说：“欧洲的若干学者坚信，千百年来，人类写过三部具有永恒价值的处世智慧奇书：一是《君主论》，二是《孙子兵法》，三是《智慧书》。”——马基雅维利．马基雅维利全集［M］．时弘殷，潘汉典，王永忠，等译．长春：吉林出版集团，2011.

一、马基雅维利思想产生的时代背景

15—16 世纪之交的西欧，资本主义生产关系已经普遍萌芽，民族统一的现代国家在许多地区也得到了建立与巩固。绝对君主制在法国、西班牙和英国已经大功告成，其资本主义经济也有了很大发展。可是，作为文艺复兴发源地和资本主义最早萌芽的意大利，此时却由于世界贸易中心从地中海沿岸向大西洋沿岸的转移，以及政治上的四分五裂、内战不休，经济发展显著迟缓。

当时的意大利半岛封建割据、城邦林立，同时并存五个国家。它们相互抗衡，不断发生纠纷。每个国家都在国境上设立关税壁垒，甚至禁止一些货物进入，根本形成不了统一的意大利国内市场，严重地阻碍了地区工业的自由发展，造成国内经济联系十分脆弱。因此，落后的意大利经常遭受法国和西班牙等国家的侵扰，王朝政权更替频繁。

在封建贵族民主制统治下，意大利国内当时有三种政治力量相互博弈：贵族（封建领主）势力、教会势力及君主（国王）势力。三方势力互不隶属、反复较量，形成了事实上的分立分离分裂的局面。这些权力分散的乱象严重阻碍了商品经济的发展和意大利统一国家的强大。外有强国环伺四周，内有长期无休止的争斗，整个意大利处于内忧外患、灾难深重的境地。马基雅维利为此深受刺激，他主张建立统一的中央集权的民族国家，以结束意大利内部的分立状态。

马基雅维利早年曾有长达 14 年的从政经历。他多次出使国外，出入于欧洲各国的宫廷，在当时尔虞我诈、钩心斗角的政治斗争中开阔了眼界，洞悉那些统治者冠冕堂皇说辞下的鬼蜮伎俩，这对其管理思想的形成产生了重大影响，也为其《君主论》的写作提供了丰富的例证和鲜活的素材。多年的政治生涯，特别是外交实践，使马基雅维利痛感意大利的软弱和分裂之苦，加之当时马基雅维利落魄的处境产生的对当权者启用的急切渴望，这一切因素交织共同推涌出了《君主论》这一奇书的问世。

二、《君主论》等书反映的认知突破和思想激变

《君主论》对佛罗伦萨乃至整个意大利几百年间的“政治实验和激烈变革”以及马基雅维利本人多年从政经验可谓做了一个理论性的总结。全书摒弃了中世纪宗教教条式的推理方法，从历史的经验角度出发，以“人性本恶”的基本假设为依据，较为完整地阐述了马基雅维利的君主专制理论和君王权术论。

以《君主论》为纲，参之以其他著作，概略综合的马基雅维利管理思想主要包括：人性本恶观、理性的和经验的国家观、共和政体观、推崇权术及管理四原则。

1. 人性本恶观

马基雅维利延续了古希腊思想家所坚持的以人性为出发点去阐述论点的方式，通过对现实人性深层分析的视角去探究政治（管理）问题。他对一切概念和方略的阐释都是建立在人性本恶观的基础之上的。马基雅维利从观察和体验中得出结论：人生就是一个不断追求满足自己欲望的过程，一旦人停止了这种追求，也就停止了自己的生命。人的本性已经注定他们总是贪求一切却又永远无法得到满足，因为欲望始终要大于满足欲望的能力。人的共同本性是趋向于恶的，邪恶自私且贪得无厌是人性深处无法根除的基本组成部分。他们只要一有机会，就总要依这种恶之本性行事。“关于人类，一般地可以这样说：他们忘恩负义、容易变心，是伪装者、冒牌货，是逃避危难、追逐利益的。当你对他们有好处时，他们是全部属于你的。”“因为爱戴是靠恩义这条纽带维系的，然而人性是恶劣的，在任何时候，只要对自己有利，人们便把这条纽带一刀两断了。”这一思想，与中国先秦时期荀子宣扬的“性恶论”如出一辙。但马基雅维利又与荀子通过劝诫人们学习以达到弥补自身不足的要求不同，他转而寻求抑制人性恶的“以毒攻毒”的管理对策。“谁促使他人强大，谁就自取灭亡，因为这种强大是他运用才智或诉诸武力促成的，而强大了的人们都会对这两者心怀猜忌”，所以，君主应该是狮子和狐狸的结合体，像狮子一样勇猛，像狐狸一样狡猾，“君主必须是一头狐狸以便认识陷阱，同时又必须是一头狮子，以便使豺狼惊骇”。马基雅维利明确宣称“君主应当极少守信”：“我们这个时代的经验表

明，那些曾经建功立业的君主们极少守信，他们懂得如何玩弄诡计，最终击败那些立身诚实的人们”，“因为人们是恶劣的，而且对你并不是守信不渝的，因此你也同样无需对他们守信”。

2. 理性的和经验的国家观（管理目的和管理宗旨的“去神化”）

中世纪占主导地位的是神权国家观念。奥古斯丁[①]提出了影响极大的“上帝之国”和“人间之国”这种“双国”理论。“上帝之国”即基督教所说的天堂或天国，是上帝建立的光明的神之都；“人间之国”是魔鬼建立的世俗国家，是黑暗的地之都。所以“上帝之国”高于“地上之国”，教权也就高于王权，世俗政权必须服从以教会为代表的神权。在奥古斯丁之后，阿奎那则从国家起源和国家目的这两方面把国家“神话”。他认为人天然是社会的和政治的动物，社会和国家正是适应人的天性需要的产物，但上帝是人和人的天性的创造者，所以从根本上说只有上帝才是国家和政治权威的创造者和最高主宰。另一方面，他认为国家的目的是使人类过一种快乐而有德行的生活，通过有德行的生活达到升入天国、享受上帝的快乐，因此从最终目的来说世俗国家也应服从教权。

但从 13 世纪下半叶起，现代国家观念开始出现，到 16 世纪末已基本成型。其主要观点就表现在马基雅维利的《君主论》中，现代国家观念以理性和经验论为基础，其主要内容是使“国家”摆脱中世纪的神权，反对君权神授观念，认为国家是人们根据自己的需要创立的，强力才是国家和法律的基础。马克思曾经肯定马基雅维利等近代思想家“已经用人的眼光来观察国家了，他们是从理性和经验中而不是从神学中引申出国家的自然规律”。在国家理论上，马基雅维利认为国家的产生以及一切活动都与人的活动相关，国家并非是由上帝恩赐和拯救人类的，国家存在的目的是保护人们的私有财产，保障人民的安全，为世俗谋幸福。

3. 共和政体观（推崇混合民主制的管理体制）

与亚里士多德一样，马基雅维利认为国家的政体也有三种形式，即君主政体、贵族政体及共和政体。而这三种政体也有可能发生变异，蜕化成暴君政体、

---

① 奥古斯丁，全名圣·奥勒留·奥古斯丁（354—430），教父思想的集大成者。他的著作堪称神学百科全书。在这些卷帙浩繁的著作中，《忏悔录》《论三位一体》《上帝之城》可算作代表作，包含不少哲学论述。

寡头政体和群氓政体。在诸多的政体中，他认为共和政体是最理想的政体。在他看来，鼎盛时期的罗马共和国是国家统治形式的楷模。马基雅维利认为共和政体有诸多优点，例如有利于保证私有财产的稳定性，防止国家财产落入一个人手中；有利于产生真正的自由、公平的法律和健康的宗教；有利于人民在统治过程中发挥作用等。

耐人寻味的是，在《君主论》一书中，马基雅维利极其推崇君主专制政体，集中论述了君主专制体制的理论和原则，提出君主要依靠法、军队并辅之以权术才能实现有效统治并完成国家的统一。而在《论李维》一书中，马基雅维利以历史和现实作为基础，在对各种国家治理形式进行比较的基础上，热情赞颂了共和制，并详细论述了共和体制的优越性、共和国的政治原则和运行机制等。马基雅维利指出：共和制是最稳定的管理体制，一个法律和制度健全的共和国也是最自由的。两本书中如此矛盾的论述，曾引发人们对马基雅维利人品的几多怀疑。而马基雅维利则辩称两者并不矛盾，因为建立统治与维护统治是不同的，且共和政体的推行要以人民的德行和秩序作为前提条件。“因为（意大利）那里的人民的道德是如此彻底的败坏，以至于法律无力约束他们，这就有必要由一位皇族去建立具有完全的与绝对的某种权力。这个最高权力像给马口中带上‘口嚼’，才能勒住它那过分的野心和严重的道德败坏”。也就是说，只有建立君主制，实现统一，才能为实现共和制政体奠定必要的基础。但是，马基雅维利旋即又指出“君主的暴力只是政治的药剂，只能治疗病态的国家，而不可视为经常的最好的政体”。由此看来，也许马基雅维利是将君主制作为统一国家的一种临时手段，而并不希望它长久存在。在完成国家统一大业以后，他还是主张实行共和制度的。

当然，这也不能不让人联想到另一个难以明说的缘由：马基雅维利撰写《君主论》本就是政治上典型的投机行为。他的主要目的是要将其送给佛罗伦萨的实际统治者（书的扉页上即明白无误地写明了此点）。所以在《君主论》中，马基雅维利在对君主制极力颂扬的同时，对人民的看法是比较负面的。但在《论李维》中却恰恰相反，人民的形象是很正面的，其中一些章节的标题，就是人民比贵族更聪明、更有智慧，而且是共和国的捍卫者云云。可以说人民的形象在他的两部著作中是完全相反的。

4. 推崇权术

马基雅维利一反古代和中世纪研究政治问题的方法，冲破神权的桎梏，摆脱道德的束缚，开始从人和人的经验出发，总结国家强弱、权力得失的原因。他是最早把政治的实质看作权力问题，将法律、军队、权术等治国要策视为权力之工具的西方学者。

马基雅维利认为，当一个国家草创之初或正值危难关头，必须有一个强有力的君主来引导和统治，以便能建立或恢复国家秩序。他说，因为人如果生来就是自私的，那么就只有国家和维护法律的暴力才是凝聚社会的唯一力量。道德上的义务最终还是由法律和政府来决定的。也就是说道德应服从法律和政府的决定，那么作为法律和政府主宰的君主更应高于法律，超出道德，所以君主的行为不受道德约束也在情理之中。基于此，马基雅维利提出了关于君主统治术的具体原则。他强调君主必须善于用权术对付邪恶的人们，为了维护自己的统治，可以不惜采取一切违背道德的手段和方法。“一个君主如果要保持自己的地位，就必须学会怎样做不好的事情，并且学会视情况的需要与否采取与之相应的措施”，“如果没有那些恶行，就难以挽救自己国家的话，那么，他也不必要因为对这些恶行的责备而感到不安”。马基雅维利一再强调，作为君主，为人所惧比为人所爱要好，但他又要求君王必须时刻避免招惹仇恨，“君王务必委诸他人办理本须由自己承担责任的事情，并要把布惠施恩的事情让自己掌管”，这样既可以呵护贵族与民众，又能在事情办砸的时候推卸责任，使自己避免招惹仇恨。

5. 管理四原则

马基雅维利于16世纪所著《王子》一书中，对统治者怎样管理国家、怎样更好地运用权威，提出了四条原则。

（1）必须依靠群众的认可。

马基雅维利经常重申这样的观点：所有的政府，不论是君主制、贵族制还是民主制，其持续存在都依赖于群众的支持。君主可能通过武力或继承而登上王位，但要牢固地控制国家，还必须得到群众的支持。他的这种主张事实上是权力接受论，即权力的根源是自下而上的，而不是自上而下的。他还指出，如果一位君王既可以通过贵族获得权力也可以通过人民获得权力，那他就应该明确地选择后者。

（2）组织要有内聚力。

马基雅维利认为，组织中内聚性的原则也在于能使国家持续存在。一个君主能维持组织统一的最有效的方法就是紧紧地抓住自己的朋友。组织内聚力的一个关键因素是使人民确实知道他们可以指望自己的君主，以及君主期望于他们的是什么——责任明确性原则。一个君主如果没有法律而只有多变的政策，很快就会使整个国家陷入混乱。

（3）领导要有领导艺术。

马基雅维利认为，一个领导者应该成为人民的榜样，并鼓舞他的人民去从事伟大的事业。要注意所有的群体集团，时时同他们打成一片，以自己的博爱和仁慈为他们树立榜样，但始终要维持自己作为领导者的尊严，在任何事情上都不能丧失。应该奖赏那些有益于城市和国家的人，保证他的公民不至于被不公平地剥夺财产，以此来鼓励他们从事于自己的职业和使命。要善于对发生的事件和人民的表现进行观察，识别忠诚于自己的贵族和见利忘义的贵族。领导者必须能够识别这两种人并使他们有利于自己。当机会来临时，要善于借机行事，但并不是以一种欺诈的方式去获取。

（4）领导者一定要有使组织存在下去的意志。

马基雅维利认为，任何组织的主要目标之一都是使自己存在下去。政府机构、宗教团体、公司等，全都在努力使自己永续长存。因而他提出这样的建议：一个君主应该像罗马人那样经常保持对“混乱状态”的警惕，以便及时采取扑灭措施。当他的王国处于存亡关头时，君主有权采取严酷的措施。在必要时，要抛开所有道德上的羁绊，背弃任何已不适宜的誓言。

应该看到，马基雅维利的《君主论》等书是针对文艺复兴时期的意大利的特定环境所做的总结。他的管理理念触及了当时意大利社会矛盾的根本症结，点出了解决矛盾的“治本之道”，实际上也集中反映了西欧社会历经中世纪漫长的困顿挣扎而累积和孕育出的认知突破和思想激变。马基雅维利认为人的内在的德性不可信赖，因为人性是恶的。这一对于人性的假设，是其后西方管理思想发展进程中的一个恒久话题和基本范畴。他在《君主论》等书中“撕破人类道貌岸然的表象，揭示出人类心灵深处最卑鄙、最肮脏、最奸诈、最残忍的部分，有助于认识人类的丑恶本性一面”，其在管理思想领域的历史地位可以类比中国古代的《商君书》[①]，无异于西方近代版的“行为科学”。不过，其也可能造成严酷的社会副作用，正如某些智者所忧：“它不但无助于人们向善的方向发展，反倒为恶的存在寻求合理依据，是人类智力开出的最丑恶而刺眼的花朵。”

第四节　莫尔《乌托邦》的管理思想

托马斯·莫尔（1478—1535 年），因其被天主教会封为圣徒又被称为圣托马斯·莫尔，是英国历史上有着显赫地位的政治家和思想家。其代表作《乌托邦》（全名《关于最完美的国家制度和乌托邦岛的既有益而有趣的全书》），以抨击当时英格兰社会黑暗现实为映照，以自己对于理想社会的美好愿望为蓝图，构想了一个超现实的理想国度——乌托邦，较深入地探讨了这个理想社会的基本管理原则和制度理念，在社会主义思想发展史上具有里程碑意义。自此以后，乌托邦成为一个人类（特别是广大劳动群众）追求的美好生活愿景的代名词。莫尔也因为他的乌托邦思想成为著名的人文主义思想家，欧州早期空想社会主义学说的创始人，在整个人类思想史上占有应得的一席之地。

莫尔曾任英王亨利八世的大法官。身为王室重臣，因对亨利八世处理与王后的婚姻问题以及与罗马教廷的关系问题持不同看法，公开反对亨利八世借宗教改革掠夺教会财产和地产的做法，被恼羞成怒的亨利八世送上断头台，成了专制王权的牺牲品，也成了自己所坚守信仰的殉道者。

①《商君书》是记载商鞅（约公元前 390 年—公元前 338 年）思想言论的资料汇编。商鞅，战国中期著名的政治家、军事家、思想家，先秦法家代表人物。商鞅得秦孝公重用，在秦执政约二十年，“变法修刑，内务耕稼，外劝战死之赏罚”，秦国大治，史称“商鞅变法”，为后来秦国统一六国奠定了基础。《商君书》侧重记载了商鞅革新变法、重农重战、重刑少赏、排斥儒术等言论，主要反映了法家的政治思想。旧本题秦商鞅撰，鞅封于商，号商君，故《汉志》称《商君》二十九篇，《诸葛武侯集》中始有《商君书》之名，又称《商子》，现有 26 篇，其中第 16 篇存目无文，第 21 篇有录无文，实存 24 篇。据后人考证，编纂者更可能是商鞅之后认同法家思想的人，“殆法家者流，掇鞅余论，以成是编”（《四库全书总目》）。

莫尔生前算不上是一位正统的天主教信徒，但天主教却极为推崇他的忠诚。1886 年 12 月 29 日，教皇利奥十三为莫尔举行宣福礼，封其为真福者。1935 年 5 月 19 日，教皇庇护六世正式封莫尔为圣徒。2000 年，教皇约翰·保罗二世宣布莫尔为“政治家的天堂守护神”。1980 年他作为基督教圣徒和英雄编入英国国教日历。英国的威斯特敏斯特大厦和伦敦塔均有他的纪念牌位。

后世的社会主义和共产主义者在讲述社会主义发展史时往往也都会追溯到莫尔，人们今天所讲的社会主义 500 年，便是从莫尔发表《乌托邦》算起的。1918 年，莫尔的名字被刻在莫斯科红场的“为劳动阶级解放而斗争的优秀思想家和活动家纪念碑”上。

莫尔《乌托邦》蕴含的管理思想主要包括：

一、重申基督教原始教义中“众生平等”的道义主张

莫尔生活在封建制度解体和资本原始积累的初始时期。这时资本主义工场手工业的迅速发展导致大规模的所谓“羊吃人”的圈地运动。圈地运动所造成的深重灾难，引发了英国社会的种种骇人听闻的不平等现象。《乌托邦》中对此有较为详细的列举，比如，国王的养尊处优、极端腐朽无能与老百姓的勤勉努力、聪明智慧的不平等；劳动者辛勤操作、日夜干活与贵族一事不做、终日游手好闲的不平等；牧民长年喂养牲畜而陷于贫困与富人从事投机却能一夜暴富的不平等；车夫、木匠以及农民的艰难度日与金铺老板、高利贷者的奢侈豪华生活的不平等……。莫尔愤怒声讨了当时社会的这些不平等现象，重申基督教原始教义中“众生平等”的道义主张，表达了自己对劳动人民的深切同情和对没有剥削和压迫的理想社会的向往。

细查莫尔的生平经历我们可以发现，他的同时代好友伊拉斯谟和古希腊柏拉图的《理想国》对其乌托邦思想产生有着莫大的影响。莫尔与著名人文主义者伊拉斯谟之间就“一个理想社会应该是什么样子的”话题有过较为深入的讨论。伊拉斯谟对于天主教有着自己独特的见解，他根据自己对于未来理想社会的理解，向莫尔阐述了自己心中乌托邦社会该有的样子。同为虔诚天主教徒的两人以《圣经》和基督教先知们为切入点，准确发掘出基督教当中对于理想社

会的规划蓝本，从宗教的角度将乌托邦这个理想的社会归回到基督教的本源当中。伊拉斯谟和莫尔还创造性地将当时流行的人文主义思想归回到基督教当中，缓和了人文主义思想与传统基督教思想之间的信仰冲突，也将人文主义思想融入到了乌托邦社会当中。

而柏拉图的《理想国》，也是对于未来人类社会的一个美丽构想，这与莫尔建立一个理想社会的想法是一致的。柏拉图关于国家的产生、社会的价值取向（主要是指一种道德的观念）、国家与社会对于创造出来的财富的看法以及所有制形式这几个方面的观点，都是莫尔乌托邦思想的参考蓝本。

二、认识到私有制是一切罪恶的根源，主张实行财产的公有制

在莫尔看来，现实社会中种种不平等的罪恶都源于私有制。正是私有制才造成了人世间的一切不平等。“如果人人对自己能取得的一切财物力图绝对占有，那就不管产品多么充斥，还是少数人分享”，“如不彻底废除私有制，产品就不可能公平分配，人类就不可能获得幸福。私有制存在一天，人类中绝大的一部分也是最优秀的一部分将始终背上沉重而甩不掉的贫困灾难担子”。

《乌托邦》主张把平等建立在公有制的基础上。“一切归全民所有，因此只要公仓装满粮食，就决无人怀疑任何私人会感到什么缺乏。原因是，这儿对物资分配十分慷慨。这儿看不到穷人和乞丐，每人一无所有，而又每人富裕”。这就为社会主义的平等观念奠定了最为坚实的基石。

三、主张社会各领域实行“绝对平均主义”原则，以保障人人享有平等权利

在《乌托邦》所描绘的理想社会里，由于生产资料和全部产品实行公有制度，因而所有制的平等保证了人们在经济领域获得了平等的权利。同时，人们在政治、文化教育以及社会生活等各方面都享有绝对的平等权利。

经济平等，首先是劳动平等，每个成年人都要参加劳动。城里的居民还要定期轮流到农村劳动。同时，所有从事体力劳动的公民，也要尽可能地有充裕

的时间用于精神上的开拓。其次是分配平等，乌托邦实行按需分配的制度。

政治平等，即实行民主政治制度（实行平等的选举、平等的管理、平等的监督），赋予人们平等的政治权利，保障公民成为国家和社会的主人。在社会生活中，乌托邦人还养成了尊重法律、人人在法律面前平等的习惯。他们不但遵守私人间的合同，遵守社会的公共法令，而且能够更加地“关心公共的利益”。

文化教育平等，即建立公共的、平等的、普遍的教育制度。一是学校教育平等；二是业余教育平等；三是科学研究平等；四是宗教信仰平等。

《乌托邦》一书的平等思想有着深邃的历史源头，这就是源自古希腊的财产平等、人人均分的观念。在公元前 8 世纪至公元前 7 世纪的古希腊，人们认为人类从前有一个“黄金时代”，那时物产丰富、生活和美、大家自由平等。公元前 7 世纪末期到公元前 6 世纪中叶，来库古[①]在斯巴达城创建了“平等者公社”，其显著的特征便是平等和集体主义。当然，这一平等思想的另一个更为直接而又明显的源头则是作为虔诚天主教徒的莫尔对基督教原始教义和先知们所传福音的真诚执拗的信仰、宗奉和矢志追求。

四、主张实行全面完善的社会生活福利制度

乌托邦是极其美妙和谐的社会，它建立了从摇篮到坟墓的平等的社会生活福利制度，其公共生活福利主要包括：实行公费医疗制度；建立公共食堂；住宅产权公有，使用则归于个人；实行社会保障制度，“那些曾经从事劳动而现在已经丧失劳动力的人，和仍然从事劳动的人受到同样的照顾”。

在莫尔生活的那个时代，《乌托邦》所阐发的管理思想可谓惊世骇俗、离经叛道，且其对平等的理解更多地带有绝对平均主义的色彩，同时，他主张把有过错和犯罪的人贬为奴隶，以从事社会需要的重活脏活的劳作，这也反映了其思想的局限性。尽管如此，《乌托邦》的平等思想依然闪烁着穿越历史的耀眼光

① 来库古领导了斯巴达历史上著名的一次政治改革（约公元前 825 年—公元前 800 年）。来库古的政治改革不仅使斯巴达从此由氏族社会阶段进入阶级社会阶段，使斯巴达国家由王政转变为贵族政制，而且为以后数百年的政治稳定、军事强大奠定了基础，对斯巴达古典时代的强盛产生了积极的历史后果。但从古代至今，众多文学家和历史学家对来库古其人存在与否多有怀疑，今学界认为部分来库古改革的内容是后世斯巴达人托古改制。

芒。它不但对其后的空想社会主义思潮，而且对科学社会主义学说，都产生了巨大而不易估量的影响。

距离《乌托邦》发表将近一个世纪的1601年，意大利人文主义者托马斯·康帕内拉在西班牙占领者的监狱里著就了《太阳城》。《太阳城》深受《乌托邦》的影响，描绘了一个不为世人所知、按照根本不同于当时意大利和西欧各国社会制度的原则建立起来的新型理想社会——太阳城。

《太阳城》的手稿流传到德国，直接催生了德国的早期乌托邦著作《基督城》。《基督城》的作者约翰·凡勒丁·安德里亚从《乌托邦》和《太阳城》受到直接启发，运用自己掌握的各种科学知识，结合多年国内外游历的见闻，以他信奉的基督教教义为宗旨，精心绘制了心目中的理想国“基督城”，描述了一个海外仙岛上新型公有制的社会制度蓝图。《基督城》出版于1619年，与《乌托邦》和《太阳城》一起，并称早期乌托邦三部曲或三颗珍珠。

就在《太阳城》正式出版的当年，在莫尔的故乡英国，弗兰西斯·培根开始撰写他的《新大西岛》。《新大西岛》向世人描绘了一幅科学乌托邦图景。

《乌托邦》及其后续空想社会主义系列巨作，乃至于马克思的科学社会主义学说，之所以会横空出世且能历久弥新，展现出蓬勃旺盛的生命力，追本溯源，不能不令人思考和注意到一个亘古未变的管理命题：如何认识人性？如何对待人性？中世纪“神性异化”带来了极为广泛的人性的压抑和扭曲，管理的效率和社会的进步都为此长期裹足不前。挣脱了“异化的神性”对人性的束缚，并以高扬个性与自由经济的面目出现的新兴资本主义制度的建立及其发展，无疑带来了社会财富的极大丰富和人类思想的巨大进步。但是，人们始料未及的是：资本主义所取得的空前巨大的进步又是以令人惊骇的社会代价换来的。少数人（资本拥有者和社会资源分配者）的人性高扬却需广大劳动者群体的人性压抑作为社会支付成本；管理效率的极大提高（经济发展的丰硕成果）却要以绝大多数普通劳动者的人性扭曲作为对价。中世纪“异化的神性”压抑和扭曲人性，带来的是“人性的健全”（人性的天然诉求）和“管理的效率”（经济的发展）的双双缺失。野蛮生长的资本主义以少数人的人性高扬对价多数人的人性压抑，虽有管理效率的极大提高（经济发展的丰硕成果）的收获，却有多数人人性的健全（而这恰是一个健康社会的最本质的特征）被贬损的人文代价付出，管理的价值前提和管理的宗旨已背离人类社会前行的正确方向！况且，这样的价值背离而得的管理效率因为违背多数人的天赋人性诉求，也是注定走不远的。西方现代管理思想的发展历程之所以由科学管理发展到行为科学，从“重视物”发展到“重视人”，其天理人性的规律即在于此。

这种以少数人的人性高扬对价多数人的人性压抑而野蛮生长的资本主义，其对多数人的天赋人性所造成的种种罪恶和苦难，是直接引发社会主义思潮及其实践运动的根本原因。列宁说过，“‘为别人而工作’这一事实的存在，剥削的存在，永远会在被剥削者本身和某些‘知识分子’代表中间，产生一些对抗这一制度的理想。”莫尔的《乌托邦》的生命力和思想价值就在于，它鲜明而尖锐地喊出了不同时代的人们对自身人性在其所处现实生活中遭遇不幸、不公和不堪时，油然而生的不满和不屈，以及对未来尊重人性、顺应人性的美好新生活的憧憬与向往！

第四章　西方近代管理思想的去魅

第一节　文艺复兴运动与人性复归

中世纪的早期和中期，建立在封闭狭小的农奴制庄园经济之上的西欧封建等级制度，将广大普通民众禁锢在严密复杂的人身依附网络之中，个人的自主、平等权利几无可言。与之相辅，基督教会的“神学释义”则竭力为封建制度罩上神圣的灵光。肇基于“异化的神性”的中世纪管理思想压抑扭曲着正常的人性，而扭曲的人性支配的社会实践注定带来低下的管理效率：封建割据、战争频仍，教会世俗化使得道德失范，无知迷信使得人民思想蒙昧，由此造成科技和生产力发展停滞迟缓，整个社会沉浸在毫无希望的痛苦之中。

当时光渐入中世纪后期，伴随城市的兴起、“黑死病”的重击和东罗马帝国覆灭引发的古希腊－罗马文明的再发现，一系列深刻巨大的社会变革终于开窗破门，摧枯拉朽般地终结这一僵局了。

一、城市的兴起对西欧封建社会结构的冲击

西欧中世纪初期，由于连年战乱和经济衰败，昔日繁盛一时的罗马城市大多成为一片瓦砾。到 11 世纪前后，随着社会管理秩序的恢复和生产力的提高，手工业逐渐发展起来。一些来自封建庄园有专门手艺的农奴来到交通要道、渡口或寺院、城堡附近开设作坊，成为专门的手工业生产者。商品经济的兴起和自由贸易的繁荣，使得商人也越来越多地在这些地方聚集。为防御侵扰，他们

在聚居地筑起栅栏或围墙，逐渐形成了新兴的工商业城市。根据当时的欧洲法律，失地的农奴只要在这样的城市里居住满 1 年零 1 天，就可以自动地成为自由民。这一自由的气息，迅速吸引了大量农奴纷纷逃离封建领主控制的城堡庄园，来到没有人身管制的城市。到 13 世纪，被恩格斯称为“中世纪花朵”的城市在西欧大地遍地开花，进入蓬勃发展的时期。

在西欧城市重新兴起和工商业迅速发展的过程中，市民阶级形成了，并从中进一步分化出手工业者、商人和银行家等。商人和银行家作为市民阶级的上层，发展为早期的资产阶级。为了规范管理贸易活动，反抗封建主的欺压，保护自身的权益，新兴成长的工商业者相继组建了商业行会、手工业行会和厂商组织。在这些独立的城市里，市民阶层顺理成章地控制了城市经济。同时，为了保护自己摆脱封建庄园而得到的自由，成为自我管理的共同体，他们制定自己的法律，建立自己的武装，并通过与封建君主的交易，进而逐渐掌握了管理市政的政治权力。“欧洲君主新权力的获得在很大程度上取决于同新兴商人阶层的非正式联盟。自治市的自由民向君主提供财政援助和贡献管理才干，成为国王的内侍等。作为回报，新君主向自由民提供保护，以反对封建领主和主教的频繁战争和苛捐杂税。他们还为保护商人利益废除了五花八门的地方自治权，这些地方自治权各有各的关税、法律、度量衡和货币。随着这些障碍的消除和国家法令的实施，民族君主国出现了。”到 12 世纪时，旧的世袭贵族已经失去了原有的政治势力。

城市自治是商业自由的土壤，自由成为新生市民阶级的合法标签。1215 年 6 月，英国国王与代表工商业利益的贵族们签订了《大宪章》，该文件在人类历史上第一次限制了君主的权力。根据《大宪章》第 61 条的规定，由 25 名贵族组成的委员会有权随时召开会议，并具有否决国王命令的权力，甚至为此可以使用武力。从此“权力被关进了笼子”。14 世纪末，伦敦商人已经完全控制了城市的运转，市长只可由 12 个大行会里选出。具备了契约关系的城市自治权的确立，是欧洲走出中世纪的重要标志之一。

正是由于城市的兴起以及自由贸易的发展“这一新的经济因素的日益拓展，促使西欧人的‘现实生活过程’发生日益深刻的变化。千千万万的农奴、工匠与商人在长期的商品经济的自主生产与‘等价交换’过程中，逐渐走出中世纪小生产的狭小田地，突破了传统的人身依附关系的网络，必然要摆脱封建等级观念与神学‘出世’思想的束缚，萌发出个人自主平等的意识与追求世俗生活的渴望，由此为文艺复兴的酝酿输送了取之不竭的‘源头活水’”。

二、黑死病与欧洲人文精神的复苏

14世纪中叶，一场突如其来的被称为“黑死病”的大瘟疫横扫了整个欧洲[①]。黑死病的死亡率高达100%，它的肆虐导致欧洲人口急剧下降。根据英国历史学家H.G.韦尔斯在《世界史纲》中的记载，当时牛津大学学生近2/3死亡，整个欧洲大约有2500万人死亡，占总人口的10%，严重地区达20%[②]，劳动力减少了25%[③]。而欧、亚、非三大洲共有5500万~7500万人死亡。由于人口大量死亡，引发劳动力的骤减，使得社会政治秩序陷入动荡和混乱中。

骤遇末日般的天灾，人们对教会的解答充满了期待。处于绝对权威的教会根据“原罪—赎罪—审判”的信仰体系，给出了“神谴说”的答案，认为黑死病是上帝因世人的罪孽而降下的惩罚。但在死亡人数仍不断增多的事实面前，这一说法却难以令人信服，人们对教会的神学权威开始发出质疑。“由于宗教在血腥的死亡面前显得那样苍白无力，一种新的怀疑论开始兴起”。

惶恐无助之际，人们开始凭借自身智慧来思考周围世界，自我救赎的行动逐渐出现。这种自主意识的形成首先表现在对黑死病的救治上，当教会愚昧落后的思想不能阻挡瘟疫的蔓延时，一些医生开始寻求治疗患者的方案，尽管这样做成效甚微，但医生们的这些尝试给了人们一种积极的信念，即在理性的思想下，不断探索科学的方法来拯救自己，而不是被动地祈求上帝的救赎。这种积极思想的萌发和传播，无疑成为文艺复兴运动中人们摆脱神的主宰、恢复人的主体地位的预演。

黑死病带来的死亡阴影，对人们的思想观念和价值观念产生了前所未有的

---

①黑死病于1347年在欧洲爆发，于1351年结束，在其后几十年乃至数百年间又反复发作，成为欧洲历史上最为惨重的自然灾害。

②Tuchman.A Distant Mirro [M]. New York: Random House Trade Paperbacks, 1987: 94.

③Pounds.An Economic History of Medieval Europe [M]. London: Longman Group Ltd., 1974: 442.

极大冲击，激发了人们对生命的热望，使许多人的信仰发生了动摇和变化。面对死亡，人们将神学的清规戒律抛诸脑后，把目光从对天国的期待转向寻求现世的享乐，享受人生的社会心理蔓延开来，人们开始更加重视个体的生命和现实的欢乐。被称为“人文主义之父”的诗人彼特拉克就这样表白：“我不想变成上帝，或者活在永恒中……属于人的那种光荣对我就够了，这是我所祈求的一切，我自己是凡人，我只要求凡人的幸福。”

在黑死病带来的死亡面前，人们发现身份、等级与门第都失去了意义，死亡使国王、贵族、僧侣和平民之间的等级差别荡然无存，这在客观上促进了平等观念的萌芽。瘟疫不仅改变了人们的等级观念，也冲击了现实中的等级制度。在历史学家韦尔斯看来，发生在这一时期的农民起义比历史上发生过的所有动乱都更猛烈，而且持续时间也更长，它们向以前从未被置疑过的不平等原则发起挑战，从而形成一种崭新的思想。

由此可见，黑死病在欧洲步出中世纪的过程中扮演了重要的角色，它进一步加速了农奴制的瓦解，迫使欧洲经济结构发生改变，也严重打击了欧洲传统的社会结构，动摇了中世纪根深蒂固的教会权威，削弱了封建势力。它破除了愚昧思想对人们的束缚，推动了自主意识的确立，提倡人性的光辉。它促进人们对人生问题的深入思考，唤起了人们对现实人生的肯定。它冲破了教会的禁欲主义和来世主义，使得及时行乐的现实主义孕育并发展起来。而所有这些，都为文艺复兴时期人文主义的登场孕育了社会的和精神层面的必备条件。

黑死病在显示世界的残酷面目与荒诞本质的同时，也促使人们对中世纪长期拥有统治权威的天主教教会体制产生了怀疑。在“神性无光”的一片死寂与黑暗中，欧洲迎来了对基督教的宗教“去魅”和对新思想的渴望，一个自主思考与理性质疑的新时代悄然来临。在这个意义上，黑死病成为西欧得以挣脱中世纪“神性管理文化”罗网走出生天的一个重要诱因。文艺复兴的曙光虽未照进，但西欧大地的接引工程已然就绪。

三、东罗马帝国的灭亡与文艺复兴运动

1453 年 5 月 29 日拂晓，奥斯曼土耳其帝国的苏丹穆罕默德二世亲率 20 万

大军和300艘战舰攻陷君士坦丁堡。东罗马帝国皇帝君士坦丁十一世战死。土军在城内烧杀抢掠，历代的艺术珍品被洗劫一空，华丽的建筑物被付之一炬。在西罗马帝国灭亡后又延续近千年之久的东罗马帝国至此灰飞烟灭。

在东罗马帝国的最后一夜里，有一些人趁乱登上拉丁人的战舰，逃到了克里特、摩里亚、爱奥尼亚群岛和威尼斯。一艘热那亚商船保留了那最后一夜的乘客名单，上面有六名巴列奥略皇族的人，两个科穆宁皇族，两个拉斯卡利斯皇族，以及一些次要的贵族。——仓皇逃命的众多东罗马人（皇亲国戚和知识精英）携带着大量珍贵的古代文献，逃往意大利并辗转流亡到西欧各国。他们带去的这些古代典籍，使得生活在天主教神权世界千年之久的西欧人重新看到了柏拉图和亚里士多德，亚历山大和凯撒，以及其他古代希腊和罗马的光辉思想。人们愈是惊叹于失而复得的古代文化的灿烂辉煌，便愈是不满于蒙昧腐朽的宗教文化现状。希腊人的理性光明终于照穿了教皇和封建制度所织就的重重幕帐，给在新经济的推涌和新渴望的期盼中早已蠢蠢欲动的西欧大地带来了文艺复兴之光。

文艺复兴，一般认为其发端于14世纪的意大利各城市，以后扩展到西欧各国，在16世纪达到鼎盛。它是西欧各国新兴资产阶级中的一些先进知识分子借助研究古希腊－罗马的文化艺术，通过文艺创作来宣传人文主义精神的一场思想解放运动。它带来一段科学与艺术革命的时期，揭开了近代欧洲历史的序幕，被认为是欧洲中古时代和近代的分水岭。

正如前文所析，正是中世纪后期西欧社会经济生活的深刻变化和黑死病近乎毁灭性的重击，加之东罗马帝国覆灭所引发的文化典籍大迁移，从而累积了足够全面充分的社会变革条件，才从根本上推动了文艺复兴的问世。在这一社会变革过程中，新兴资产阶级与新贵族逐渐崛起，他们基于自身所系的新型资本主义生产方式发展的需要，大力倡导观念更新，以期达到推动彻底改造旧的社会管理体制的最终目的。

最先感受到这一变革并积极为即将到来的“新时代”奔走呼号的，是在新的环境中成长起来的人文主义知识分子。他们虽然仍对基督教保持着虔诚的宗教信仰，但在广泛多向的社会实践活动中，已逐渐培植起独立自主的个性与开拓进取的精神，体悟到了自己理应担当的历史使命，因而义无反顾地冲到了时代洪流的最前沿！

这些光荣的名字及其作品包括：但丁的《神曲》、彼特拉克的《歌集》、薄伽丘的《十日谈》，以及“美术三杰”达·芬奇、米开朗基罗和拉斐尔，他们都对人文主义思潮的兴起做出了巨大的贡献。

第一个代表人物是但丁（1265—1321 年），出生于佛罗伦萨的一个骑士家庭，早年曾当选为佛罗伦萨共和国的行政官。他与彼特拉克、薄伽丘并称为“文学三杰”，其早期抒情诗《新生》歌颂理想中的爱人，表达了人类对美好生活的天然渴望。但丁最重要的著作是《神曲》，这部诗作由地狱、炼狱、天堂三部曲共 100 篇组成，讲述主人公游历地狱、炼狱、天堂，直至最终认识真理、臻于至善的全部过程。这一中世纪最伟大的诗歌杰作，以含蓄的手法批判和揭露了中世纪宗教统治的腐败和愚蠢，谴责了贵族和教皇统治的专横残暴和贪婪腐化。它蕴含了但丁对当时社会焦点问题的深刻认识，广泛反映了中世纪后期意大利的社会矛盾，表达了当时人民群众反封建反教皇的浓郁情绪，代表了人文主义思想的萌芽，被称为文艺复兴运动的序曲。但丁也因此作被称为意大利文艺复兴的先驱，恩格斯在《共产党宣言》序言中称赞但丁为“中世纪的最后一位诗人，同时也是新时代的最初一位诗人”。

另一个代表人物是彼特拉克（1304—1374 年），出身于佛罗伦萨名门。彼特拉克勇于突破中世纪的神学观念，提出即便世界是由上帝支配，人也应在其中处于中心位置。他认为古希腊－罗马时代是人性最完善的时代，中世纪将人性加以压制是违背自然的，因而主张要以“人的思想”代替“神的思想”。彼特拉克以其十四行诗著称于世，代表作有《歌集》，他在这些诗歌创作中冲破中世纪禁欲主义对自然人性的绑缚，率直抒发了人类渴望情爱和幸福生活的至诚真情，因此被誉为“人文主义之父”。

第三位是薄伽丘（1313—1375 年），生于巴黎，在佛罗伦萨长大。薄伽丘最出色的作品是《十日谈》，这是文艺复兴早期的一朵奇葩，它以当时意大利社会现实为背景，塑造了许多不同职业、不同社会阶层的鲜活人物形象。全书由 100 个故事集合而成，看起来似乎谈的大都是男女情欲与欢爱，但实际上人文主义思想就像一根红线将它们前后贯穿。薄伽丘在书中激情洋溢地大声赞美青年男女冲破封建等级界限，蔑视金钱和权势，去奋力争取自身幸福的叛逆行为。认为人有权享受爱情和现世幸福，禁欲主义是违背自然规律和人性的。他称颂平民的炽热情感和机智勇敢，嘲讽天主教僧侣、封建贵族的迂腐思想，鲜明地树起了反封建、反教会的思想解放的旗帜。该书申明的“幸福在人间”，被视为文艺复兴的宣言。

而达·芬奇、米开朗基罗和拉斐尔这三位文艺复兴运动的“后三杰”，则以绘画和雕塑等艺术作品弘扬了其鲜明的人文主义思想。

达·芬奇（1452—1519年），欧洲文艺复兴时期的天才科学家、发明家、画家，被后世学者称为“文艺复兴时期最完美的代表”，是人类历史上绝无仅有的全才。达·芬奇坚信科学，对宗教深表厌恶，他说：“真理只有一个，它不是在宗教之中，而是在科学之中。”他直斥天主教会的统治者为“一个贩卖欺骗与谎言者”。达·芬奇最大的成就是绘画，广为人知的《蒙娜丽莎》和《最后的晚餐》等即为其代表性的绘画作品。他认为人体是大自然的奇妙作品，是自然中最美的研究对象，画家应以人为绘画对象的核心。在这种绘画以人为本位的人文主义思想的影响下，盛期文艺复兴的思想内容和主要形象都渐渐从神转向了人。而这种排除神学，以人为中心的思想正是那个时代最耀眼的光辉。

米开朗基罗（1475—1564年），雕塑家、画家、建筑师和诗人，文艺复兴时期雕塑艺术最高峰的代表。作为文艺复兴时期的艺术巨匠，米开朗基罗将其经历的人生坎坷和世态炎凉注入其超越时空的鸿篇巨制的构思和创作中，从而使其留下的作品都带有戏剧般的效果、磅礴的气势和人类的悲壮，以致在生前和身后都造成了无与伦比的巨大影响。注入了米开朗基罗饱满热情的代表性雕塑作品《大卫》，就生动准确地表现了人体的健美、力量和自信，是文艺复兴时期人文主义思想具体而生动的体现。它不仅仅是一尊雕像，而是思想解放意识在艺术上得到表达的象征。它对人体的赞美，看似是对古希腊艺术的“复兴”，其实强烈地昭示着已从黑暗的中世纪桎梏中挣脱出来的人类，已充分认识到了自己在改造世界中的巨大力量。

拉斐尔（1483—1520年），画家和建筑家，也是文艺复兴“后三杰”中最年轻的一位，代表了文艺复兴时期艺术家从事理想美的事业所能达到的巅峰。其作品以世俗化的手法，将传统的宗教题材描绘成现实生活中的理想美，它们称颂一般人类线性的光辉，件件洋溢着幸福与欢愉，充分体现了安宁、协调、和谐、对称以及完美和恬静的秩序。拉斐尔创作了大量的圣母像，这众多圣母像没有传统宗教那种神圣肃穆的色彩，而是温柔和蔼、恬静优雅，充满人情和母爱，像人世间温柔、慈爱的母亲。其中最有名的大型油画《西斯廷圣母》，人物形象和真人大小相仿，由圣母、圣徒组成的三角形构图庄重均衡，圣母和耶稣的体态健美而有力量，表现了母爱的幸福与伟大。拉斐尔的作品以母性的温情和青春健美表现了其人文主义的思想倾向。

作为文艺复兴时期主要社会思潮的人文主义，歌颂世俗蔑视天堂，标榜理性以取代神启，摒弃作为神学和经院哲学基础的一切权威和传统教条，肯定“人”是现世生活的创造者和享受者。要求文学艺术表现人的思想感情，科学为人谋福利，教育要发展人的个性，要求把人的思想感情和智慧从神学的束缚中解放出来，提倡个性解放和自由平等。推崇人的经验和理性，提倡认识自然、造福人生，这是人类历史上对人的认识的一个巨大飞跃。

文艺复兴运动对人的认识的深化，为资产阶级进入工业革命时期储备了文化条件。因为资本主义精神产生的一个先决条件是：人必须要从奴性走向自由。最先强调的就是人文主义。文艺复兴运动促使人的人格得以解放，还人以本来面目，这为“个人自由伦理”的确立奠定了坚实的理论基础。

文艺复兴运动的另一个伟大成果就是哥白尼的学说。哥白尼的“日心说”沉重地打击了教会的宇宙观，使天文学从宗教神学的束缚下解放出来，自然科学从此获得了新生，这在近代科学的发展史上具有划时代的意义（标志着近代科学的诞生）。科学的新发现，使人类重新建立了自信。而只有人性得到解放，才能使生产力真正得到解放。

恩格斯曾高度评价文艺复兴运动的历史作用：文艺复兴驱散了“中世纪的幽灵”，推动了人们的思想解放，“是一次人类从来没有经历过的最伟大的、进步的变革，是一个需要巨人而且产生了巨人——在思维能力、热情和性格方面，在多才多艺和学识渊博方面的巨人的时代。”

第二节 宗教改革与重塑“神性”

文艺复兴运动带动的人文主义思潮，导致人性的复归和“神性”的降格，基督教教会的势力和权威开始转入颓势。教会不再是压倒一切的绝对权威，基督教文化也不再是唯一的精神支柱。加之“巴比伦囚虏”事件[①]和“大分裂”事件[②]严重削弱了教皇的权威，民族国家观念增强和“新君主制”的发展又进一步使得对罗马教会的离心倾向日甚一日。人文主义者开始用研究古典文学的方法研究《圣经》，他们积极地从基督教神学传统中吸收营养，通过发掘原始基督教的“纯洁伦理”与平等精神来抨击现实世界中天主教会的腐败堕落，进而否定教会对经典解释权的垄断。但此时的罗马天主教会非但未能反思收敛，反而继续对信徒们进行变本加厉的经济搜刮，以维持自身奢靡无度的生活所需。愤怒的封建领主和困苦不堪的广大信众对教会的憎恶终于越过了忍耐的临界点。

风暴的源头起自当时罗马教廷宰割的主要对象——德国。当时的德意志尚不是一个现代意义上的民族国家，而是一个由七大选帝侯、十几个大诸侯、200多个小诸侯，以及数以千计的独立帝国骑士组成的分散的领地，比起已成为民族国家的其他欧洲国家可谓积贫积弱。但罗马教廷每年以宗教信仰的名义从德国搜刮的财产高达30万金币，而当时德国的帝国税收才仅仅1.4万金币。德国成了“罗马教皇的奶牛”。这种经济上的压榨，造成德国民众，包括贵族和诸侯们对罗马教廷极为仇恨和不满。

---

① 中世纪中期，西欧各国封建政权与罗马教皇之间的权力争夺激烈。14世纪初，法王腓力四世与教皇卜尼法斯八世为争夺统治权及教会财产展开斗争。卜尼法斯死后，在法国的压力下，教廷选立一名法籍大主教为教皇，即克雷芒五世，但他始终未去梵蒂冈。1309年克雷芒五世将教廷迁至阿维尼翁，先后历时70余年。因受制于法国王室，历史上有“阿维尼翁之囚”之称，或借用古代以色列人被掳至巴比伦70年的历史，称之为“巴比伦囚虏”。

②1378—1417年间，由于法国和德、意争夺对教廷的控制权，而造成天主教会同时有两个教皇对峙甚至三个教皇鼎立的分裂局面。天主教会大分裂的真正起因并非教义、教规上的分歧，而是西欧各国封建统治者争夺权力的反映。

马丁·路德就是在这个背景下站出来的！

马丁·路德（1483—1546 年），出生在德国中部曼斯菲德一个天主教家庭，1507 年以后，他受到捷克大学约翰·胡斯等宗教改革先驱的影响，认真研读奥古斯丁的神学著作，奠定了自身深厚的神学功底和坚定的宗教信仰。1512 年，马丁·路德获神学博士学位，在维滕堡大学讲授《圣经》，1515 年，升任副主教。

1517 年 11 月 1 日，马丁·路德在维滕堡大教堂门前贴出了题为《关于赎罪券效能的辩论的九十五条论纲》，一场轰轰烈烈的宗教改革运动，就此掀开了序幕。

《九十五条论纲》的核心，是反对教会用赎罪券的形式聚敛钱财。马丁·路德认为，救赎本是通过信仰而受上帝恩赐的免费礼物，每一个真正悔改的基督教徒，即使没有赎罪券，也能完全脱离惩罚和罪债，贩卖赎罪券的方式已经完全违背了上帝的意志。马丁·路德尖锐地指出："赦免之权只在上帝，教皇无权赦免任何罪债。"

针对罗马教廷宣扬的所谓"善功称义"，马丁·路德旗帜鲜明地提出了"因信称义"的口号。罗马教廷将购买赎罪券、向教会捐助财产统称为"善功"。声称有了这些善功，罪孽就可以赦免。马丁·路德认为，在上帝面前成为义人，灵魂得到拯救，根本不是靠什么善功，而是靠内心坚定的虔诚信仰，得救的条件不在于行为效果，而在于内心动机。他力图以真诚的信仰来取代虚伪的善功；以《圣经》的权威来取代教会的权威；以上帝的恩典来取代教皇的专制。他希望基督教回到奥古斯丁所在的那种纯粹信仰的时代。这是一个革命性的变化，因为这一条就把教会、教皇这些人的既得利益全都触动了。而这正是马丁·路德改革思想的核心。

1520 年马丁·路德发表了《致德意志的基督教贵族书》等文，具体提出其改革主张。他提出了"天职"的概念，即每个人在世上完成了他所处地位的任务，就是对上帝尽了自己的天职。这种新的宗教伦理把上帝和尘世间的活动联系起来，使人们在现实的生活和奋斗中找到了精神支柱。这种新教伦理确立了一个基本原则，即在资本主义条件下个人必须通过自己的善行得救，上帝将救助自助者。马丁·路德提倡积极的人生观，认为只有积极的工作才是善良的人生目标。

马丁·路德的“天职”概念在实际生活中形成了许多必然的推论：（1）浪费时间是万恶之源，因为浪费掉的晨光都是你为上帝争光效力的机会。（2）乐于从事工作，不劳者不得食。（3）劳动分工和专业化是神的意志，因为这样做使得技术得到更高的发展，使生产质量和数量都能提高，因而符合所有人的利益。（4）消费超过基本的需求就是浪费，因而是有罪的。人们应该过自我引导、自我克制的生活，从而使他们的内心世界不断地恢复平静。（5）上帝渴望人们获得利润，这是神的恩典的表示，而浪费和减少利润，或者放弃一项有利可图的事业都是违背上帝意志的，只要人们不追求奢侈的生活，就会在劳动中创造出剩余，即利润。创造的财富除了满足人们基本需要外的剩余部分，可投资到新的事业中去，或用来改造现有的生产。

受马丁·路德影响，加尔文[①]在日内瓦也推行了宗教改革，并创立了“加尔文宗”（在法国称胡格诺派）。“加尔文宗”除了坚持马丁·路德的“因信称义”以外，形成了以“预定论”为中心的神学体系。加尔文的“天职”观，不像马丁·路德那样单纯强调精神信仰，而是把内在的精神信仰和外在的善功结合起来，他认为：信仰是蒙受上帝恩典的内在确证，而善功则是蒙受恩典的外在确证；在一个清教徒看来，一个真正蒙受上帝恩典的人，不仅在内心深处充满对上帝的坚定信仰，而且在社会行为、家庭生活和日常工作方面都要表现其美德。加尔文认为，所谓的天职、善功，并不是修道士远离尘世的苦修，而是体现在平凡的、世俗的、日常的生活和工作之中。劳动是一种神圣的职责，无论你是经商还是担任神职，都是受命于上帝，都是荣耀上帝的行为。创造财富不是罪恶，相反，只要在品质上不违反《圣经》，在财富使用上不挥霍浪费，赚钱发财也是替天行道，是上帝恩典的标志。

---

① 约翰·加尔文（John Calvin，1509—1564年），法国著名的宗教改革家、神学家，新教中的一大支派“加尔文宗”的创始人，人称“日内瓦的教皇”。他的神学名著《基督教要义》被誉为美国的“信仰之父”。马丁·路德发动的宗教改革运动最终半途而废，路德教后来竟然堕落成为德国诸侯手里的工具。但是，在加尔文等人的推动下，作为资产阶级运动的宗教改革仍然继续向纵深发展。与马丁·路德不同，加尔文的宗教改革是自上而下的。对纯正教义的回归，严谨的管理体系和严格的管理，都使得加尔文在法国的宗教改革避免了德国路德教派改革的混乱局面。从此，福音传教士传遍了整个欧洲。

由这些新阐释的教义我们可以明了：马丁·路德和加尔文的宗教改革实质上是一场重塑“神性”、再造基督教核心理念的管理思想革命。因为它创造了一个完全不同于中世纪早中期基督教文化的新文化，这一“新文化至少包含两层含义：一是它同中世纪的宗教传统、文化规则和经院哲学拉开了距离；二是它的非常具有创新意义的道德观念体现了实实在在的世俗生活”。马丁·路德和加尔文提出的“天职”概念及由此得出的必然推论凝结而成的一套全新的时间观、工作观、专业分工原则、消费观、财富观等思想体系，以勤劳、俭朴、积极向上为荣耀，以奢侈、浪费、不劳而获为耻辱，赋予世俗劳动以神圣的意义，用上帝的召唤带动了一场创造财富的现实经济活动，从而打通了人间步入天国的路径，为新兴资产阶级的发展提供了神学依据。所谓的资本主义，也从此有了神学意义上的登堂入室的合法性，成为一种可以发扬光大的社会实践活动。

这一全新的重塑的“神性”或曰再造的基督教核心理念，培养了一大批冒险进取、克勤克俭，对社会有着强烈责任感的信徒，他们成为新兴资产阶级的精神代表。后世的德国哲学家马克斯·韦伯的划时代著作《新教伦理与资本主义精神》，正是描写秉持这一新思想的新教教徒的。韦伯认为，这些重塑的“神性”构成了整个资本主义的精神气质。宗教改革为资本主义的经济发展提供了神圣合理性依据和文化上的助推力。

从对西方社会发展转型的影响来看，宗教改革打破了罗马教廷的思想垄断，促进了近代西欧各国民族意识的觉醒，导致各民族国家的最终形成。“宗教改革引发了不同教义间的冲突和互不相容，并导致了一系列血腥的宗教战争。由此造成西欧基督教世界的解体，迫使各宗教派别认识到任何一种教派想要获得垄断地位都是不可能的。就宗教改革产生的间接历史影响而言，它将中世纪统一的教会组织拆分为大量的地方教会，这些地方教会的共同特点是它们都由世俗统治者控制。宗教改革直接和决定性的影响是权力由教会向政府的转移。”

而从中世纪“神性管理文化”的发展蜕变角度看，宗教改革运动克服了罗马教廷在灵魂与肉体、天国与人间、理想与现实之间的二元对立，以及由于这种对立而导致的信仰虚假和道德堕落，把宗教理想和平凡的现实生活统一起来。路德宗将“神性”和人性统一，使人的精神获得自由；加尔文宗将宗教生活与世俗事工统一，使世俗工作具有神圣性，把人间变成了天堂。新教伦理平衡了

"神性"与人性的矛盾与冲突。通过"神性"的重塑或改造，完成了与世俗人性的对接与融合，从而为当时已成不可挡之势的资本主义的发展提供了精神武器。

所以，恩格斯评价说：马丁·路德是他那个时代的巨人，他无愧于这一光荣。罗素认为：宗教改革摧毁了基督教世界的统一性以及以教皇为中心的政府，从而使近代国家主义得到长足发展。黑格尔则认为：文艺复兴是近代"黎明的曙光"，而宗教改革是"曙光后继起的太阳"。

第三节　启蒙运动对人性的彻底解放

文艺复兴运动使得人性复归而"神性"降格，宗教改革则重塑了"神性"使之适应变革时代的世俗人性。随着罗马天主教会对于西欧的封建神权统治永久性地结束，到17世纪初欧洲大陆不可知论、泛神论、无神论勃然兴起，整个基督教社会陷入信任危机。与此同时，在理性主义思潮的推动下，自然科学取得很大进展，科学家们揭示了许多自然界的奥秘，从而使得天主教会的很多传统说教不攻自破，人们有了更多的基于理性的自信。再者，随着资本主义经济的发展，新兴资产阶级日益壮大，其要求摆脱封建专制统治和教会压迫以建立理性新社会的愿望空前强烈。风云际会、四海沸腾的时代洪流终于又推涌出一场彻底解放人性的、规模空前的思想解放运动，历史上称之为启蒙运动。

启蒙运动，通常指的是从17世纪直至18世纪法国大革命这一时间段内的一个新思维不断涌现的时代，它与理性主义等一起构成一个较长的文化运动时期，是17—18世纪西欧资产阶级以理性主义为武器反对封建专制的思想解放运动。这个时期的启蒙运动覆盖了各个知识领域，如自然科学、哲学、伦理学、政治学、经济学、历史学、文学、教育学等。

启蒙运动最初发生在英国，而后发展到法国、德国与俄国，此外，荷兰、比利时等国也有波及。法国是启蒙运动的中心。法语中，"启蒙"的本意是"光明"。当时先进的思想家认为，迄今为止，人们仍处于思想蒙昧的黑暗之中，应该用理性之光驱散黑暗，把人们引向光明。他们著书立说，积极地批判专制主义、宗教愚昧和封建特权主义，宣传自由、平等和民主。

法国的启蒙运动与其他国家相比，声势最大，战斗性最强，影响最深远，堪称西欧各国启蒙运动的典范。

18 世纪的法国仍然是一个君主政体的封建国家，封建专制和天主教会控制着国家的社会生活和人民的思想，农村在封建领主和教会的盘剥下已是满目疮痍，宫廷贵族挥霍无度、国库空虚。天主教会与专制王权相互勾结，推行文化专制主义和蒙昧主义，疯狂残害异教徒和有进步思想的人们。与封建制度严重衰败景象形成鲜明对照的是资本主义经济迅猛发展，资产阶级日益壮大，他们强烈要求冲破旧制度在政治、经济、思想方面的束缚。

作为启蒙运动“风暴眼”的法国，在这一辉煌的时代巨变浪潮中奔涌出了一批思想巨匠。

旗手便是伏尔泰。他的思想对 18 世纪的欧洲产生了巨大影响，所以，后来的人曾这样说：“18 世纪是伏尔泰的世纪。”

伏尔泰（1694—1778 年），原名弗朗索瓦 - 马利 · 阿鲁埃，法国文学家、哲学家，启蒙运动的领军人物和杰出领袖。主要著作有《哲学通信》《路易十四时代》等。

伏尔泰的主要思想包括：

（1）反对君主专制，倡导君主立宪制。

（2）主张天赋人权，认为人生来就是自由和平等的。

（3）认为法律应以人性为出发点，在法律面前人人平等。

（4）猛烈抨击天主教会的罪恶行径，但主张信仰自由和信仰上帝。

（5）反对封建专制制度，强调资产阶级的自由和平等。

伏尔泰提倡天赋人权，认为人生来就是自由和平等的，一切人都具有追求生存、追求幸福的权力，这种权力是天赋的，不能被剥夺。他主张在法律面前人人平等，他曾经说过：“我不能同意你说的每一个字，但是我誓死捍卫你说话的权利。”伏尔泰还尖刻地抨击了天主教会的黑暗统治，他把教皇比作“两足禽兽”，把教士称作“文明恶棍”，说天主教是“一切狡猾的人布置的一个最可耻的骗人罗网”，号召“每个人都按照自己的方式同骇人听闻的宗教狂热做斗争”。但他不反对财产上的不平等。在反对君主专政的同时，他又赞成实行“开明专制”。

第二位是孟德斯鸠（1689—1755年），他出生于法国波尔多附近的拉伯烈德庄园的贵族世家。孟德斯鸠不仅是18世纪法国启蒙时代的著名法学家和思想家，也是近代欧洲国家中较早系统研究古代东方社会与法律文化的学者之一。

孟德斯鸠的主要思想包括：

（1）反对君主专制，提出“三权分立”学说。认为国家的权力应分为立法权、行政权和司法权，三权彼此制衡。

三权分立学说是古希腊－罗马文明中政治理论的发展，它体现了人民主权原则，奠定了近代西方政治与法律理论发展的基础，也在很大程度上影响了欧洲人对东方政治与法律文化的看法。

（2）法律应当体现理性（代表著作如《论法的精神》《波斯人的信札》等）。

他在《论法的精神》中论述自然历史环境对于人性的影响、对于国家品格的塑造作用是长期的、根本的，是不会因为某人的立场或是利益分割而变化的。在现代经济或是历史研究中，他的这个论证视角仍然具有很大的积极意义。

再一位是狄德罗（1713—1784年），18世纪法国唯物主义哲学家、美学家、文学家、教育理论家，第一部法国《百科全书》主编，是启蒙运动中百科全书派的代表人物。

狄德罗在坚持唯物主义哲学观点的同时，又具有同时代唯物主义者缺乏的辩证法思想，有些学者认为他的唯物主义应该称为过渡性的唯物主义。

狄德罗站在法国第三等级的立场上，坚持国家起源于社会契约，君主的权力来自人民协议的观点。他指出，能够实现人民自由平等的是政体，任何政体都是要改变的，它的生命同动物的生命一样，必然趋于死亡。封建专制政体终会消逝，由适合人性的政体取而代之。

再有让·雅各·卢梭（1712—1778），18世纪法国大革命的思想先驱，被称为人民主权的捍卫者。在法国启蒙思想家中，卢梭对法国封建社会进行的批判最为严厉、最为激烈。卢梭是一位激进的民主主义者，他的思想精华和基本原则是人民主权思想。卢梭继承了洛克的“人民主权说”，进而提出“主权在民”的主张，从根本上反对君主的存在。他认为一切权利属于人民，权利的表现和运用必须体现人民的意志。

卢梭的思想主张在法国大革命中成为罗伯斯庇尔领导的雅各宾派的理论旗帜，对欧美各国的资产阶级革命产生了深刻影响。

卢梭的主要思想包括：

（1）天赋人权，人民主权。

（2）社会契约说（著作有《社会契约论》《论人类不平等的起源和基础》等）。

（3）革命合法性。

（4）认为私有制是人类不平等的根源。

（5）理性（人的道德自觉）是不可靠的。

除了上述这些法国的思想家们，启蒙运动时期的思想巨匠还有英国的霍布斯（1588—1679年），早期著名的启蒙思想家，做过培根的秘书，思想深受培根影响。霍布斯代表了英国资产阶级革命期间资产阶级上层的利益，他既提出了一些最基本的启蒙思想，又带有明显的封建落后意识。

霍布斯的代表作是《利维坦》。他认为，国家不是根据神的意志而是人们通过社会契约创造的；君权也不是神授的，而是人民授予的。他坚持统治者一旦获得授权，人民就要绝对服从，不可反悔；因此，他并不反对君主专制，甚至认为专制政权拥有干涉臣民财产的权力。他认为世界上本没有神，宗教不过是人类无知和恐惧的产物，但又提出宗教有助于维持社会秩序。

另外，不能不特别提到英国的约翰·洛克。

约翰·洛克（1632—1704年），英国哲学家。他在社会契约理论上做出了重要贡献。其思想主要包括：

（1）人民受理智的自然法则支配，而不是受专横的统治准则或独裁者的各种念头所支配。

（2）人类社会是以私有财产为基础的，自然和理智的法则规定了人们不得侵犯他人的财产。个人的财产权和政治自由都应受到保护。

也就是说，既然人们具有天赋的财产权，那么国家就不能剥夺这种权利，相反必须要保护人们拥有的财产权。

他对霍布斯的思想进行了修正，认为人们按契约成立国家的目的是保护私有财产，因此国家不应干涉公民的私有财产。他有一句名言，内容是“我的茅屋子，风能进、雨能进，国王不能进”。洛克甚至进一步认为私有财产是人权的基础，没有私有财产便无人权可谈。

洛克在政治上主张个人自由、在经济上主张私人财产不受侵犯的观点成为资本主义的信条，为鼓励人们利用财产来追求幸福，保护财产契约关系，积极发展生产力提供了有力的思想保障。

洛克的思想对于后代政治哲学的发展产生了巨大影响，并且被广泛视为启蒙时代最具影响力的思想家和自由主义者。他的著作也大大影响了伏尔泰和卢梭，以及许多苏格兰启蒙运动的思想家和美国开国元勋。他的思想结晶被反映在美国的《独立宣言》中。

纵览思想解放的历史进程可以发现，启蒙时代的学者比之文艺复兴时代的学者已经有了显著的不同。

（1）他们不再以宗教辅助文学与艺术复兴，而是力图以经验加理性思考而使知识系统能独立于宗教的影响之外，作为建立道德、美学以及思想体系的另一种方式。

（2）从字面上讲，启蒙运动就是启迪蒙昧，反对愚昧主义，提倡普及文化教育的运动。它是文艺复兴时期资产阶级反封建、反禁欲、反教会斗争的继续和发展，直接为1789年的法国大革命奠定了思想基础。

（3）启蒙思想家们从人文主义者手里接续思想的火把，进一步从理论上证明封建制度的不合理，从而提出一整套哲学理论、政治纲领和社会改革方案。

他们要求建立一个以“理性”为基础的社会，这一社会的基本特征应是：

——用政治自由对抗专制暴政；

——用信仰自由对抗宗教压迫；

——用自然神论和无神论来摧毁天主教权威和宗教偶像；

——用“天赋人权”“人民主权”的口号来反对“君权神授”的观点；

——用“人人在法律面前平等”来反对贵族的等级特权。

启蒙运动为其后的一系列资产阶级革命做了思想准备和舆论宣传，同时为美国独立战争和法国大革命提供了制度框架。有学者提出过有名的“三R”说，认为正是文艺复兴（Renaissance）、宗教改革（Reformation）、政治革命（Revolution）这三个相互衔接、层层推进的运动，最终使得近代资本主义社会得以确立。中世纪以后的西方文明进程，正是沿着文艺复兴、宗教改革、启蒙运动、资产阶级革命这一逻辑链条接续递进稳步向前的。

通过三大思想解放运动，西方近代管理思想完成了对中世纪“神性管理文化”的宗教“去魅”与再举“人文主义”旗帜的人性重生。其凤凰涅槃的最耀眼标志是其对被称为“资本主义精神”基本内核的个人自由伦理、新教伦理、市场伦理的提炼成型，并以之成功完成对欧美社会主流价值观念的洗礼！“正是这种‘三位一体’的互相作用，使管理思想发生了根本的变化。在此之前，占统治地位的文化价值观是反成就、反人性、反商业的，而新教伦理、民权主义、市场经济三者的综合作用改变了时代。”①

但是，由远古希腊文明的高扬人性、推崇人性，到中世纪基督教文明“异化”后的否定人性、践踏人性，再到近代思想解放运动对人性的再肯定、再高扬，西欧社会管理思想在关于“如何认知人性”“如何对待人性”的问题上，经历了一个从波峰到谷底再重回波峰的曲折反复的历史进程。但峰回路转后的波峰已不再是原先的波峰，因为千年中世纪基督教管理思想的漫灌已永久地渗透进了欧洲人新认知的灵魂深处！

① 闻华．管理思想发展演变的宏观图景：对雷恩所著《管理思想的演变》一书的点评［J］．管理学家（实践版），2011（5）．

第五章　工业文明号角里的“科学拜物教”

经过近代三大思想解放运动的洗礼，个人自由伦理、新教伦理、市场伦理已毫无争议地锲入了欧美社会的主流价值体系，成为所谓“资本主义精神”的基本内核。这一思想解放运动的共识结晶，引发了其后的英国“光荣革命”、美国独立战争和法国大革命等一系列资产阶级政治革命。思想的解放及以其为指针进行的社会制度重构，催生了工业文明的繁荣，也为现代管理思想的形成奠定了坚实的社会和文化基础。

第一节　观念更新与制度变迁

一、资本主义精神的凝练与确立

丹尼尔·A·雷恩在其所著的《管理思想史》中指出，人类对管理思想的重新审视源于“文化的重生”，工业文明时代来临时，其整体性环境的变化也带来了所谓“文化的重生”。这一重生的新文化包括了个人自由伦理、新教伦理和市场伦理的“三位一体”。

个人自由伦理（自由意志伦理）：起自文艺复兴，成于启蒙运动，以洛克的《政府论》一书为代表。洛克主张天赋人权，天赋自由，认为个人的行为受理智和自然法则支配，而不受专横的统治准则或为独裁者的各种念头所支配。他猛烈抨击君权神授制度，认为主权在民；认为人类社会是以私有财产为基础的，自然和理智的法则规定了人们不得侵犯他人的财产；个人的财产权和政治自由都应受到保护。

在文艺复兴运动之前，人与人之间的关系上更多反映出的是奴性。不论从管理思想上还是在管理实践中，都是主张少数人统治多数人，芸芸众生俯首听命于上帝（教会）。但在需要获取成就和对个人的世俗努力给予报偿的资本主义生产方式下，其管理思想和制度设计则必须有助于实现个人的自由，以激发千千万万平凡人开拓创新的工作热情。所以说，人的个性解放，是资本主义精神的首要条件。回望历史可以清楚地看到，个人自由伦理这一民权主义思想对英国“光荣革命”、法国大革命和美国《独立宣言》都产生了积极而巨大的推动作用。

新教伦理：源自马丁·路德的宗教改革运动，它对天主教核心教义进行了重塑和再造。“天职”概念的提出（即每个人在世上完成了他所处地位的任务，他就对上帝尽了自己的天职），激发了芸芸众生基于对上帝的信仰和对自身救赎的渴望而对枯燥乏味的尘世俗务的效力热情。

加尔文更进一步提出了“上帝选民”的概念，即每个人都要努力争取自己的成功，以证明自己是上帝的选民而不是弃民。这样就把上帝拯救和信徒的尘世活动联系起来了，从正反两方面激发和推动了新教徒们的世俗生活动力，使人们在现实的生活和奋斗中找到了自己的精神支柱。

由“天职”和“选民”概念，又顺势推导出“珍惜时间、乐于工作、遵循劳动分工和专业化、抑制过度需求和积极聚敛财富”等新的社会生活准则。

市场伦理：亚当·斯密的《国富论》一书对市场伦理的内涵和逻辑做了深刻的诠释，他认为，只有通过自由市场和竞争，资源才能获得更好的配置和最有效率的回报，而专业化的分工则是市场机制的一个重要支柱。市场伦理意味着让市场在资源调配中起决定性的、基础性的作用，政府不干预市场自发的交易活动，这是对重商主义（经济沙文主义）国家干预经济的一种反抗。同时，对于各个市场经营主体而言，市场伦理意味着遵循法律和规则面前人人平等，以及买卖自由、平等交换、自由竞争、趋利最大化、专业分工协作等原则。

构成“重生的新文化”的三个伦理各有其效又相互支撑：新教伦理给工业文明带来了内部驱动力，个人自由伦理为工业文明带来了政治保证，市场伦理为企业的发展开辟了足够的空间和自由。三者相互作用，改变了人们对工作、利润和企业的态度，为工业制度的发展与繁荣创造了必备的条件。

首先，新教伦理认为，每个人的工作都是神圣的，在上帝的眼里，每个人都是合法平等的。每个人都必须对自己的行为负责，都应该崇尚道德约束与经济成功，这对基督信徒们来说，意味着世俗化的事情开始代替了精神活动的最高形式，物质生产具有了前所未有的举足轻重的地位，也由此迎来了一个个人主义被充分认可的时代。其次，洛克的自由主义通过“立宪政府”概念重新界定了个人与政府之间的关系，权力不再来自上帝，而是发源于人们之间的协议与共识；法律也不再是统治者任性的独裁，而是基于理性的判决，每个人都被赋予了追求自己自由的目标；个人产权也变得神圣不可侵犯。这使得个人与政府之间形成了一种新的契约关系，从而为工业文明的发展奠定了坚实的人文基础。最后，以亚当·斯密的自由放任经济为主旨的市场伦理更是坚信“市场”和“竞争”是经济活动的唯一管制者，“看不见的手”将引导企业走向提高效率之路，为社会带来财富的增加和物质的繁荣。这样，束缚企业的最后一道枷锁就被彻底打碎，经济活动也就获得了空前的彻底解放。

三大伦理在欧美各国社会意识之主流地位的确立，标志着推行和普及资本主义生产方式所要求的社会心理条件和文化氛围已经基本成熟，构成现代管理思想基本价值前提的核心理念也已凝练成形。

二、资产阶级革命的成功

包括了个人自由伦理、新教伦理和市场伦理“三位一体”的“重生的新文化”，在欧美社会知识精英群体和新兴的经济精英群体（工商企业家）的高度认同和推动下，迅速蔓延成为广大社会民众置身其中的社会变革运动，它的导向目标直接而鲜明——要建立起一个以“理性”为基础的新社会，这一社会制度要对自由市场经济和新兴工商企业的充分发展提供全面系统的法律安排和一系列保护性的管理规定。

从 1688 年的英国“光荣革命”，到 1783 年美国独立战争胜利，再到 1789 年法国大革命，这一系列认同和落实近代三大思想解放共识结晶、意图建立一个以“理性”为基础的新社会的资产阶级革命纷纷获得成功，特别是美国独立战争及其颁布的《独立宣言》，加之作为制度意志写入宪法的一系列新思想、新理念（几乎囊括了近代思想解放运动的所有共识结晶：一个以“理性”为基础的社会特征），从社会变迁、制度变革角度确保了资本主义精神在欧美的传播和落地生根，为现代管理思想的形成和推进奠定了必要的制度保障和充分的社会环境条件。

第二节 工业革命推动产业环境巨变

正是在这种翻天覆地的变化中，工业革命应时而又不可避免地出现了。工业革命（又称产业革命），发源于英格兰中部地区。它是以机器取代人力、以大规模工厂化生产取代个体工场手工生产的一场生产与科技革命。18 世纪中叶，英国人瓦特改良蒸汽机之后，由一系列技术革命引起了从手工劳动向动力机器生产转变的重大飞跃。随后这一浪潮由英国向整个欧洲大陆传播，19 世纪传至北美。蒸汽机拉响了新时代的汽笛，产业环境随之发生了引人注目的变化。

首先，是社会人口的迅速增长。工业革命之前，人口增长速度缓慢。18 世纪中叶，欧洲出生人口与死亡人口基本上处于自然的平衡状态。19 世纪以后，随着工业革命在欧洲大陆的推进，人们的谋生手段增加，跨地域的婚姻增多，加之妇女被卷入工业生产领域，早婚和非婚性关系增多，使人口出生率不断上升；另一方面，工业的发展、农业技术和医药卫生的进步，改善了人们的生存条件和生活环境，因此，人口开始迅速增加。据估计，1800—1900 年这 100 年间欧洲人口增长了 112 倍。

其次，工业革命推动了城市化的发展。工业革命开始以后，随着工矿业的发展，人口迅速集中，旧城规模显著扩大，新兴工业城市不断涌现，城市总量急剧攀升，使 19 世纪被后人称为“城市世纪”。一些城市逐步发展成为地区性乃至全国性的经济中心，例如，到 1891 年，德国城市人口已超过农村人口，成为继英国之后另一个初步实现城市化的国家。城市的发展是工业革命的结果，反过来又给工业化和近代化以巨大的推动。

再次，工业革命引起了产业结构、就业结构及消费结构的变化。工业革命使产业发展的重点逐渐从农业转移到工业。工业革命极大地提高了生产效率，使工业产值在国民经济生产总值中所占的比重不断提高，也使传统的农业产值所占的比重逐步下降，这一总的发展趋势表现突出。同时，因工业革命而带动起来的第三产业日益具有举足轻重的作用，城市对食物、衣服、房屋、水电、公共卫生、交通、教育等方面的需求，使得服务业的发展势在必行，因此，第三产业随着工业的发展也发展起来，服务业逐渐成为继农业、工业之后又一日趋重要的产业部门。随之而来的便是就业结构的改变。尽管各国就业结构的变化因受各国的产业发展状况、政府的产业政策、人口的压力及出路等多种因素的影响而各有不同，但到 19 世纪七八十年代，欧洲大陆有的国家如法国和德国，在工业和服务业部门的劳动力比例已超过了农业部门，有的国家如意大利和瑞典在工业和服务业部门的劳动力比例也已接近农业部门。此后，第一产业的劳动力构成比例逐年递减，而第二、第三产业劳动力构成比例则逐年上升。工业革命期间欧洲居民的消费结构也发生了显著变化：随着收入的增加，人们对穿着费用的支付能力有所提高，城市居民的居住支出也有增加。分配不均的现象已十分显著，某些奢侈品工业已具备了特别有利的发展环境。

最后，工业革命导致了阶级结构的变化。同大工业相联系的两大基本社会力量——资产阶级和无产阶级的形成，及它们之间的相互对立和斗争，开始构成西方近代社会生活的重要内容。1871 年的巴黎公社革命，就是 19 世纪初期以来国际工人运动和社会主义思潮的必然结果和初次总结，它使工人阶级反对资产阶级及其国家制度的斗争进入了一个新纪元。

历经一个世纪工业革命洗礼的欧洲大陆，其变化是惊人的。“农民现在拥有的是锋利的钢制犁，已把连枷扔到一旁；衣服、鞋由大工厂隆隆作响的机器制作；工匠们手提饭桶跋涉在通往充满噪声的工厂的路上；旅行者背靠豪华座椅，乘火车穿越各地；而旅游者则在横渡大西洋的 5 天航程中在甲板上打网球。”历史学家以具体形象的笔墨，把一幅因工业革命而带来巨大变化的社会新画卷展现在我们面前。

产业环境的巨变，呼唤能够满足新社会需求的生产组织形式的革命性变革——“工业革命的开展，先进的纺纱机、蒸汽机的出现，造成了人类生产力的一次飞跃。生产成本显著降低，生产数量急剧上升，市场空前庞大。这一切都呼吁着一个能将更多的工人与机器、资本组合起来的组织——工厂的诞生。”① 而工厂这一新的生产组织制度的诞生和普及，又随之伴生了一系列新的治理问题：劳动力的供需与培训问题、工人阶级的状况尤其是童工和女工的生产生活问题、雇佣劳动为基础的新型社会关系引发的劳资冲突日趋激烈的问题、城市化带来的一系列社会问题，等等，特别关键的是大工业带来的效率问题、资源利用问题、劳动力积极性的调动问题、训练有素的职业经理人员的选拔与使用问题，还有组织管理制度和方式如何与之协调配合的问题等，这些都是原有的陈旧的、经验性的管理思想无法面对和解答的。这都为后来以科学管理为标志的现代管理思想登上历史舞台铺垫了足够的阶梯。

工业革命起始于英国，却发扬光大于美国，因而产业环境的演变以美国为甚，现代管理思想的形成也尤以美国为先，这一点不是偶然的。“更自由放任的思想，更广袤的土地，更丰裕的资源，更多的劳动力。从最开始人数偏少的纺织公司，到人数众多、覆盖全国的铁路公司，美国的企业的规模达到了前所未有的高峰”。②1807 年的禁运法案和 1812—1814 年的英美战争，是美国工业革命开始的契机。在此期间，海外贸易受到限制，工艺品必须自己制造，于是早期棉纺织业和制造铁器、五金器具及其他日用品的工厂，如雨后春笋一样在全国各地建立起来。覆盖全国的大铁路系统的迅速发展又极大地推动了管理技术的进步。这些极为有利的自然条件和经济社会条件，使得美国的工业革命进展得特别迅速，很快超过英国，成为世界头号工业强国。同时，作为启蒙运动汹涌波涛中横空出世的年轻共和国，美国的立国宗旨及其社会主流群体宗奉的价值理念，也使得它勇于在这块新大陆“创新试验田”里大胆实践并检验自己理想的可行性和创造力。因此，新的共和国在扑面而来的工业革命浪潮面前，确实是比其他欧陆国家更积极主动、更彻底全面地投身这一时代洪流中的！它所承

① 闻华 . 管理思想发展演变的宏观图景：对雷恩所著《管理思想的演变》一书的点评［J］. 管理学家（实践版），2011（5）.

② 闻华 . 管理思想发展演变的宏观图景：对雷恩所著《管理思想的演变》一书的点评［J］. 管理学家（实践版），2011（5）.

受的冲击波是最猛烈的，当然它的回答是最及时有力的，所以它的获益也是最大的。

工业革命浪潮涌起以后，西方国家普遍主张实业立国，其中尤以美国为甚。美国第 30 任总统柯立芝说：“美国是一个搞实业的国家，所以，需要一个为实业家服务的政府，建一座工厂就是盖一座圣殿，在工厂干活就是在那里做礼拜！”西方国家看到了大工业条件下生产要素的新型组织——工厂企业在工业文明进程中的主体作用和基础性的地位，故而高度重视通过探究工商企业运营的科学规律来促其高效率增长，以此带动整个社会经济的快速繁荣。所以，他们对企业管理理论产生了前所未有的急迫需求，愿意为企业管理理论研究提供充足的经费，这使得越来越多的管理研究工作者纷纷将自己的研究对象转向工商企业管理过程中的焦点问题和突出问题。另一方面，工商业搭乘工业革命快车而获得的亘古未有的迅猛发展，也为开展企业管理研究提供了比其他领域管理问题研究更为丰富多彩的鲜活素材，从而进一步推动了管理研究重心从社会宏观管理向企业微观管理的下移。这样就在工业文明的时代列车隆隆行进的喧沸声里，十分顺滑地完成了以企业管理研究为核心的西方现代管理思想与之前时代管理思想在研究重心上的悄然而决绝的分手！伴随着工业文明汹涌澎湃的浪潮，以企业管理研究为核心的西方现代管理思想开始破土发芽、含苞待放。

第三节　科学管理思想的形成

自文艺复兴运动开始，随着科学摆脱神学束缚获得独立地位和长足进步，其地位日益显赫以至“封圣”后，科学主义[①]自觉或不自觉地把自然科学的方法

① 科学主义，也称唯科学主义，英文是 scientism，盛行于现代西方。它主张以自然科学技术为整个哲学的基础，并确信它能解决一切问题。现代社会条件下，科学主义是一种类似宗教的东西，承担着与宗教类似的功能。目前，唯科学主义在国外已成为一个贬义词，是对那种把自然科学看作文化中价值最高部分的主张的一种贬称。

论和研究成果简单地推论到社会生活中来，从而使得西方社会生活各领域的思想研究一时唯科学马首是瞻。工业文明昌盛以来，西方现代管理思想正是高举“科学主义”的大旗登上历史舞台的。科学主义以科学为本，奉科学为尊，这使得西方现代管理思想一开始即未必自觉地步入了“科学主义”的偏颇之地。加之西方现代管理思想研究重心下移至企业微观层面，企业管理者因其所居层面的狭隘性——社会微观层面的盈利性经济组织，在利润最大化的“威逼利诱”下，自然会一味追求工作效率的最大化。而对效率最大化的痴迷则又必然进一步强化科学理性的崇高化和至尊地位。

这期间，涌现出了一大批优秀的科学家、技术专家和思想家，他们围绕着“效率最大化”的共同目标，分别从不同的角度运用科学理论和方法对企业管理过程中的诸多问题进行了开创性的研究，为现代管理思想的科学化贡献了自己的努力，添加了自己的印迹。

一、企业管理方法科学化的尝试

查尔斯·巴贝奇（1792—1871 年），英国的数学家、发明家和科学管理的先驱者。巴贝奇以在运筹学和管理科学的贡献而闻名，他的名著《论机器和制造业的节约》于 1832 年出版。巴贝奇运用运筹学的观点，对作业的操作及成本控制等提出了改进意见。他制定了一种“观察制造业的方法”，这与对作业的科学而系统的研究方法很类似。观察者利用一种事先印好的标准提问表（表中的内容包括生产所用的材料、正常的耗费、工具、价格、最终市场、工人工资、工作周期等），经过严密调查而获得数据，并用来管理企业。

威廉·杰文斯（1835—1882 年），英国的经济学家和逻辑学家，他把数学方法引入经济学，在经济学方面的代表作是《政治经济学理论》和《经济学原理》。杰文斯是第一个研究劳动强度和疲劳关系问题的人，比泰罗在米德维尔钢铁公司的类似研究实验早了十年；他进行了初步的工时研究和动作研究，使一个工人每日或每周做的工作量达至最大，但又能使其修复全部疲劳，恢复正常体力；在劳资关系方面，杰文斯号召工人和管理当局合作，主张工业合伙，包括利润分享和职工拥有股票，认为这是解决分歧和消除罢工的较好方法。

亨利·劳伦斯·甘特（1861—1919年），是泰罗创立和推广科学管理制度的亲密合作者，也是科学管理运动的先驱者之一。甘特发明了“工作任务与奖金”制度，着眼于工人工作的集体性，具有集体激励性质。甘特发明了“甘特图”（即生产计划进度图），利用图解来对工作状况进行直观的描述，辅助计划和控制工作。后代所有的控制生产的图表和表格，几乎都从甘特最初的工作中得到了启发，现代网络技术中的关键线路法和计划评审技术，仍然以计划和控制时间与成本的原则为基础，其基本思想就是源于甘特图表。

甘特还非常重视工业中人的因素。他强调，任何企业取得成功的首要条件，是采取一种被领导者愿意接受的领导方式。管理中的金钱刺激只是影响人们的许多动机中的一个，远远不是全部，作为管理者除了要重视经济因素外，还要更多地关注其他相关因素。甘特强调，工业教育要形成一种“工业的习惯”。这种习惯的内容就是勤劳与合作。甘特认为，建立工业的习惯能使雇主与工人同时受益：雇主的利润提高，工人的工资增加，而且还对工人的健康有益，能提高工人的工作兴趣。形成工业习惯的前提是士气，员工的士气是管理部门和工人之间建立互信合作气氛的基础。企业目标与员工心理上的需求是否一致，是关系到人的积极性和工作效率的一个重要方面。

晚年的甘特，从管理的社会性出发，对工业管理乃至社会管理提出了一些新的见解。在他眼里，蓬勃发展的工业社会和雄心勃勃的企业领袖存在着巨大的隐患，专制主义和唯利是图严重影响着工业社会的发展方向。他认为，工业的健康发展，必须在工业民主和精英治理之间取得平衡。“我们必须清除我们经济制度中一切形式的专制做法，并且提供能够恢复服务的民主原则，而这种原则是民主文明取得惊人发展的基础。”在这方面，甘特的思考具有一定的超前性。1929年，美国机械工程师协会和美国管理学会决定设立亨利·甘特金质奖章，授予那些“在工业管理方面对社会做出优异成绩的人”，第一枚金质奖章就授予了已故的甘特，理由是“他在工业管理方面的人道主义影响以及甘特图的发明”。可以说，在科学管理的旗帜上，甘特付出的心血使它绽放出了异样的光彩。他也因此成为人际关系理论的先驱者之一。

另外，19世纪初的詹姆斯·瓦特和博尔顿对于生产经营管理也曾提出过独到的见解，如计划、标准、控制制度、记录、工作研究等。

二、企业管理组织科学化的探索

亚当·斯密（1723—1790年），英国经济学家。他在其代表作《国富论》中指出：人的本性是利己的，追求个人利益是人们从事经济活动的唯一动力。同时人又是理性的，作为理性的经济人，人们能在个人的经济活动中获得最大的个人利益。经济的发展是由“看不见的手”——市场来引导的，应提倡自由竞争，反对政府干预。斯密还提出了劳动价值论，认为劳动分工是提高效率的关键。他同时认为，货币的诱因会激发人们发挥最大的能量。所以，工厂制度沿用了家族制计件付酬的方法。同时，另一个激励的方法则是普及和建立一种新的工厂精神风气。他认为“爱惜鞭子，惯坏孩子”的所谓的“大棒”政策，是对工人的消极的制裁。

罗伯特·欧文（1771—1858年），英国著名的空想社会主义者，也是19世纪初最有成就的实业家之一，他于1800—1828年间在苏格兰自己的几个纺织厂内进行了空前的试验，因而被后人尊称为人本管理的先驱。欧文的管理思想基于“人是环境的产物”这一法国唯物主义学者的观点，他在新拉纳克所进行的一切实验都是为了证明：“用优良的环境代替不良的环境，是否可以使人由此洗心革面，清除邪恶，变成明智的、有理性的、善良的人；从出生到死亡，始终苦难重重，是否能够使其一生仅为善良和优良的环境所包围，从而把苦难变成幸福的优越生活。”正是基于这样一个充满希望和想象的伟大理念，才形成了他超越当时现实生活的管理思想。他对当时很多资本家过分注重机器而轻视人的做法提出了强烈批评，并采用多种办法致力于改善工人的工作环境和生活环境，诸如提高童工参加劳动的最低年龄；缩短雇员的劳动时间；为雇员提供厂内膳食；设立按成本向雇员出售生活必需品的模式，从而改善当地整个社会状况。欧文主张应加大对人力资源的投资，因为这样能有效地提高企业的收益。他设想建立“合作农庄”来解决这个问题，通过在“合作农庄”中采取劳动分工和共享劳动剩余，来达到提高人民生活水平的目的。欧文作为一个空想社会主义者，播下了关心工业中人的因素的种子。

亨利·瓦龙·普尔（1812—1905年），他的一生正值美国铁路事业从无到有并走向成熟的重要时代。普尔在管理方面的主张是：建立一种管理体系来管理企业；注意到企业中人的因素。普尔透彻地研究了更广泛的管理及其环境的问题，他在泰勒之前就提出了管理制度问题，在梅奥之前提出了承认人的因素的问题，在阿吉里斯之前提出了消除正式组织中僵化的领导作风问题。

安德鲁·尤尔（1778—1857 年），管理教育的先驱。当时许多工厂的管理人员都是尤尔的学生。尤尔在管理方面的主要著作是 1835 年出版的《制造业的哲学》。他指出每一个企业都有三种有机系统：第一是机械系统，指生产的技术和过程；第二是道德系统，指工厂中的人事方面；第三是商业系统，指工厂企业通过销售和筹措资金来维持生存。尤尔把企业有机地划分为几个系统，是一种早期的系统思想的反映，对后来的管理思想家们有很大的影响，组织理论的集大成者亨利·法约尔的一些思想即来源于此。

丹尼尔·克雷格·麦卡勒姆（1815—1878 年），出生于苏格兰，1822 年来到美国，先后担任纽约 – 伊利铁路公司分公司的监工和伊利公司总监。面对纷繁复杂的问题，麦卡勒姆认为：良好的管理是要以严格的纪律、具体和详细的职务说明、经常准确地报告任务完成情况、根据成绩确定工资和提升、明确上下级权力层次以及在整个组织机构中贯彻个人责任和下级对上级报告的责任等为基础的。麦卡勒姆的管理经验主要体现在以下两个方面：一是制定了严密的管理制度。麦卡勒姆制定的规章制度和组织措施，体现了授权原则、责任制、报告控制系统等，这在 100 多年前确实是非常了不起的。二是制定了十分严密的组织细则来保证制度的实施。

三、企业家（职业经理人）问题的研究

法国经济学家让·巴蒂斯特·萨伊（1767—1832 年）指出：生产力继土地、资本、劳动之后，还存在着第四种要素，那就是承担企业经营风险的企业家。由于企业家承担了把三个传统的生产要素结合起来时要冒的新风险，所以他除了获得其本人所持资本的投资利润外，还应获得一笔风险管理的回报。

塞缪尔·纽曼于其 1835 年出版的《政治经济学原理》中对“企业家品质”有过相对完整的论述：优秀品质的集合体，有远见和深谋远虑，不屈不挠和坚

持实现目标的精神，监督和指挥才能，丰富的一般事务知识和职业知识。

英国著名哲学家、心理学家和经济学家约翰·穆勒（1806—1873 年）则论述了忠诚和热心对管理者的素质的必要性。

科学管理思想是以工业化大生产为时代背景，以市场经济中具有完全主体地位的工商企业组织快速发展为主要研究对象的管理思想。其萌芽生长之时，欧美各国（尤以美国为最）社会政治文化环境宽松开明、朝气蓬勃，工商企业的市场主体地位也已牢固确立，工业科技创新不断，社会生产力迅猛发展，企业运营实践活动中不断迸发出耀眼的思想火花，这反过来又进一步推动了社会生产力的加速发展。日新月异的工业化历史进程对企业管理提出了全新的要求，如何通过有效的管理大幅度提高劳动生产率，以便从自由市场中获得最大的经济效益，这是该阶段工商企业管理的奋斗目标。

科学原则的贯彻实施带来了工作效率的显著提高，这使得科学主义在欧美企业界（特别是美国企业界）一开始就获得了巨大的成功和空前热烈的反响。正像有的学者所言：在工业文明时代，科学已经成了准宗教。现代科学已经获得了中世纪宗教的地位，这就是“科学拜物教”。殊不知“以科学为本，奉科学为尊”的科学主义与强调人的自我价值实现的人文主义有着不可调和的矛盾，从这层意义上来说，科学原则本身的某些涵义就是反人性的。致力并秉持科学管理思想的管理先驱们可能当时并没有清醒地意识到：任凭“科学主义”的汪洋恣肆，则必然导致“以物为中心”（以人为工具）的管理理念盛行开来。

第六章　西方现代管理思想的内生性冲突

第一节　效率至上的“科学性”

20 世纪初，由泰罗发起的科学管理革命标志着西方现代管理思想的成熟及在彼时彼地的顺势应人。泰罗、法约尔、韦伯三位代表人物分别从车间工人、办公室总经理和组织设计这三个不同的角度，探索了企业和社会组织的管理问题，为当时的社会解决组织运营中的生产效率、管理效率、劳资关系协作效率等方面的问题，提供了科学思想的指导和科学方法的选择。

一、泰罗的科学管理思想

从 19 世纪 70 年代到“一战”爆发，西方国家先后经历了五次世界性经济危机的打击。随着资本不断聚集，技术不断发展，整个世界经济连成一体，国际大市场形成了，国际分工体系也逐步建立起来，从而使得国际间的市场竞争变得更为激烈。竞争最直接的反映就是价格，而价格竞争的背后靠的是成本控制和劳动生产率的提高。要采用科学的方法提升效率，刺激生产更多产品，促使产品总体成本降低，再以大量廉价的产品占领更大的市场获取更多的利润，这是企业家们面对如此市场环境本能的不二选择。以泰罗等人为代表的所谓科学管理运动即是在这一时代大背景下酝酿成熟的。

弗雷德里克·温斯洛·泰罗（1856—1915 年），出生于美国费城一个富有的律师家庭，中学毕业后考上哈佛大学法律系，但因眼疾而不得不辍学。1875 年，他进入一家小机械厂当徒工，1878 年转入费城米德瓦尔钢铁厂当机械工人，在该厂一直干到 1897 年。在此期间，由于工作努力，表现突出，很快先后被提升为车间管理员、小组长、工长、技师、制图主任和总工程师，并在业余学习的基础上获得了机械工程学士学位。泰罗的这些经历，使他有充分的机会去直接了解工人面临的种种问题及其态度，并看到提高管理水平的极大的可能性。泰罗一生大部分的时间所关注的，就是如何提高生产效率。

泰罗所处的时代（特别是 19 世纪的最后数十年中），美国工业出现前所未有的资本积累和工业技术进步。但是，当时组织、控制这些工业资源的低劣的管理方式严重阻碍了生产效率的提高。另一个问题是当时的劳资矛盾严重激化，工人不断用捣毁机器和加入工会组织领导的大罢工来争取自己的权利。劳资关系的对立严重影响了企业的劳动生产率。泰罗作为一名年轻的工厂管理人员和机械工程师，很了解当时各方的想法。在对各种解决建议对比思考的基础上，泰罗通过大量复杂烦琐的科学实验提出了他的具有划时代意义的科学管理思想。

泰罗科学管理思想的根本目的是谋求最高的劳动效率，而要达到最高的劳动效率的重要手段，是用科学化、标准化的管理方法代替当时通行的旧的经验管理方法。在泰罗看来，工人和企业管理者并不是利益冲突的双方，工人期望的高工资与管理者向往的低成本并不对立，只要采用科学的方法提升效率，高工资可以成为激励因素刺激工人生产更多产品，从而降低产品总体成本。而大量廉价的产品又可以占领更大的市场并带来更多的利润，从而使管理层与工人获得双赢。

科学管理思想的基本假设前提是：（1）资源并没有被充分利用；（2）“经济人”假设（即工人是理性的逐利人）；（3）单个人是可以取得最大效率的。

科学管理思想的三个基本出发点：（1）效率至上；（2）标准化作业；（3）劳资协作。

科学管理的四项原则：（1）对工人工作开发出科学方法；（2）科学地选拔工人；（3）工人的科学教育与发展；（4）管理者与工人之间亲密、友好的合作。

在以上原则的指导下，泰罗以科学严谨的精神发明和发展了科学管理的方法。

工时研究：在泰罗之前，人们对待这些问题采取一种经验主义的态度。而泰罗通过工时研究，科学地测算出在一定时间内，一个工人采用某种工作方法的工作量。在对这种工作量的比较中，泰罗发现了完成某种工作的最有效率的方法。

标准化培育和选拔工人：通过工时研究了解了最有效率的方法之后，泰罗就要求所有工人采用这种方法。为了让所有工人的动作标准化，需要管理层对工人进行培训，同时要求使用的工具、机器和材料及作业环境都予以标准化。

工作定额原理和计件工资激励制度：经过工时研究和对工人的劳动动作的培训，工人们已经拥有了标准化的劳动力。每个工人每天的产量变得可以测量，这为管理层对工作任务进行合理而有效率的分配提供了基础。完成合理产量的工人会收到额外的奖金作为表彰，无法完成合理的工作量（“被认为应该完成”的工作量）的工人会受到罚款的惩戒。

职能工长制：有效实施科学管理对基层管理者的素养提出了极高的要求——要能出色地完成工时研究、培育和选拔工人、分配任务等职能。而一般的基层管理者很可能并不具备完成上述职能所应具有的全部素质，所以，泰罗建议，聘用多个职能工长分别从不同方面管理员工。但这一举措违反了管理中“统一指挥”的原则，因而在实践中并没有被广泛接受。

科学管理模式突破了以往经验的、偶然性的管理方法，建立了标准化的技术流程和规范的管理制度，从而实现了其最初对企业焦点问题的针对性解决方案的完美设计。

关于科学管理思想的作用与影响，同时代的英国统计学家帕克做过一个比较：在生产条件基本一致的前提下，实行了“泰罗制”的美国企业工人，比当时尚未实行“泰罗制”的英国企业工人，平均劳动效率高出三倍以上。美国学者雷恩在其《管理思想史》一书中也引用了大量数据，令人信服地说明了科学管理对美国经济的强力推进作用。根据雷恩的论证，美国在科学管理时期，经济总量猛增，工人的工资翻番，劳动时间在不断减少，工会的作用、工人的福利以及早期的人事管理，都取得了令人瞩目的发展。尤其是在科学管理的国际传播方面，雷恩详尽论证了科学管理在法国、英国、德国、日本的推广情况，特别是苏维埃俄国对泰罗制的学习和应用，充分说明了“泰罗制”在提高劳动效率方面不容置疑的出色表现。

泰罗认为，工业文明时代的企业管理工作，一是管理要走向科学，二是劳资双方要有一场精神革命。前者是有效管理的必要条件，后者是有效管理的必要心理。科学管理思想就是将人们从小农意识、小生产的思维方式转变为现代社会化大工业生产的思维方式的一场革命。泰罗说："在科学管理下，双方的心理态度上发生的这场伟大的革命，就是双方把注意力从被视为最重要的'分配剩余'的问题上移开，而共同把注意力转向'增加剩余'上，一直到剩余大大增加，以致没有必要就如何分配剩余的问题进行争吵为止。"

科学管理的提出对当时的企业界造成了巨大的影响。人们纷纷学习科学管理的方法，追求生产效率的提升。但令泰罗担忧的是，对科学管理的应用方法痴迷和效仿者众多，而他认为更为重要的关于心理革命的管理哲学思想，以及代表着管理者与工人共同利益的管理原则，却鲜有人问津。为此，他特意警示大家，科学管理不单单是管理方法的变革，更重要的是一场心理革命，包括对工人和管理人员双方。"没有这种全面的心理革命，科学管理就不能存在。""不能把管理的机制误当成管理的本质，或者它的哲学基础。……如果没有伟大的心理革命，科学管理就无从谈起。"令人遗憾的是，泰罗的担心在其思想备受推崇的当时，即不幸成为普遍的现实，而其在追求效率最大化方面大放异彩的科学管理方法，不久也遭遇了来自人性反弹的有力狙击！

二、法约尔的古典组织理论

亨利·法约尔（1841—1925 年），法国杰出的经营管理思想家。他在一家煤矿公司当了 30 多年的总经理，并曾担任法国国立矿业学院的院长，还创办过一个管理研究中心。

法约尔的研究与泰罗的不同在于：泰罗的研究是从工厂管理的低端——"车床前的工人"开始实施，从中归纳出科学管理的一般结论，重点内容是企业内部具体工作的效率问题；而法约尔则是从总经理的办公桌旁，以企业整体作为研究对象，创立了他的一般管理理论。他认为，管理理论是指"有关管理的、得到普遍承认的理论，是经过普遍经验并得到论证的一套有关原则、标准、方法、程序等内容的完整体系；有关管理的理论和方法不仅适用于公私企业，也适用于军政机关和社会团体”。这正是其一般管理理论的基石。

法约尔的代表作《工业管理与一般管理》堪称现代管理理论的开山之作，他在书中提出的一些基本概念，已成为现在管理学的公理与常识。他也因此被后人尊称为“现代经营管理之父”。

法约尔的基本思想，立足于管理知识的系统性。他认为，可以从回答“管理是什么”和“管理者应该怎么做”这两个问题入手，构建一个全面的知识体系。对“管理是什么”的回答，使他提出了五大管理要素；对“管理者应该怎么做”的回答，使他提出了14条管理原则。

法约尔的基本思想主要包括：

1. 经营六职能说

法约尔认为，企业的全部经济活动可以用“经营”来概括，而管理只是“经营”所含六种职能活动中的一种。这六种职能活动是：技术活动、商业活动、财务活动、安全活动、会计活动、管理活动。

法约尔指出，不论企业是大还是小、是复杂还是简单，这六种基本职能总是存在的。它们并不是相互割裂的，彼此之间实际上相互联系、相互配合，组成一个有机系统来共同完成企业存续的目的。技术活动指生产方面的系列活动，有生产、制造和加工三种具体活动；商业活动指流通方面的系列活动，比如购买、销售等；财务活动考虑的是如何积累资本和利用资本，实现最少投资最大产出；安全活动要求确保财产安全和企业员工的人身安全；会计活动包括清理财产、计算成本等方面的活动；管理活动包括计划、组织、协调等方面的活动。由于上述六种职能都需要具有相关方面的专业才能，而企业员工作为各个职能的具体执行者，则必须具备这些能力才能胜任工作。

法约尔先将企业的共性摆出来，然后指出前五种活动都不涉及企业总体经营计划的制订，不负责企业资源的调配组织，不负责各方面力量和行动的协调，而这些至关重要的工作应属于管理活动（职能）。

2. 管理五要素说

法约尔把管理又进一步细分为计划、组织、指挥、协调与控制这五项活动内容（五要素或五职能）。法约尔认为，要管理，就需要依据一定的原则，即依据一些被接受、被论证过的管理理论；原则能使人们辨明方向，能为那些知道通往自己目的地道路的人所利用。

3.14 条管理原则

这是法约尔管理职业生涯的经验总结，他认为，一个优秀的管理人员必须在自己的管理实践中恪守这 14 条管理原则，如若不然，则势必带来管理的混乱。

这 14 条原则分别是：

（1）分工原则。如同对劳动加以适当分工，可以大大提高劳动效率一样，对管理活动加以分工，也可以大大提高管理效率。但是，法约尔又认为：分工有一定的限度，经验与尺度感告诉我们不应超越这些限度。

（2）权力与责任原则。责任是权力的孪生物，是权力的配属依据和对应指向，这就是著名的“权责对等”或“权责一致”原则，也称“权力与责任相符”的原则。法约尔在论及这一原则时曾颇有心得地对管理者的权力进行了细致分析，解析出了“职务权力”与“个人权力”的细分概念。法约尔说，所谓职务权力，指的是一个人担负了一定的管理职责，由组织制度赋予他的相应的对组织行为的影响力；而个人权力则是指因为一个管理者的经验、学识、才华、风度、工作资历、道德品质等个人因素，自然形成的对他人和组织行为的影响力。这两者共同构成了管理者的权力。有经验的管理者要善于运用自己的个人权力去弥补和辅助自己的职务权力。

（3）纪律原则。法约尔认为纪律应包括两个方面，即企业与下属人员之间的协定、人们对这个协定的态度及其对协定遵守的情况。法约尔认为，纪律是一个企业兴旺发达的关键，没有纪律，任何一个企业都不能兴旺繁荣。他认为“纪律是领导人造就的。……无论哪个社会组织，其纪律状况都主要取决于其领导人的道德状况”。

（4）统一指挥原则。统一指挥原则要求，一个下级人员只应该接受一个上司的命令。法约尔认为，在任何情况下，都不会有适应双重指挥的社会组织。与此紧密关联的还有“统一领导”原则。

（5）统一领导原则。法约尔表述统一领导原则时说：“对于力求达到同一目的的全部活动，只能有一个领导人和一项计划。……人类社会和动物界一样，一个身体有两个脑袋，就是个怪物，就难以生存。”统一领导原则与统一指挥原则不同。统一指挥原则讲的是，一个下级只能接受一个上司的指令。而统一领导原则则强调：指向同一目标的活动，不论其纷繁复杂程度和工作量多大，都必须集中归属在一个管理者手中，也都必须集中统一于一个工作方案里。

（6）个人利益服从整体利益的原则。法约尔认为“无知、贪婪、自私、懒惰以及人类的一切冲动，总是使人为了个人利益而忘掉整体利益”，所以，法约尔强调这一原则对于组织目标达成和确保管理效能的重要性，并认为成功的办法是：①领导人的坚定性和好的榜样；②尽可能签订公平的协定；③认真地监督。

（7）人员的报酬原则。法约尔认为不管采用什么报酬方式，都应该做到以下几点：①它能保证报酬公平；②它能奖励有益的努力和激发热情；③它不应导致超过合理限度。法约尔分析说，人员报酬首先“取决于不受雇主的意愿和所属人员的才能影响的一些情况，如生活费用的高低、可雇人员的多少、业务的一般状况、企业的经济地位等，然后再看人员的才能，最后看采用的报酬方式”。人员的报酬首先要考虑的是维持职工的最低生活消费和企业的基本经营状况，这是确定人员报酬的一个基本出发点。在此基础上，再考虑根据职工的劳动贡献以决定采用适当的报酬方式。

（8）集中的原则。这里指的是组织的“权力集中程度”问题。按照法约尔的观点，影响一个企业权力集中程度的因素主要有两个：一个是领导者的能力和权力观；另一个是下属人员的素质和能力。“如果领导人的才能、精力、智慧、经验、理解速度……允许他扩大活动范围，他则可以大大加强集中，把其助手作用降低为普通执行人的作用。相反，如果他愿意一方面保留全面领导的特权，一方面更多地采用协作者的经验、意见和建议，那么可以实行广泛的权力分散”，“所有提高部下作用的重要性的做法就是分散，降低这种作用的重要性的做法则是集中”。

（9）等级制度原则。等级制度就是从最高权力机构直到基层管理人员的领导系列。而贯彻等级制度原则就是要在组织中建立这样一个不中断的等级链，这个等级链说明了两个方面的问题：一是它表明了组织中各个环节之间的权力关系，谁应该对谁负责；二是这个等级链表明了组织中信息传递的路线。贯彻等级制度原则，有利于加强统一指挥原则，保证组织内信息联系的畅通。

（10）秩序原则。法约尔对秩序原则的解释颇富深意：“每件东西都有一个位置，每件东西又都在它的位置上。”贯彻秩序原则，就是要确定最适合每个人能力发挥的工作岗位，使每个人都能发挥自己的最大能量。

（11）公平原则。法约尔把公平与公道区分开来。他说：“公道是实现已订立的协定。但这些协定不能什么都预测到，要经常地说明它，补充其不足之处。为了鼓励其所属人员能全心全意和无限忠诚地执行他的职责，应该以善意来对待他。公平就是由善意与公道产生的。”也就是说，在贯彻公道原则的基础上，还要根据实际情况对职工的劳动表现进行善意的评价。

（12）人员的稳定性原则。法约尔认为，一个人要适应他的新职位，并做出出色的贡献，这需要一定的时间。这就需要保持每个员工在其工作岗位上的一个相对稳定期，以使他能有时间来熟悉自己的工作内容，了解自己的工作环境，并取得别人对自己的信任，但“像其他所有的原则一样，稳定的原则也是一个尺度问题”。

（13）首创精神。法约尔认为：“想出一个计划并保证其成功是一个聪明人最大的快乐之一，这也是人类活动最有力的刺激物之一。这种发明与执行的可能性就是人们所说的首创精神。建议与执行的自主性也都属于首创精神。”对于领导者来说，“需要极有分寸地，并要有某种勇气来激发和支持大家的首创精神”。

（14）人员的团结原则。分工原则的实施，客观上会导致强调部门利益和局部特殊性的“分裂主义”意识的泛滥。再加上人性的种种劣根性——由于自私自利，或者立身局部、视野狭窄以致“只见树木不见森林”，甚或由于管理能力的不足，有意无意间便会破坏“组织整体的协调和配合”，最终导致组织整体利益的严重受损。所以，强调人员的团结就显得特别必要。

需要指出的是，这一原则与分工原则本就是紧密联系、互为依托的。贯彻分工原则的目的，原本就是提高组织的管理效率，但是，如果没有团结协作精神的话，分工实施的结果却反而会因责权划分、任务分担而导致各自为政、相互推诿、争权夺利，这便会极大地降低组织整体的管理效率。所以在现代管理理论中，一般将这两者合在一起称为“分工协作原则”。

4. 员工的各种能力

基层员工的主要能力是某种职能能力（除管理职能以外的职能），随着他在组织中级别的提升，管理能力的重要性随之递增。经理人员的主要能力是其管理能力，其在组织中所居的层级越高，对其管理能力的要求也就越高。

5. 管理原则与经验的关系

"没有原则，我们就要陷入黑暗与混沌；没有经验和尺度，即便有最好的原则，我们也会举步维艰。原则是为我们指明道路的灯塔：它只为知道大门开在哪里的人服务。"

法约尔的管理理论使萌芽状态的企业管理理论得到了进一步发展，他的基本思想经受住了时间的考验，被后来者不断发扬光大。赋予法约尔理论生命力的，是他特有的问题意识。他的全部理论，都鲜明地突出了问题指向。他渴望的是对管理实践的改善和发展。在法约尔之后，沿着他开辟的道路不断深究的学者络绎不绝，从而形成了管理学领域的一个主流学派——管理过程学派，而且这一学派至今保留着以经验科学为基础进行学科建构的特色。

三、韦伯的"理想的行政组织体系理论"

马克斯·韦伯（1864—1920 年）是 19 世纪末至 20 世纪初德国著名历史学家、社会学家和经济学家，出生于德国艾尔福特镇一个经营麻纺织工业、家境较为殷实的中产阶级家庭。在广泛的研究涉猎进程中，韦伯的学术重心逐渐由法学转变为经济学、社会学等学科。

作为一个在近代欧洲文明变革中成长起来的学者，韦伯一生致力于从历史发展的角度对整个人类社会的发展进行全面剖析，以期总结出社会历史发展的基本规律。他热衷于考察世界各个宗教的经济伦理观，从比较的角度探讨世界各主要民族的精神文化气质与该民族的社会经济发展之间的内在关系。他同样热衷于研究西方社会的市场经济、民主政治和理性文化的独特起源及其理想类型，用他的话说，就是"西方文化特有的理性主义问题"，其思想被学术界视为理解现代社会的变迁特征和发展方向的重要依据。

韦伯在多个社会科学领域都拥有极大的影响力。他对于西方现代管理思想的贡献主要集中在他对于“理想的行政组织体系”（也叫“官僚制度”或“科层组织”）的阐释与说明，以及管理活动中民族文化因素的作用问题的研究。

韦伯在《社会和经济组织的理论》一书中指出：任何组织都必须以某种形式的权力作为基础，没有某种形式的权力，任何组织都不能达到自己的目标。人类社会存在三种为社会所接受的权力：（1）传统权力，由传统惯例或世袭得来；（2）超凡权力，来源于某种神秘的启示——别人的崇拜与追随；（3）法定权力，理性－法律规定的权力。韦伯认为：只有“理性－法律规定的权力”才能构建“理想的行政组织体系”。

韦伯强调指出：在工业社会中任何组织要合理地达到其目标，“理想的行政组织体系”是必不可少的，因为它是最现代、最有效率的组织形式。“理想的行政组织体系”中所谓“理想的”，并不是指最合乎需要的，而是指组织“纯粹的”形态。韦伯认为，要使行政组织发挥作用，管理应以知识为依据进行控制，管理者应有胜任工作的能力，应该依据客观事实而不是凭主观意志来领导，因而这是一个有关集体活动理性化的概念。韦伯指出，这样的组织体系之所以是理想的，是因为它具有以下特性：

（1）有法律和法规所规定的固定的正式管辖范围；

（2）在明确的权力等级制基础上组织起各级办事机关；

（3）以书面文件为基础，并按照需要经过特殊训练才能掌握的程序来进行的行政管理；

（4）行政人员是根据技术资格任命的、人格上自由的雇员；

（5）行政人员系专职受雇者（对该组织没有所有权），并须遵守严格的纪律；

（6）行政人员的职位系根据资历或功绩而晋升；

（7）根据级别发给固定薪金（一般还有退休金）。

可以看到，韦伯关于这一体制的主要观点包括：明定法规及制度、职权遵从层级性、实行专业分工等。他设计的这一体制的突出特性是：分工明确；依规章行事；理性决策；权责划分清楚。

在这种“官僚制”[①]组织中，人们的各种行动都以理性的规则为依据。这种理性的规则最大的特点就是它的可预计性。

官僚制组织的等级原则严格，上下级之间的关系明确，各级组织都有严格的权限范围，各级官员都有明确的职责和等级的从属关系。细致的分工和明确的职责有利于减少摩擦，提高组织的工作效率。

官僚制的非人格化的原则也是它的合理性的一个重要方面。官僚制越是发展，它的非人格化的特征就越是明显，它在执行公务中就越少纯粹的个人好恶，它排斥纯粹的个人性、非理性、情感性的因素。

韦伯认为，这种官僚制是排除任何个性化特征、只讲专业化技术与机器般的效率的合理的社会组织。在精确性、速度、明确性、文件记录的知识、慎重性、运作一致性、从属体系以及减少摩擦等方面，官僚制都胜过荣誉性的和非专业化的行政制度。韦伯认为，从纯粹技术的观点来看，官僚制乃是已知的人类社会组织形式中最理性的一种，与任何形式的传统组织相比，官僚制组织都有无与伦比的最高效率。这也是官僚制组织在现代西方社会广泛传播普及的决定性的原因。

客观地说，官僚制是组织管理正规化、科学化的表现，它能使组织以协调一致的步调行动，是大规模计划和资源利用不可或缺的条件。从这层意义上来说，官僚制代替家长制是一个历史性的进步。它是社会精细分工和密切协作不断深入的结果，是日趋复杂的组织活动和日趋庞大的组织规模协调发展的必然要求，也是人类不断追求理性的合乎逻辑的产物。

但是，韦伯在满意于官僚制的高效率的同时，也意识到了官僚制可能带来的负面影响，并对此表示了深切的担忧：官僚制会使人类为此而付出沉重的精神或情感代价。“过去那种有助于赋予生活以目的和意义的个人之间忠诚的联系，被官僚制的非私人关系破坏了。对自发情感的满足和欢乐，被合理而系统地服从于官僚制机构的狭窄的专业要求所淹没。总之，效率的逻辑残酷地而且系统地破坏了人的感情和情绪，使人们沦为庞大的官僚制机器中附属的而又不

---

① 行政组织体系又被称为官僚政治或官僚主义，与现代汉语语义不同，它并不带有贬义。韦伯的原意是强调这类组织是通过职务或职位而不是通过个人或世袭地位来管理的。——作者注

可缺少的零件。”

另外，官僚制组织还存在着如下弊端：详尽的规则本身是为了保证组织的目标的，却可能被管理者错误地理解为目标本身而不是达成目标的手段；拘泥于规则会使人形成教条式思维；高度的分工让员工只关注自己部门的事务；规则的出现客观上让员工有了“合法怠工”的机会。此外，它还窒息了人的创新精神，同时也限制了竞争，保护了不称职的人。

所以，韦伯在他的《经济和社会》（1922）一书里也直言：不断理性化的结果将会是一个“冰冷的北极夜晚”——人类生活的理性化，造成个人陷入了一个以权力统治和理性为根基的“铁笼子”里。

科学管理思想是人类历史上首次用科学的方法来探讨管理问题，它是以工商业的生产管理和车间管理为起点，理论、原则和操作性技术方法相结合，兼具思想性和实用性的一整套管理学说。其主要内容涉及生产管理的技术与方法、管理职能、管理人员、组织原理、管理哲学等五大方面。正是从科学管理开始，管理学沿着伽利略、牛顿创立的实验科学道路，告别了单纯的经验总结和智慧技巧，由“治术”发展为一门科学。它实质上反映了当时社会生产力水平发展到那一特定的阶段，社会实践对管理思想所提出的客观要求。

科学管理思想的伟大意义在于：

（1）它确立了管理工作是一门科学。泰罗的历史性贡献是将现代理性精神植根于管理之中，确立了管理的效率至上原则。它通过科学研究的方法，使得管理者摆脱了传统的凭经验和感觉来进行管理的旧习，从而实现了管理的现代性飞跃。它较为及时地解决了社会经济大发展对企业管理工作的迫切要求，并极大地改变了人类社会的生存形态。当代许多管理技术与管理方法皆来源于科学管理思想。

（2）它建立了一套有关管理工作的原理、原则、方法的知识体系，对其后的企业管理工作的正规化、系统化、科学化有着很大的指导意义。彼得·德鲁克对此曾评价说，“‘科学管理’和后继的‘工业工程’是由美国开始并席卷全球的重要思潮，对全世界的影响力远甚于美国宪法和联邦制度。过去一个世纪内，全世界只有一个思潮能与之抗衡，就是马克思主义。”

（3）它提出了一种理性组织管理体制的设想，在组织效率最优化和组织管理科学化（即符合科学性原则和遵奉理性主义原则）的导向下，深入探讨了这种组织结构正常运行的一系列原则问题。“如果说泰罗的管理研究主要聚焦于生产车间中的个人效率，法约尔、韦伯的组织理论则聚焦于更为宏观的组织效率，使工具理性由操作层扩展到组织的战略层或概念层，由对个体行为的约束到嵌入到组织结构之中并固定化，进一步完成了组织管理的形式化与理性化，韦伯按照理性化原则设计的官僚制理论是反映这一进程的标志性理论。”

当然，科学管理思想也存在着较为突出的问题：

（1）首先是基于当时的社会环境，在强调管理工作科学性的同时，忽略甚或无视管理工作的人文性。对人性的认知停留在“理性人”（经济人）的先验性的假定范畴内。

泰罗对工人的假设是“磨洋工”，而韦伯把职员比作“机器上的一个齿牙”。在科学管理思想中没有把人作为管理的中心，没有把对人的管理和对其他事物的管理明确区别开来。

（2）科学管理思想对组织的理解是静态的，没有认识到组织的本质。

韦伯认为纯粹的官僚体制应当是精确的、稳定的、具有严格的纪律的组织。当代的组织理论家们普遍认为，韦伯所倡导的官僚组织体制只适合于以生产率为主要目标的常规的组织活动，而不适合于从事以创造和革新为重点的非常规的非常灵活的组织活动。而法约尔的组织概念还停留在对组织的表象和功能的表述上，并没有抓住组织的本质进行深入的研究。

（3）科学管理思想的着重点是组织系统的内部，而对企业外部环境对组织系统的影响则欠缺考量。特别是其产生和推广的年代正是席卷全球的国际工人运动热身发力的历史时期，本就欠缺人文关怀的“科学主义”产物，一出生便遭遇高扬人性解放的有组织抗争的时代洪流，其悲剧性的宿命已然注定！

第二节　人性对科学性的抗争

以泰罗为代表的科学管理思想，因其对提高工作效率的突出作用而备受企业家推崇，又在向世界各国的迅速推广中得到不断的补充和完善，遂形成了近乎管理范本的所谓“泰罗制”。但是，普及中的“泰罗制”其弊端也逐渐显露无遗。泰罗理论的前提是把作为管理对象的工人看作“理性人”（经济人），利益驱动是该学派用以提高效率的主要手段。其研究的重点则是管理的科学性、严密性和纪律性，很少去考虑人的因素，人文的彩色被科学的单色调霸蛮地覆盖了。而这样的谬误，恰又遭逢20世纪20年代以后风起云涌的社会主义思潮，其引发的反弹力那就是致命的！

“泰罗制”的“理性人”（经济人）认知，来自大卫·李嘉图的“群氓假说”。大卫·李嘉图（代表作是1817年出版的《政治经济学及赋税原理》）的这一观点认为：

（1）社会由一群群无组织的个人所组成。

（2）每个人以一种计算利弊的方式为个人的利益而行动。

（3）每个人为达到这个目的，尽可能地合乎逻辑地思考和行动。

从这个“群氓假说”出发的必然结论是，管理部门面对的仅仅是单一的职工个体或个体的简单总和。对这样的人只能用绝对的、集中的权力来统治和管理。

——这正是科学管理信奉“理性主义”（科学主义）管理原则的思想立论的前提。基于这种认识，工人被安排去从事固定的、枯燥的和过分简单的工作，成了“活机器”。丹尼尔·贝尔[①]就曾尖锐地批评泰罗学说造成一种“社会物理学”，把人的社会面降为纯粹的物理定律和决定要素。通过动作研究，将人的行动从人身上剥离，并使之成为抽象的东西。企业中的科学管理使工人处于被动和依附的地位，而且从他们的工作中抽掉了一切思想。

实际上，泰罗的科学管理思想在获得企业界赞誉的当时，即引发了广泛而激烈的争议。早在1911年，工会就开始有组织地对“泰罗制”发动全面的斗争。工会认为，“泰罗制”是现代的奴隶制度，是资本家用来剥削工人的新方法，影响了工人的健康和工资，增加了工人的工作强度。由于工会的罢工抗议，美国国会众议院曾组成特别调查委员会进行调查，泰罗被迫在4天的时间内出庭12个小时之久。调查证词中充满了工人对泰罗的尖锐提问和敌视。科学主义的管理思想遭遇了基于人性本能的人文主义的抗衡。这正如江晓原在其《今天让科学做什么？》一书中所说：“所谓科学主义就是把科学推向一个至高无上的地位。很多人没有意识到，当他们在评价一件事情‘是否科学’的时候，实际上俨然已经是一名科学主义的卫道者了。”“如果我们默认科学的本质是一个求真的过程，那么对科学来说它的任务只是解谜并提供理论为真的结果，而科学一旦脱离实验环境步入社会应用的领域，就会面临诸多‘超科学’问题”。事实的确如此，当科学管理思想的创立者和实践者刚刚品尝到“科学性”给其带来的高效率的“甜果”时，来自深感受辱的工人阶级的普遍抗争便使这“甜果”迅速变味了。普遍性的消极怠工和此起彼伏的劳资冲突使得工厂的生产效率再难如人意了。“理性人假设在一段时期内显示出了自己的优越性，促进了管理绩效的增加，但是随着环境的变化，更根本的是由人性本身的非定形性所决定的、新的人性观必然会从可能性中实现出来。”

从20世纪20年代美国企业界推行“泰罗制”以后，科学管理在使生产率

① 丹尼尔·贝尔（Daniel Bell，1919—2011年），当代美国大名鼎鼎的学者和思想家。曾在哥伦比亚大学和哈佛大学担任社会学教授，还担任过美国文理学院“2000年委员会”主席、美国总统“八十年代议程委员会”委员等职。贝尔在战后西方的社会学、未来学和发达资本主义研究诸领域均处于领先地位，1974年全美知识精英普测时，他曾名居10位影响最大的著名学者之列，在欧美思想界声望甚高。他最著名的著作是《意识形态的终结》，此书曾在1995年被《泰晤士报》评为“二战”后最有影响的100本书之一。其他代表作有《后工业社会的来临》《资本主义文化矛盾》。

大幅度提高的同时，也使工人的劳动变得异常紧张、单调和劳累，因而引起了工人们的强烈不满，怠工、罢工以及劳资关系日益紧张等事件层出不穷。另一方面，随着经济的发展和科学的进步，有着较高文化水平和技术水平的工人逐渐成为产业工人队伍的主体，体力劳动逐渐让位于脑力劳动，也使得企业管理当局感到，单纯用科学管理方法已不能有效控制劳动者，以达到提高生产效率和利润的目的。另外，1929 年的大崩溃及之后的大萧条时代的悲惨现实，也让人们意识到以新教伦理为代表的“努力劳动就能创造财富”的观点并不绝对正确。曾经被人尊敬的作为个人主义价值观象征的企业家（资本家），也被广泛认为是这场经济危机的直接责任人，而遭到了众口一词的批判。富兰克林·罗斯福总统为挽救美国经济采用了政府直接干预经济的手段，这种干预客观上提升了劳工们的权力：由员工自发组成的工会合法化了，工人们开始表现出追求经济利益之外的对集体归属感的向往。所有这些显而易见的环境变化都使得对新的管理思想和管理方法的寻求和探索成为必要。

一、“工业文明中的人性问题”的叩问

美国西方电气公司所属的霍桑工厂是一个制造电话交换机的工厂，在“泰罗制”推行的那个时代即具有了较完善的娱乐设施、医疗制度和养老金制度，但资方从工人们那里却仍能感受到其愤愤不平的情绪和不满，而且工厂的生产成绩也很不理想。而这仅是当时弥漫整个工业界的普遍现象的一个缩影。为探寻导致这一现象的深层原因，1924 年美国国家科学院全国科学委员会组织了一个研究小组进驻霍桑工厂开展“影响劳动效率的因素”的实验研究。

当时占据主导地位的“关于生产效率的理论”是劳动医学的观点，它认为影响工人生产效率的也许是工作的疲劳和单调感等，于是当时的实验假设便是“提高照明度有助于减少疲劳，使生产效率提高”。可是经过两年多实验发现，照明度的改变对生产效率并无影响。

从1927年起，以哈佛大学梅奥[①]教授为首的一批心理学专家应邀接手相关实验。梅奥和其助手们经过几年的深入研究发现：经营者可能需要对管理涉及的人性的社会面及其行为动机有更深入的了解。

梅奥从精神病理学的角度分析，认为政治分歧和劳工动荡是精神病理学的症状，而这种症状是由工厂中不适当的工作原因所导致的。技术导向型的社会发展过于强调技术，忽视了个体的社会需求。工业生活导致了一种个人无能为力的感觉，这种感觉导致了社会失调，最终会导致强迫性的非理性的行为。梅奥的主要助手罗特利茨伯格进而提出，在人类的商业行为中，经济利益绝不是最重要的和唯一的推动力，工作中的人是一个社会动物，在经济需求之外，同样拥有个人需求和社会需求。工作不仅是他们的谋生手段，更是他们的社会交往方式。因此，他们提出：新型的管理者不但要能理解逻辑行为，还应当理解工人们的非逻辑行为，他们需要拥有平衡正式组织的经济需求与员工个人的社会需求之间关系的能力。由此，诞生了著名的"社会人"假设，并成为这一时期管理思想的主旋律。

梅奥创立的人际关系学说，其主要观点有三：

1.职工是"社会人"

科学管理思想的假设前提为：人是"理性人"（经济人），理性人的管理逻辑就是"人为财死鸟为食亡""重赏之下必有勇夫"。而"社会人"的假设则认为：人的思想和行动更多的是由情感，而不是由逻辑引导的。工作条件和工资报酬并不是影响工人劳动积极性的首要原因，他们还有社会方面、心理方面的需求，即追求人与人之间的友情、安全感、归属感、受人尊重等，群体感情超过了效率的逻辑。因此，不能单纯从技术和物质条件着眼，必须首先从社会、心理方面来鼓励工人提高生产率。

梅奥等人尖锐地批评了"工业社会"及其所产生的社会环境破坏了促使社会团结的文化传统，造成了"社会解体"和"不愉快的个人"。梅奥指出，无论是在原始社会还是发达社会中，人们在工作中的合作，始终依存于一种调节人

① 梅奥（1880—1949年）：原籍澳大利亚的美国行为科学家，人际关系学说的创始人。主要著作有《工业文明中的人性问题》（1933）、《工业文明中的社会问题》（1945）、《工业中的团体压力》（1945）等。

们相互关系和态度的、持续不断而又经常演变的非逻辑的社会规范。仅坚持生产的经济逻辑就干扰了这种规范的发展，并导致团体中的人们产生了水平较低并同经济逻辑相对立的社会规范。工人在他们的工作过程中，不能找到适当地表达其个人问题和不满情绪的渠道，这种状况使得工人悲观失望，并有一种怨愤情绪，也因此导致了社会失调和各种偏执失常的行为。其表现就是对企业管理当局持疑虑态度、人为降低劳动产量，以及其他士气低落和效率低下的行为。

罗特利茨伯格在《职工生产率中人的因素》一文中也指出："工作中的人同在生活的其他方面的人没有多大的区别。他们并不完全是一种逻辑的动物，他们有感情。他们希望能感到自己重要，并让别人承认自己的工作重要。他们虽然也对自己的工资袋的大小感兴趣，但这不是他们关心的首要之事。他们有时更感兴趣的是，他们的工资报酬能确切地反映他们所做工作的相对重要性。"因此，新的激励重点必须放在社会、心理方面，以便人们之间更好地合作，从而提高生产率。

2. 企业中存在着"非正式组织"

梅奥发现：在企业这一正式组织里存在着为数众多的"非正式组织"，它们对其成员行为的影响作用在很多时候超过了正式组织的规章制度。所谓正式组织，就是科学管理等传统理论所赖以实施管理行为的显性指挥体系——为了有效地实现企业的目标，由规章制度规定企业中各成员之间相互关系和职责范围的一定的组织体系，其中包括组织图、方针政策、规划、章程等。正式组织奉行的是"效率的逻辑"。而非正式组织则是没有明文规定的、带有鲜明的情绪色彩、以个人之间的好感和喜爱为基础而结成的同伴团体。罗特利茨伯格认为，非正式组织应该被看作是"一些惯例、价值观、准则、信念和非官方的规则"。非正式组织奉行的是"感情的逻辑"。

这就在企业组织内产生了一个"效率的逻辑"与"感情的逻辑"如何协调以避免冲突的问题。

所谓效率的逻辑，是指企业的各个成员为了提高效率而保持正式的协作关系，它存在于正式组织中。而感情的逻辑，则指人群组织中非正式的行为标准，如对非正式组织的忠诚等。不但工人有非正式组织，管理人员和技术人员也有非正式组织。但是，效率的逻辑在管理人员和技术人员中较受追捧，而感情的逻辑则在工人中更有市场。所以，效率的逻辑可以说是“管理人员的逻辑”，感情的逻辑可以说是“工人的逻辑”。

假如管理人员和技术人员只是依据效率的逻辑来管理，忽视了工人的感情的逻辑，就会使管理人员的逻辑同工人的逻辑发生冲突，影响生产率的提高和企业目标的实现。在采用科学管理等传统理论进行管理时，这种冲突是经常发生的。至于解决这种冲突的办法，梅奥认为，企业管理当局要充分重视非正式组织的作用，注意在正式组织的“效率的逻辑”与非正式组织的“感情的逻辑”之间保持平衡，以便使管理人员同工人之间、工人相互之间能互相协作，充分发挥每个人的作用，来达到提高效率的目的。

3. 新型领导能力在于提高职工的满足度

所谓职工的满足度，主要是指职工的安全感和归属感等社会需求方面的满足程度。梅奥等人认为，基于“社会人”假设和非正式组织的存在，企业中的新型领导能力应是能提高职工的满足度，以鼓舞职工的士气，从而推动劳动生产率的提高的。

这种观点是以“人为什么而工作”为管理思考的出发点的。工人通过参与社会组织来获得社会地位、安全感和满足感，因此才愿意为实现组织的目标贡献其服务并与他人合作。如果技术变化过于迅速，而管理当局不了解工人的感情，正式组织的经济需求同非正式组织的社会需求之间就会产生不平衡。所谓新型领导能力，就是要能区分客观事实和个人情感，在经济的逻辑同非逻辑的感情之间取得平衡。平衡才是取得高效率的关键。

霍桑实验对泰罗的科学管理理论进行了大胆的突破，第一次把管理研究的重点从工作和物的因素上转移到人的因素上，为西方现代管理学打开了一扇通往人文社会科学领域的大门。它不仅在理论上对科学管理理论做了修正和补充，开辟了管理研究的新境界，而且为现代行为科学的成形奠定了最初的根基，对其后的管理实践活动产生了重大而深远的影响。

二、对人性的探究

自霍桑实验发现人性的复杂性与科学管理的逻辑性之间的潜在冲突可能，

并引起人们对工业文明浪潮中如何认知人性（人类的行为规律）、顺应人性、激励人性等问题的浓厚兴趣后，来自心理学、社会学、人类学等诸多学科的学者们纷纷介入“人的行为规律”这一主题的研究。自20世纪30年代至40年代末，有关这一主题的研究成果空前丰硕，蔚为大观。1949年，在美国芝加哥大学举行的一次跨学科学术讨论会上，与会者一致同意将这一主题研究正式命名为“行为科学”。从狭义的角度看，行为科学主要包括人际关系学说、个体行为理论、群体行为理论和组织领导行为理论等内容。而以广义视角论，一切研究人性（人类行为规律）的学科知识都属于行为科学。

“随后行为科学对于人的心理反映机制的研究，更是揭开了人性研究的黑匣子。许多人性假说被相继提出。”马斯洛的需求层次理论、麦格雷戈的X–Y理论、沙因的复杂人假说等，不一而足。这些心理学家运用心理学的研究方法，通过经验调查来理解、描述和确定人类行为的因果，人性中蕴藏着的无限种可能性初步显示出来。

1. 马斯洛的人类需求层次理论

亚伯拉罕·马斯洛（1908—1970年），美国心理学家，人本主义心理学的创始人，主要作品有《人类的动机理论》《动机与人格》《存在心理学探索》《宗教、价值和高峰体验》。

马斯洛在1943年发表的《人类动机的理论》一书中提出了需求层次论。这一理论认为：人的需求是分层次的，按其发生的先后顺序和重要性，可以依次分为:（1）生理需求。这是人类维持自身生存的最基本要求，包括饥、渴、衣、住、行以及性等个人生存基本需求。它是推动人们行动的最强大的动力。（2）安全的需求（消极的避免动机）。这是人类要求保障自身安全、摆脱失业和丧失财产威胁、避免职业病侵袭、避免接触严酷的监督等方面的需要。马斯洛认为，整个有机体是一个追求安全的机制，人的感受器官、效应器官、智能和其他能量主要是寻求安全的工具，甚至可以把科学和人生观都看成是满足安全需求的一部分。（3）社交需求（爱的需求或曰社会性需求）。包括两个方面的内容，一是友爱的需求，即人人都需要伙伴之间、同事之间的关系融洽或保持友谊和忠诚；人人都希望得到爱情，希望爱别人，也渴望接受别人的爱。二是归属的需求，即人都有一种归属于一个群体、希望成为群体中的一员，并相互关心和照顾的情感需求。感情上的需求比生理上的需求来得细致，它和一个人的生理特性、经历、教育、宗教信仰都有关系。(4）尊重的需求。人人都希望自己的能力和成就得到社会的承认。尊重的需求又可分为内部尊重和外部尊重，内部尊重就是人的自尊，外部尊重是指一个人希望有地位、有威信，受到别人的尊重、信赖和高度评价。(5）自我实现的需求。这是最高层次的需求，它是指实现个人理想、抱负，发挥个人的能力到最大程度，完成与自己的能力相称的一切事情的需求。满足自我实现需求所采取的途径和内容是因人而异的。

在马斯洛看来，人类价值体系存在两类不同的需求，一类是沿生物谱系上升方向逐渐变弱的本能或冲动，称为低级需求和生理需求。一类是随生物进化而逐渐显现的潜能或需求，称为高级需求。人的需求是从外部得来的满足逐渐向内在得到的满足转化的。

人都潜藏着这五种不同层次的需求，但在不同的时期表现出来的各种需求的迫切程度是不同的。人的最迫切的需求才是激励人行动的主要原因和动力。一般而言，低层次的需求基本得到满足以后，它的激励作用就会降低，其优势地位将不再保持下去，高层次的需求会取代它成为推动行为的主要原因。有的需求一经满足，便不能成为激发人们行为的起因，于是被其他需求取而代之。

高层次的需求比低层次的需求具有更大的价值。热情是由高层次的需求所激发。人的最高需求即自我实现就是以最有效和最完整的方式表现他自己的潜力，唯此才能使人得到高峰体验。

人的五种基本需求在一般人身上往往是无意识的。对于个体来说，无意识的动机比有意识的动机更重要。对于有丰富经验的人，通过适当的技巧，可以把无意识的需求转变为有意识的需求。

马斯洛还认为：在人自我实现的创造性过程中，会产生出一种所谓的“高峰体验”的情感，这个时候是人处于最激荡人心的时刻，是人存在的最高、最完美、最和谐的状态，这时的人具有一种欣喜若狂、如醉如痴、销魂的感觉。

马斯洛还指出，人类的欲求是永无止境的：“人类总把手伸向未来”，无论管理者如何努力，人们将总是抱怨。但是，人们的抱怨（发牢骚）是分等级的，有“低级牢骚”“高级牢骚”和“超级牢骚”之分。让人们的抱怨消失，是违背人性的妄想，管理者只应寄希望于通过自己的努力，使得人们的抱怨“升级”（即由“低级牢骚”升级为“高级牢骚”，再由“高级牢骚”升级为“超级牢骚”）。而抱怨（发牢骚）的“升级”，恰恰表明了人们需求满足层次的跃升和管理水平的提升。

2. 麦格雷戈的 X–Y 理论

麦格雷戈（1906—1964 年），美国社会心理学家，曾从教于哈佛大学和麻省理工学院，他在 1957 年发表的《企业的人性方面》一文中提出了该理论。

麦格雷戈提出了管理者对于人性的两种不同假设，分别是“代表传统的指挥和控制的 X 理论”以及“代表人力资源管理新思想的 Y 理论”。他认为，通过改变对人性的预设，可以实现员工与组织的协调整合，从而达到一种和谐共生的境界。

（1）X 理论的假设。

麦格雷戈认为，这一假设对人性的认知源于军队和教会的管理经验。主要点包括：人的天性是好逸恶劳的，因此会尽量逃避工作；人性不愿负责，因而宁愿被领导；人性以自我为中心，只关注自身需要而不关心组织需要；人性保守，反对变革；人性愚蠢，容易受骗。

（2）X 理论的管理观点。

以利润为手段把各项生产要素组织起来；管理过程就是指挥、控制并矫正员工不适当的行为，使之适合于组织需要的过程；管理方法就是胡萝卜加大棒，要以严格的制度为控制手段。

（3）Y 理论的假设。

人的本性并不是好逸恶劳的，要求工作是人的本能；人并非生性不愿负责，逃避责任往往是经验的产物；人并非生性以自我为中心，只要管理适当，是能把个人目标和组织目标统一起来的；多数人都具有相当高的想象力和创造力，只是没有得到充分的发挥。

（4）Y 理论的管理观点。

通过有效地综合运用各项生产要素来实现经营目标。管理过程是创造良好的工作环境，诱发员工内因，引导他们为实现组织目标和自身需要而协调的过程。

麦格雷戈认为：目前尚没有充分的证据证明，X 理论或 Y 理论哪一个对人性的假设是更符合大多数人的实际的。也没有充分的证据证明，建立在哪一种人性假设之上的管理观点是更具有普适性的。

3. 沙因的人性归纳理论

埃德加·沙因（1928—　），美国麻省理工学院斯隆管理学院名誉教授，主要著作有《组织心理学》《作为一种影响过程的管理发展》《破坏管理发展的各种力量》。

沙因认为，每一种管理理论的提出都是建立在一定的人性假设基础之上的。正像麦格雷戈所言：在每一个管理决策或每一项管理措施的背后，都一定会有某些关于人性本质以及人性行为的假定。正源于此，沙因在其 1965 年出版的《组织心理学》一书中归纳总结了四种人性假设。

第一种是经济人假设。这一假设认为：人是被经济诱因引发工作动机的，工作的目的在于获得最大的经济利益。经济诱因在组织的控制之下，人被动地在组织的操纵、激励和控制之下从事工作。人以一种更合乎理性的、精打细算的方式行事。人的情感是非理性的、会干预人对经济利益的合理追求，组织必须设法控制个人的感情。符合这一假设的代表人物有“科学管理之父”泰罗、古典组织理论奠基人法约尔等。

第二种是社会人假设。这一假设认为：人类工作的主要动机是社会需要。工业革命和工作合理化的结果，使得工作变得单调而没有意义，必须从工作的社会关系中去寻求工作的意义。非正式组织的社会影响比正式组织的经济诱因对人有更大的影响力。人们对领导者的期望是能承认并满足他们的社会需要。符合这一假设的代表人物有行为科学奠基人玛丽·福莱特、人际关系学说创始人梅奥等。

第三种是复杂人假设。这一假设认为：人的工作动机是复杂的，变动性很大。一个人在组织中可以学到新的需求和动机。人在不同的组织和不同的部门中，可能有不同的动机模式。一个人是否感到满足并愿意为组织尽力，取决于他本身的动机构造和他同组织之间的相互关系。人可以依自己的动机、能力及工作性质，对不同的管理方式做出不同的反应。符合这一假设的代表人物有社会系统学派的巴纳德和乌尔登、权变学派的约翰·莫尔斯等。

第四种是自我实现人假设。这一假设认为：人的需求有低级和高级之分，其目的是寻求工作上的意义，以达到自我实现需求的满足。人们力求在工作上有所成就，实现自治和独立，发展自己的能力和技术，以适应环境。人们能够自我激励和自我控制，外来的激励和控制会对人产生一种威胁，造成不良后果。个人的自我实现同组织目标的实现是一致的。符合这一假设的代表人物有美国心理学家和行为科学家马斯洛等。

虽然人作为社会历史的存在物，其思想行为是极为复杂的，远非上述简单的人性假设所能全面概括，但是通过对各种人性假设的分类分析，可以让我们对人性的复杂多面性及其各种演化趋势有更为清晰、细致而又充分的科学认识。这对加深对人类心理及行为规律的了解和把握，并据此确立更为符合人性的管理思想无疑是颇有助益的。

4. 勒温的群体动力理论

德裔美籍心理学家库尔特·勒温（1890—1947 年），现代社会心理学、组织心理学和应用心理学的创始人，常被称为“社会心理学之父”，最早研究群体动力学和组织发展。勒温借用物理学中磁场的概念，认为人的心理、行为决定于内部需求和外部环境的相互作用。因此，要测定人的心理与行为，就必须了解完成这一行为的内在的心理力场和外在的心理力场的情境因素。当人的需求未能满足时，就会产生内部力场的张力，环境起着导火索的作用。据此他提出了心理力场的理论公式：B=f（P.E），其中 B 代表行为，P 代表个人，E 代表环境，f 代表函数。勒温的“场”理论最初只用于研究个体行为，1933 年他迁居美国后，又将其应用于研究群体行为，提出“群体动力”的概念。

所谓“群体动力”，就是指群体活动的方向。而研究群体动力，就是要研究影响群体活动动向的各种因素，因为群体活动的动向同样决定于内部力场和情境力场的相互作用。群体动力理论的宗旨是寻找和揭示群体行为与群体中的个体行为的动力源，从心理及社会环境两方面去寻找对群体以及个体行为的推动力量。它认为，要改变一个个体，最好从改变他生活的群体入手，因为任何一个人都有一种群体归属感，都不愿意被他所属的群体厌弃。群体也是在动态地变化着的，从一个阶段发展到另一阶段，其发展的走向与群体的素质密切相关。

群体中各成员之间相互作用和影响，群体动力反映在群体内部，有以下一些关系：同伴依慕、权威关系、利群行为、合作、竞争、共生等。一般的群体动力系统包含三大要素：凝聚力、驱动力、耗散力。其中凝聚力是保证群体稳定的因素，驱动力是促使群体发展和演化的因素，耗散力则是破坏群体稳定和演化、降低群体绩效的因素。这三种动力构成要素同生并存于群体中，它们相互作用、抗衡，彼此消化、转化，推动着群体的演化和发展。

（1）凝聚力。群体凝聚力是吸引成员维系在一起，保持某种关系模式的情感因素。对于群体系统，作用最强的凝聚力因素来自于其成员精神充实的程度，精神充实度越高，群体的凝聚力也就越大。适当的环境影响对于群体也是一种有效的凝聚因素。成员感受到的环境影响来自两个方面：一是直接感受到的群内影响，指约束群体成员思想和行为的责任、义务和行为规范等。群内规范的约束有利于群体的稳定，有利于成员间的团结与协作。二是间接感受到的群外影响，指群体受到外部的影响与挑战，这种信息会传递到每个成员身上，激发其团结一致，共同努力，迎头赶上。

（2）驱动力。群体的驱动力是创造群体效应、促进群体发展演化的动力因素。成员的追求、能力、兴趣、人际、意志等是群体驱动力的原动力。在群体中，这些原动力相互激发共同作用，可产生高于个体的效应。具体表现为：

航标驱动力。需要注意的是确定的航标要恰到好处，若太高太远，造成群体中的多数人经过努力仍旧不能达到，那么他们就会放弃追求；相反，若太低太近，造成群体中的多数人稍经努力甚至不费吹灰之力即可达到，那么确定的航标就会失去驱动效应。

典型驱动力。群体的稳定与其核心的确立是分不开的，由于他们产生于成员的实际生活中，形象具体，生动直观，容易引起其他成员感情上的共鸣，从而产生巨大的感召力，对群体产生驱动力，使这个群体形成良好的风气。

条例制度驱动力。个体都希望在群体中找到自己的确切位置，希望经过自己努力取得的成绩得到群体的认可。如果个体在群体中的位置排列得合理，就会保持群体的积极性，驱动个体向更高的目标迈进。那么用什么来评价个体呢？那就是条例制度、管理办法。

（3）耗散力。群体内各成员的相互激励不仅能产生凝聚力和驱动力，也会形成一个耗散势场，产生耗散力。耗散力的存在破坏群体凝聚，影响群体绩效，应该竭力避免或排除。一般来说，群体耗散力来自以下几方面：

冲突效应。冲突是一种广泛而持久的耗散因素。它有多种表现，有个人与群体在目标追求上的冲突，有个人行为与群体规范的冲突，有人际关系的冲突，有道德标准的冲突，也有价值观念、物质利益的冲突。在一个群体中，由于成员生活环境不同，受教育的方式不同，个体的追求、行为方式、道德标准、价值观念不可能与他人完全一致，甚至个体自身的多种愿望和要求也往往处在矛盾之中，这就不可避免地会产生冲突。

无核心效应。正如没有指挥的乐队不可能奏出最优美的乐章一样，没有核心的群体也不可能产生最强的凝聚力与驱动力。如果个体都去实现自我设计，追求自我奋斗，群体则会表现出个体间的相互干扰，破坏群体的凝聚力。

消极环境效应。正如适当的环境影响会促进凝聚力的形成一样，消极的外部环境也会对群体起破坏作用，产生群体的耗散力。要使群体发挥长期的效应，需要不断改善周围的大环境。

由此我们可以看到，霍桑实验及其后的诸多对于人性的探究结论，其实质是认知到尽管工业文明在科学管理的助推下带来了史无前例的高效率和社会财富，但基于基本人性、历经千万年相沿成习的、非逻辑的人类行为规律并不会被其真正改变，更不会彻底改变！

当今美国生物学翘楚、美国国家科学院院士爱德华·威尔逊曾如此论及“人性与科学性的关系”：人性是人类在几万年甚至几百万年以来的进化过程中逐渐形成的一些特质、倾向。与之相比，科学仅是一种偶然。论历史只不过几百年，与漫长的人类演化史相比不过是短暂的一瞬，不可能与人类与生俱来。科学不是人性的本能，它应该是人类大脑一种很次要的功能。它对人对物的要求也很苛刻，它需要严格而不带意气的辩驳、证明与证伪，需要冷静的理性。而人类的求生本能，大多是靠直觉的瞬间反应，靠的是情绪的调动、即时的反应和瞬间的注意力集中。

实际上，科学原则本身的某些涵义就是反人性的，人性的复杂需求显然不可能由科学原则的实施结果予以完全满足。科学讲求规则，科学要求精确，但人性追求适意，拒绝外界强加的确定性，这就不可避免地导致科学性与人性中的艺术性追求的矛盾。而所谓科学管理对“人性”有意无意的无视或轻慢，则必然导致管理当局的科学性原则与广大工人正常人性的激烈冲突，最终就酿成了西方现代管理思想在其初始实践阶段的困窘与茫然。

既然科学性不可能胁迫人性做根本性的变异，任何这样的管理企图不论是有心还是无意也都终将一败涂地，那么，解决人性与科学性之间这种内生性矛盾的可行之道，就应该是寻求科学性原则与艺术性原则在管理活动中的平衡与协调，而这需要对人性及其舒展的轨迹有更为深刻和真切的认知与感悟。

第三节　科学性与艺术性的平衡

一、科学与艺术的差异

爱因斯坦曾经说过："如果通过逻辑语言来描绘我们对事物的观察和体验，这就是科学；如果用有意识的思维难以理解而通过直觉感受来表达我们的观察和体验，这就是艺术。"

科学与艺术本是同卵双生，都产生于神话，后来才发展成两支，一支成为宇宙学，发展变成自然科学，另一支发展成史诗、音乐、图画、戏剧等艺术。长期发展的结果是，各走各的路，相去愈来愈远。到今天，科学与艺术已成为人类文化的两翼，犹如车子的两个轮子、一枚金币的两面。

由于科学与艺术在人类文明活动中承担着不同的职能，这不仅构成了它们在方法、观念上的深刻差异，而且也使它们在同一个自然世界中面对不同的对象。从认知的过程来看，科学是一种理性的提升，保持了科学认识特有的严谨、冷静、客观性与真实性。艺术则是一种情感的提升，包容了个人的人生体验。艺术要表达的是个体的审美体验，有鲜明的个性，它用艺术的形象，把生活的真实与艺术家内心情感统一起来，激发人们的美感，弘扬更理想的价值追求。

科学的中心是规律，而艺术的中心是人性。两者把握世界的方式和追求的目标是其最大的不同。科学强调客观理性，重实验、重推理，主要靠理智，以抽象思维（逻辑思维）为主；艺术强调主观感受，重想象、重美感，主要靠激情，以形象思维为主。科学是用"理性方式"来把握世界，而艺术则用"审美方式”把握世界。科学家群体关注于实验证据与逻辑推理，而人文学家群体却强调对具体对象的审美直觉上的把握。庞加莱[①]说：“逻辑是证明的工具，直觉是发现的工具。”因此，虽然科学与艺术都追求“美”，但科学的“美”与艺术的“美”是有深刻差异的。两者确乎不能等量齐观。

审视20世纪以来的文明发展史，我们遗憾地看到，没有明确科学与艺术的不同职能和目标，有意无意地用一方代替了另一方，这样的偏失是时时出现的。西方现代管理思想在同样经历这样的偏失后，转而研究人性的艺术性特质。在对人性的自然舒展轨迹有了比较全面和清晰的勾勒之后，便开始探寻使管理效率的科学性诉求与被管理者人性的艺术性特质能有机结合的管理平衡之道。

二、致力于平衡科学性与艺术性的管理思想

从人的个体出发，由个体的需要推进到组织的协作；从人的群体出发，由群体来定位个人的价值。严格意义上，这是人本主义的两条路径。

1. 麦克利兰的成就动机理论

美国哈佛大学教授戴维·麦克利兰从20世纪40—50年代起就开始对人的需求和动机进行研究，并得出了一系列重要的研究结论。

在麦克利兰之前，精神分析学派和行为主义学派的心理学家对动机进行了研究。以弗洛伊德为代表的精神分析学派用释梦、自由联想等方法研究动机，他们往往将人们的行为归于性和本能的动机，而且他们的研究方法和技术很难得出有代表性的结果，可重复性差，也无法得出动机的强度。行为主义者用实验的方法研究动机，使得动机的强度可以测量，主要集中于饥、渴、疼痛等基本生存的需要上，没有区分人的动机与动物的动机。麦克利兰认为他们对动机的研究都带有一定的局限性，他注重研究人的高层次需要与社会性的动机，强调采用系统、客观、有效的方法进行研究。他的研究主要受到了美国心理学家

---

① 亨利·庞加莱（Jules Henri Poincaré，1854—1912），法国数学家、天体力学家、数学物理学家、科学哲学家，被公认为19世纪后四分之一和20世纪初的领袖数学家，是对于数学及其应用具有全面知识的最后一个人。庞加莱在数学方面的杰出工作对20世纪和当今的数学造成极其深远的影响，他在天体力学方面的研究是牛顿之后的又一座里程碑，他因为对电子理论的研究被公认为相对论的理论先驱。——百度百科

莫瑞[①]的需要理论及其研究方法的影响。

麦克利兰提出了人的多种需要，他认为个体在工作情境中有三种重要的动机或需要：

（1）成就需要：争取成功，希望做得最好的需要。

（2）权力需要：影响或控制他人且不受他人控制的需要。

（3）亲和需要：建立友好亲密的人际关系的需要。

麦克利兰认为，具有强烈的成就需要的人渴望将事情做得更为完美，渴望获得更大的成功。他们追求的是在争取成功的过程中克服困难、解决难题、努力奋斗的乐趣，以及成功之后的个人的成就感，他们并不看重成功所带来的物质奖励。个体的成就需要与他们所处的经济、文化、社会、政府的发展程度有关；社会风气也制约着人们的成就需要。高成就需要者事业心强，有进取心，敢冒一定的风险，比较实际，大多是进取的现实主义者。高成就需要者对于自己感到成败机会各半的工作，表现得最为出色。

权力需要是指影响和控制别人的一种愿望或驱动力。不同的人对权力的渴望程度也有所不同。权力需要较高的人喜欢支配、影响他人，喜欢对别人"发号施令"，注重争取地位和影响力。他们喜欢具有竞争性和能体现较高地位的场合和情境，他们也会追求出色的成绩，但他们这样做并不像高成就需要者那样是为了个人的成就感，而是为了获得地位和权力或与自己已具有的权力和地位相称。权力需要是管理成功的基本要素之一。

亲和需要，就是寻求被他人喜爱和接纳的一种愿望。高亲和需要者渴望友谊，喜欢合作而不是竞争的工作环境，希望彼此之间的沟通与理解，他们对环境中的人际关系更为敏感。有时，亲和需要也表现为对失去某些亲密关系的恐惧和对人际冲突的回避。亲和需要是保持社会交往和人际关系和谐的重要条件。

在大量的研究基础上，麦克利兰对成就需要与工作绩效的关系进行了十分有说服力的推断。首先，高成就需要者喜欢能独立负责、可以获得信息反馈和中度冒险的工作环境，他们会从这种环境中获得高度的激励。其次，亲和需要

---

① 美国著名的人格心理学家莫瑞（N.A.Murray）的需要理论是西方著名的需要理论之一，莫瑞分别在1938年和1948年著述的《人格探索》和《人的评价》两本书中，从需要的性质、作用及其产生的机制对这一理论进行了探讨和总结，并在此基础上给需要做了分类。

和权力需要与管理的成功密切相关，最优秀的管理者往往是权力需要很高而亲和需要很低的人。

麦克利兰的动机理论在企业管理中很有应用价值。首先，在人员的选拔和安置上，通过测量和评价一个人动机体系的特征，对于如何分派工作和安排职位有重要的指导作用。其次，由于具有不同需要的人需要不同的激励方式，了解员工的需要与动机有利于合理建立激励机制。再次，麦克利兰认为动机是可以训练和激发的，因此可以通过训练和提高员工的成就动机，来提高工作效率。

2. 弗鲁姆的期望理论

由美国耶鲁大学心理学教授、著名心理学家和行为科学家维克托·弗鲁姆在《工作与激励》（1964）一书中提出。

弗鲁姆提出的期望理论的基础是：人之所以能够从事某项工作并达成组织目标，是因为这些工作和组织目标会帮助他们达成自己的目标，满足自己某方面的需要。弗鲁姆认为，人们采取某项行动的动力或激励力，取决于其对行动结果的价值评价和预期达成该结果可能性的估计。换言之，激励力的大小取决于该行动所能达成目标并能导致某种结果的全部预期价值乘以他认为达成该目标并得到某种结果的期望概率。

用公式可以表示为：$M = V \times E$

其中：

M——激励力量，是直接推动或使人们采取某一行动的内驱力。这是指调动一个人的积极性、激发出人的潜力的强度。

V——目标效价，指达成目标后对于满足个人需要的价值大小，它反映个人对某一成果或奖酬的重视与渴望程度。

E——期望值，这是指根据以往的经验，对达成目标并能导致某种结果的概率所进行的主观判断，是个人对某一行为导致特定成果的可能性或概率的估计。显然，只有当人们对某一行动成果的效价和期望值同时处于较高水平时，才有可能产生强大的激励力。

弗鲁姆的期望理论辩证地提出了在进行激励时要处理好三方面的关系，这也是调动人们工作积极性的三个条件。第一，努力与绩效的关系。人们总是希望通过一定的努力达到预期的目标，如果个人主观认为达到目标的概率很高，就会有信心，并激发出很强的工作力量，反之，如果他认为目标太高，通过努力也不会有很好的绩效时，就会失去内在的动力，导致工作消极。第二，绩效与奖励的关系。人总是希望取得成绩后能够得到奖励，当然这个奖励也是综合的，既包括物质上的，也包括精神上的。如果他认为取得绩效后能得到合理的奖励，就可能产生工作热情，否则就可能没有积极性。第三，奖励与满足个人需要的关系。人总是希望自己所获得的奖励能满足自己某方面的需要，然而由于人们在年龄、性别、资历、社会地位和经济条件等方面都存在着差异，所以他们对各种需要要求得到满足的程度不同。因此，对于不同的人，采用同一种奖励办法能满足其需要的程度就各不相同，能激发出的工作动力也就大小不一。

对期望理论的应用主要体现在激励方面，这启示管理者不要泛泛地采用一般的激励措施，而应当采用多数组织成员认为效价最大的激励措施，而且在设置某一激励目标时应尽可能加大其效价的综合值，加大组织期望行为与非期望行为之间的效价差值。在激励过程中，还要适当控制期望概率和实际概率，加强期望心理的疏导。期望概率过大，容易产生挫折，期望概率过小，又会减少激励力量；而实际概率应使大多数人受益，实际概率最好要大于平均的个人期望概率，并与效价相适应。

3. 亚当斯的公平理论

公平理论又称社会比较理论，它是美国行为科学家亚当斯在《工人关于工资不公平的内心冲突同其生产率的关系》（1962，与罗森合写）、《工资不公平对工作质量的影响》（1964，与雅各布森合写）、《社会交换中的不公平》（1965）等著作中提出来的一种激励理论。该理论侧重于研究工资报酬分配的合理性、公平性及其对职工生产积极性的影响。

公平理论的基本观点是：当一个人做出了成绩并取得了报酬以后，他不仅关心自己所得报酬的绝对量，而且关心自己所得报酬的相对量。因此，他要进行种种比较来确定自己所获报酬是否合理，比较的结果将直接影响今后工作的积极性。

其中一种为横向比较，即他要将自己获得的“报偿”（包括金钱、工作安排以及获得的赏识等）与自己的“投入”（包括教育程度、所做努力、用于工作的时间、精力和其他无形损耗等）的比值与组织内其他人做社会比较，只有相等时他才认为公平。如若不然，可能出现以下两种情况：

（1）前者小于后者。他可能会要求增加自己的收入或减少自己今后的努力程度，以便使“报偿”增大，与“投入”趋于相等；第二种办法是他可能要求组织减少比较对象的收入，或让其今后增大努力程度以便使“投入”减少趋于相等。此外，他还可能另外找人作为比较对象，以便达到心理上的平衡。

（2）前者大于后者。他可能会要求减少自己的报酬或在开始时自动多做些工作，久而久之他会重新估价自己的技术水平和工作表现，当其觉得自己理应得到那么高的待遇时，其工作表现便又会重回旧态。

除了横向比较之外，人们也经常做纵向比较，即把自己目前投入的努力与目前所获报偿的比值，同自己过去投入的努力与过去所获报偿的比值进行比较。只有相等时他才认为公平。如若不然，人也会有不公平的感觉，这可能导致其工作积极性下降。调查和实验的结果表明，不公平感绝大多数是由于经过比较认为自己目前的报酬过低而产生的，但在少数情况下也会由于经过比较认为自己的报酬过高而产生。

我们看到，公平理论提出的基本观点是客观存在的，但公平本身却是一个相当复杂的问题，这主要是由于下面几个方面的原因：

第一，它与个人的主观判断有关。上述公式中无论是自己的还是他人的投入和报偿都是个人感觉，而一般人总是对自己的投入估计过高，对别人的投入估计过低。

第二，它与个人所持的公平标准有关。上述的公平标准是采取贡献率，也有采取需要率、平均率的。例如有人认为助学金改为奖学金才合理，有人认为应平均分配才公平，也有人认为按经济困难程度分配才适当。

第三，它与业绩的评定有关。我们主张按绩效付报酬，并且各人之间应相对平衡。但如何评定绩效？是以工作成果的数量和质量，还是按工作能力、技能、资历和学历？不同的评定办法会得到不同的结果。最好是按工作成果的数量和质量，用明确、客观、易于核实的标准来度量，但这在实际工作中往往难以做到，有时不得不采用其他的方法。

第四，它与评定人有关。绩效由谁来评定？是领导者评定，还是群众评定，或自我评定？不同的评定人会得出不同的结果。由于同一组织内往往不是由同一人评定，因此会出现松紧不一、回避矛盾、姑息迁就、抱有成见等现象。

然而，公平理论对我们仍有着重要的启示：首先，影响激励效果的不仅有报酬的绝对值，还有报酬的相对值。其次，激励时应力求公平，使等式在客观上成立。这样，尽管会有主观判断上的误差，也不致造成严重的不公平感。再次，在激励过程中应注意对被激励者公平心理的引导，使其树立正确的公平观。一是要认识到绝对的公平是不存在的，二是不要盲目攀比，三是不要按酬付劳，按酬付劳会在公平问题上造成恶性循环。

为了避免职工产生不公平的感觉，企业往往采取各种手段，在企业中造成一种公平合理的气氛，使职工产生一种主观上的公平感。如有的企业采用保密工资的办法，使职工相互不了解彼此的收支比率，以免职工相互比较而产生不公平感。

4. 赫茨伯格的双因素理论

激励－保健因素理论是美国行为科学家弗雷德里克·赫茨伯格提出的，又称双因素理论。赫茨伯格是犹他大学的特级管理教授，曾在美国和其他 30 多个国家从事管理教育和管理咨询工作。他的主要著作有《工作的激励因素》（1959，与伯纳德·莫斯纳、巴巴拉·斯奈德曼合著）、《工作与人性》（1966）、《管理的选择：是更有效还是更有人性》（1976）。双因素理论是他最主要的成就。在工作丰富化方面，他也进行了开创性的研究。

20 世纪 50 年代末期，赫茨伯格和他的助手们在美国匹兹堡地区对 200 名工程师、会计师进行了调查访问。结果他发现，使职工感到满意的都是属于工作本身或工作内容方面的因素；而使职工感到不满的，都是属于工作环境或工作条件方面的因素。他把前者叫作激励因素，后者叫作保健因素。

保健因素包括公司政策、管理措施、监督、人际关系、物质工作条件、工资、福利等。当这些因素恶化到超过人们的忍耐限度时，就会使人们产生不满意的情绪。但是，当人们认为这些因素很好时，它也只是消除了不满意，却并不会导致积极的工作态度，这就形成了某种既不是满意又不是不满意的中性状态。

而激励因素是指那些能带来积极态度和激励作用的因素，即那些能满足个人自我实现需要的因素，包括成就感、赏识、挑战性的工作、增加的工作责任，以及成长和发展的机会。如果这些因素具备了，就能对人们产生更大的激励作用。从这个意义出发，赫茨伯格认为传统的激励假设，如工资刺激、人际关系的改善、提供良好的工作条件等，都只能消除不满意，防止产生问题，这些保健因素即使达到最佳程度，也不会产生积极的激励作用。

总的来看，激励因素基本上都是属于工作本身或工作内容的，保健因素基本都是属于工作环境和工作条件的。激励因素和保健因素也有若干重叠现象，如赏识属于激励因素，基本上起积极作用；但当没有受到赏识时，又可能起消极作用，这时又表现为保健因素。工资是保健因素，但有时也能产生使职工满意的激励效果。

赫茨伯格的双因素理论同马斯洛的需求层次理论有相似之处。他提出的保健因素相当于马斯洛提出的生理需求、安全需求、感情需求等较低级的需求；激励因素则相当于受人尊敬的需求、自我实现的需求等较高级的需求。当然，他们的具体分析和解释是不同的。但是，这两种理论都没有把“个人需要的满足”同“组织目标的达到”这两点联系起来。

事实上，不同职业和不同阶层的人，对激励因素和保健因素的反应是各不相同的。实践还证明，高度的工作满足不一定就产生高度的激励。许多行为科学家认为，不论是有关工作环境的因素还是工作内容的因素，都可能产生激励作用，而不仅仅是使职工感到满足，这取决于环境和职工心理方面的许多条件。

但是，双因素理论对管理工作的启示意义仍然是明白无误的，它告诉我们：满足各种需要所引起的激励深度和效果是不一样的。物质需求的满足是必要的，没有它会导致不满，但是即使获得满足，它的作用往往也是很有限的、不能持久的。要调动人的积极性，不仅要注意物质利益和工作条件等外部因素，更重要的是要注意工作的安排，注意给人以成长、发展、晋升的机会。随着温饱问题的解决，这种内在激励的重要性会越来越明显。

5. 斯金纳的强化理论

强化理论也叫行为修正理论，是美国的心理学家斯金纳（1904—1990 年）提出的以学习的强化原则为基础的关于理解和修正人的行为的一种学说。

斯金纳是新行为主义的代表人物。他认为，人或动物为了达到某种目的，会采取一定的行为作用于环境，当这种行为的后果对他有利时，这种行为就会在以后重复出现。不利时，这种行为就会减弱或消失。人们可以用这种正强化或负强化的办法来影响行为的后果，从而修正其行为。所谓强化，从其最基本的形式来讲，指的是对一种行为的肯定或否定的后果（报酬或惩罚），它至少在一定程度上会决定这种行为在今后是否会重复发生。根据强化的性质和目的，可以分为正强化和负强化。在管理上，正强化就是奖励那些组织上需要的个人行为，从而增加这种行为的重复发生次数；而负强化就是惩罚那些与组织不相容的个人行为，从而削弱这种行为直至其消失。正强化的方法包括奖金、认可、表扬、提升机会等；负强化的方法则包括批评、处分、降级等，有时不给予奖励或少给奖励也是一种负强化。

应用斯金纳强化理论时，应注意以下原则：

（1）经过正强化的行为趋向于重复发生。所谓正强化因素就是会使某种行为在将来重复发生的可能性增加的任何一种“后果”。例如，当某种行为的后果是受人称赞时，就增加了这种行为重复发生的可能性。

（2）要依照强化对象的不同采用不同的强化措施。人们的年龄、性别、职业、学历、经历不同，需要就不同，强化方式也应不一样。如有的人更重视物质奖励，有的人更重视精神奖励，应该区分情况，采用不同的强化措施。

（3）小步子前进，分阶段设立目标，并对目标予以明确规定和表述。如果目标一次定得太高，会使人感到不易达到，或者说能够达到的希望很小，这就很难充分调动人们为达成目标而做出努力的积极性。

（4）及时反馈。就是通过某种形式和途径，及时将工作结果告诉行动者。要取得最好的激励效果，就应该在行为发生后尽快采取适当的强化方法。

（5）正强化比负强化更有效。在强化手段的运用上，应以正强化为主，必要时也要对坏的行为予以惩罚，做到奖惩结合。

强化理论只讨论外部因素或环境刺激对行为的影响，忽略了人的内在因素和主观能动性对环境的反作用，具有机械论的色彩。但是，强化理论有助于对人们行为的理解和引导，因而目前已被广泛地应用于激励和人的行为的改造上。

第七章　西方现代管理思想的解析化

“二战”以后，世界进入了一个相对缓和的新时代，欧美各国都把注意力转移到了经济建设上。科技与生产迅速增长，社会经济发展出现了许多新的变化。企业规模越来越大，生产社会化程度日益加深，国际化进程进一步提速。原子能、计算机、空间技术的重大突破和运用、工人受教育程度的普遍提高、自然科学对管理过程的深度渗透等带来的冲击，给管理工作提出了许多新问题，经济增长和企业繁荣迫切需要相关理论的指导。

另一方面，伴随着各领域学者对管理理论的兴趣极大地增长，如社会学家、经济学家、生物学家、计量学家、政治学家、物理学家、数学家等，都纷纷投入到管理理论研究的热潮之中，他们为了各种目的而标新立异，分别从不同角度用不同方法来研究管理问题，各种学术论著像雨后春笋般地涌现，呈现出“异彩纷呈、繁荣茂盛”的景象。管理理论研究开始朝着解析化、精细化方向前所未有地迅速发展。美国管理学者哈罗德·孔茨（1908—1984 年）在《管理理论的丛林》（1961）与《再论管理理论的丛林》（1980）两部著作中，对 20 世纪 60 年代初至 70 年代末的各种流行学说加以分类，先后概括出 6 家和 11 家学派。他形象地把这一时期特有的这一理论研究现象称之为“管理理论的丛林”。孔茨认为，由于研究条件、掌握材料、观察角度及研究方法各有不同，必然形成不同的管理研究思路。“丛林”中的每一种理论都是对管理某个侧面的强调，看起来都具有其不可替代的合理性。但是，孔茨也颇具慧眼地指出：在 20 世纪早期从事管理理论研究和著述的，都是有实际管理经验的人员，如泰罗、法约尔、穆尼等。但从 50 年代中期以来，从事管理理论研究的，主要是高等学府中受过专门训练却缺乏实际管理经验的人，这有点像医学院里教外科学的教授，对理论阐释头头是道，却从未给病人做过手术，难免造成某种混乱，并失去实际管理人员的信任。如果任由这种众说纷纭、莫衷一是的乱局继续存在，将会使管理工作者如同进入热带丛林中一样，迷失方向而找不到出路。

其实，细心梳理这一时期的诸多管理思想流派，按其对管理活动中的人性认知及其提出的对策来划分的话，我们还是可以将其大致分成以下几个类别的。

第一节　社会系统学派与决策理论学派

从学术逻辑看，社会系统学派的巴纳德作为这一时期的代表人物，他的思想与稍后的决策理论学派的西蒙关系更为密切。日本管理学者占部都美曾经说过："巴纳德是现代管理论[①]的生父，西蒙是巴纳德的直接继承人。所以，现代管理论又称为巴纳德－西蒙理论。其影响广泛而深远，为今天的经营管理理论打下了根基。"

切斯特·巴纳德（1886—1961 年），一位优秀的美国企业管理者。在漫长的工作实践中，他不仅积累了丰富的经营管理经验，而且还广泛地学习了社会科学的各个分支。其代表作有《经理的职能》（1938）、《领导的性质》（1940）和《组织和管理》（1948）。他在人群组织这一复杂问题上的贡献和影响，可能比管理思想发展过程中的任何人都更为重要。

出于对人性本质的不同理解，巴纳德另辟蹊径，从人的自由意志及其实现机制出发构建了他的社会系统学派。该学派的人性假设的基础是其自谓的"完整人"，即认为人既是自由的人（其行为的感性、主观、个性方面），又是在特定组织中扮演角色的人（其行为的理性、客观、非个性化的方面），也就是认为人是理性的又是非理性的。巴纳德将两种彼此相反的人性侧面归结为一体，并当作自己理论的基石，在管理学中首次正面显示了人性的矛盾性结构。

社会系统理论实际上就是以此"人性的矛盾性结构"为基点，围绕着"协

① 这里所谓的现代管理论是指从 20 世纪 60 年代起到 70 年代末组织文化理论兴起以前这一时期的西方管理理论，即"管理理论的丛林"阶段。——作者注

作系统”和“决策”两个中心概念展开的。巴纳德将组织看作是由两个或两个以上的人有意识协调活动和效力的协作系统，其中最关键的因素是经理人员。作为一个协作系统，必须具备三个要素：共同的目标、协作的意愿、成员间的信息沟通。而经理人员是组织成员协作活动相互联系的中心，他的基本任务是：确定组织目标、保证其成员进行充分协作、建立整个组织的信息系统并保持其畅通。巴纳德从最简单的人类协作入手，揭示了组织的本质及其最普遍的规律。

巴纳德独创性地提出了“组织”的概念。他从个体的人出发，由个体的需要推进到组织的协作。用组织的“效力”和个人的“效率”将组织中的个人目标与组织目标联系起来，解决了这两者的不一致。巴纳德认为，组织的“效力”来源于个人的“效率”，而个人的“效率”取决于个人的自由意志基础上的一系列决策。每一个职工都是一个单独的个人，都以各种不同的方式来学习和了解周围的事物，但他们并不真正了解自己，他们的行动往往受到自己没有意识到的个人的需要和情感的影响。很多时候，他们的行为往往是主观的、非逻辑的，和组织对他们的要求是有区别的。个人参加组织进行协作，是为了实现那些他们单独行动实现不了的目标。如果协作是成功的，达到了组织的目标，这个协作系统就是有“效力”的。但“效率”则不同，它是指组织成员个人目标的满足程度。由于协作是每个人为了满足个人的目标而产生的，如果他们的个人动机得不到满足，他们就会停止贡献力量或退出该组织，因为从他们的观点看来，这样的组织对其个人是无“效率”的。在管理中把组织目标与个人目标结合起来的思想，被认为是管理思想发展史上具有里程碑意义的思想。巴纳德强调指出，组织目标是整个组织存在的灵魂，也是组织奋斗的方向。但是组织的共同目标不是一成不变的，它应当随着组织规模的变化、人员的变化、外界环境的变化和发展而随时调整。组织目标制定得好坏对其能否实现的作用非常大。

巴纳德认为，组织必须保持内外平衡才能存续。（1）组织对内平衡：组织对个人的诱因要大于或等于个人对组织所做的贡献。所谓诱因是指组织给成员个人的报酬，这种报酬可以是物质的，也可以是精神的。所谓贡献是指个人为组织目标的实现而做出的贡献和牺牲。诱因和牺牲的尺度，通常是由个人主观决定的，不是由客观决定的。（2）组织对外平衡：组织内部效率产生外部效能，即它与外部环境间的平衡。巴纳德的组织平衡论，基本出发点是个人参加组织的动机问题。个人为组织做出了牺牲，而组织则为个人提供了诱因，组织与管理的全部活动，都围绕着牺牲与诱因之间的平衡而展开。组织中的一切运转机制和行为规则，都来自这种组织平衡。从组织平衡理论出发，学者笔下的组织，才真正成为由人构成的组织。以前组织理论里面缺乏人的因素的“韦伯式偏差”，以及虽然重视了人但却看不到正式组织的“梅奥式偏差”，在巴纳德这里被从根本上纠正了。这是巴纳德理论的意义所在。正是这种组织平衡论，成为后来影响颇大的西蒙组织行为理论（决策理论）的出发点。

在很多方面，巴纳德对组织中管理职能的观点远远超越了他所处的时代。

在巴纳德社会系统理论的基础上，针对“理性人”假说的弊病，西蒙发展了自己的决策理论。

赫伯特·西蒙（1916—2001 年）是美国著名的行政学家，他在管理学、组织行为学、政治学、心理学和计算机科学方面都有相当的造诣。尤其是主要从行为科学的角度探讨决策理论这方面，他的研究取得了令人瞩目的成就，因而被公认为决策理论学派的创始人。也正是由于对经济组织内决策过程所进行的开拓性研究，他荣获了 1978 年的诺贝尔经济学奖。

作为管理学科的一个重要学派，决策理论学派着眼于合理的决策，即研究如何从各种可能的抉择方案中选择一种“令人满意”的行动方案。西蒙认为管理就是决策，而以往的决策理论的基石——“理性人假设”是有致命缺陷的，因为它必须满足以下三个条件：（1）决策者对每种方案的实施难度及其后果无所不知；（2）决策者具有无限的计算能力；（3）决策者头脑中对各种可能的后果有一个明确的优劣排序。但事实上，完全满足这三个条件在现实中是根本不可能的。因此，西蒙不像巴纳德那样认为人是理性的又是非理性的，他认为人既不是理性的也不是非理性的，而是“有限理性”的。西蒙认为，有关决策的合理性理论必须考虑人的基本生理限制以及由此而引起的认知限制、动机限制及其相互影响的限制，从而所探讨的应当是有限的理性，而不是全知全能的理性；应当是过程合理性，而不是本质合理性；所考虑的人类选择机制应当是有限理性的适应机制，而不是完全理性的最优机制。因此，西蒙认为，我们追求的目标应是“最满意”的而不是“最优”的。以此出发，他提出了组织目标的“满意化原则”，又一次实现了管理思想的变革。

第二节 权变理论学派

人性认识的纷杂状况违反了管理要成为一门普遍科学的初衷，这一情形呼唤着管理学家们要对人性的本质做统一性的认识。20 世纪 70 年代出现的权变理论学派顺应了这一要求。权变理论学派的人性基础是对 X 理论和 Y 理论加以综合的“超 Y 理论”。X 理论认为人都是有惰性的，必须依靠强迫、惩罚等强力措施才能控制下属去实现组织目标；Y 理论认为自我实现是人的天性，依靠鼓励、奖赏等柔性措施就能够使员工将个人目标与组织目标较好地结合起来。权变理论学派则认为，不能一概而论哪种人性假说最为正确，哪种管理模式最为科学，而应该因时制宜、因地制宜，根据具体情况使用相应的管理模式。超 Y 理论实质上是对人性的“多彩难描”这一事实的揭示，它认为根本不存在一种普遍的、永恒的人性，以前的各种人性假设只不过是在人性的多样性面前偏执一端罢了。

作为权变理论或应变理论的代表性学说的超 Y 理论，是由美国管理心理学家约翰·莫尔斯和杰伊·洛希在《超 Y 理论》（1970）和《组织及其他成员：权变法》（1974）中提出的。根据“复杂人”假设构建的这一理论认为：没有什么一成不变的、普遍适用的最佳的管理方式，必须根据组织内外环境自变量和管理思想及管理技术等因变量之间的函数关系，灵活地采取相应的管理措施。管理方式要适合于组织目标、工作内容、工作性质和成员素质等具体情况。

超 Y 理论在对 X 理论和 Y 理论进行实验分析比较后，提出一种既结合 X 理论和 Y 理论，又不同于它们的一种主张权宜应变的管理思想。实质上是要求将工作、组织、个人、环境等因素做一个最佳的组配。

其基本观点是：

（1）人们带着许多不同的需要和动机加入组织，但最主要的是实现其胜任感。

（2）由于人们的胜任感有不同的满足方法，所以对管理要求也不同，有人适用 X 理论管理方式，有人适用 Y 理论管理方式。

（3）组织结构、管理层次、职工培训、工作分配、工资报酬和控制水平等都要随着工作性质、工作目标及人员素质等因素而对应确定，如此才能提高组织绩效。

（4）当一个目标达成时，就会产生新的更高的目标，然后进行新的组合，以提高工作效率。

超Y理论认为，管理要以现实的情景为基础，做出相应的变化，因人而异，因事而异，因为不存在一套适合于任何人、任何时代的通用的管理方式。具体改进措施包括：

（1）设法把工作、组织和人密切配合起来，使特定的工作由适合的组织与适合的人员来担任。

（2）先应从对工作任务的确认和对工作目标的了解等方面来考虑，然后决定管理阶层的划分、工作的分派、酬劳和管理程度的安排。

（3）合理确定训练计划和强调适宜的管理方式，使组织更妥当地配合工作与人员，这样能够产生较高的工作效率和较高的胜任感的激励。

（4）各种管理理论，不论是传统的还是参与式的，均有其可用之处，主要应由工作性质、员工对象而定。

先验性与经验性的矛盾可以说是管理方法中永恒的难题。在权变理论学派这里，管理方法的经验性与先验性形成了某种调和，但究其实质，权变理论学派只是一种实用主义的权宜之计，并不能肩负起将管理方法的经验性和先验性统一起来的重任。管理实践呼唤着一种建立在更为深刻的哲学基础之上的管理方法论的出现。

第三节　管理过程学派

管理过程学派又称管理职能学派，其创始人是法约尔，由孔茨和西里尔·奥唐奈予以总结命名。它是在法约尔的一般管理理论基础上发展而来的。法约尔将管理活动分为计划、组织、指挥、协调和控制五大职能，孔茨和奥唐奈在仔细研究这些管理职能的基础上，将管理职能分为计划、组织、人事、指挥和控制五项，而把“协调”作为管理的本质，作为五项职能有效综合运用的结果。孔茨利用这些管理职能对管理理论进行分析、研究和阐述，最终得以建立起管理过程学派。

这个学派把它的管理理论建立在以下七条基本信念的基础上：

（1）管理是一个过程，可以通过分析管理人员的职能从理性上很好地加以剖析。

（2）可以从管理经验中总结出一些基本道理或规律，这些就是管理原理。它们对认识和改进管理工作能起一种说明和启示的作用。

（3）可以围绕这些基本原理开展有益的研究，以确定其实际效用，增大其在实际中的作用和适用范围。

（4）这些原理只要还没有被证明为不正确或被修正，就可以为形成一种有用的管理理论提供若干要素。

（5）就像医学和工程学那样，管理是一种可以依靠原理的启发而加以改进的技能。

（6）即使在实际应用中由于背离了管理原理而造成损失，但管理学中的原理如同生物学和物理学中的原理一样，仍然是可靠的。

（7）尽管管理人员的环境和任务受到文化、物理、生物等方面的影响，但管理理论并不需要把所有的知识都包括进来才能起一种科学基础或理论基础的作用。

管理过程学派的主要特点是将管理理论同管理人员所执行的管理职能，也就是管理人员所从事的工作联系起来，主要致力于研究和说明“管理人员做些什么和如何做好这些工作”，侧重于说明管理工作实务。他们认为，无论组织的性质多么不同，组织所处的环境有多大差异，但管理人员所从事的管理职能却是相同的，管理活动的过程就是管理的职能逐步展开和实现的过程。因此，管理过程学派把管理的职能作为研究的对象，他们先把管理的工作划分为若干职能，然后对这些职能进行研究，阐明每项职能的性质、特点和重要性，论述实现这些职能的原则和方法。

该学派对后世影响很大，许多管理学教科书的内容都是按照该学派的理论架构编排的，另外，该学派确定的管理职能和管理原则，也为训练管理人员提供了基本素材。

第四节　数量管理学派与经验主义学派

数学家进入管理领域造就了管理科学学派的形成。管理科学学派又称数量学派，或计量学派，也称数量管理科学学派。该学派将数学引入管理领域，用电子计算机作为工具，把科学的原理、方法和工具应用于管理的各种活动，使管理问题的研究由定性分析发展为定量分析，制定用于管理决策的数学统计模型，并进行求解，以减低管理的不确定性，使投入的资源发挥最大的作用，得到最大的经济效果。

管理科学学派的思想根源可以追溯到20世纪初泰罗的科学管理，然而正式的成立是始于1939年由英国曼彻斯特大学教授布莱克特领导的运筹学小组，该小组运用运筹学来解决英国雷达系统的合理布置问题。这些富有科学精神的人追随着泰罗的步伐，通过做出假设、积累数据、确认变量、进行实验、做出检验，以及在事实基础上选择行动路径来解决问题。而这种依靠数据来展开行动的方式首先被应用在军事行动中，之后成为运筹学的基础，数学和科学被当作了解决管理问题的工具。“二战”结束后，由于战后恢复和经济建设需要，英美等国将战时运筹学（管理科学）的研究成果逐步从军事领域转入民用企业的运营。该学派将管理作为数学模式或过程加以处理。他们认为，由于管理全过程（计划、组织、控制）的工作是一个合乎逻辑的过程，所以可以把管理看成是一个类似于工程技术、可以精确计划和严格控制的过程，因此这一学派也被称为技术学派。它的主要目标也是探求最有效的工作方法或最优方案。

管理科学理论的主要特点有：将数学应用到组织管理中，用数学模型分析管理问题，这是其最突出的特点；在管理中应用电子计算机技术；将系统观念引进到管理方法中；生产和经营管理各个领域的各项活动都以经济效果好坏作为评价标准。

管理科学学派借助于数学模型和计算机技术研究管理问题，重点研究的是操作方法和作业方面的管理问题。现在管理科学也有向组织更高层次发展的趋势，但目前完全采用管理科学的定量方法来解决复杂环境下的组织问题还面临着许多实际困难。管理科学学派一般只研究生产的物质过程，注意管理中应用的先进工具和科学方法，但对管理中人的作用，该学派则显然束手无策。正像有的学者所说：运筹学面临的最大的困难在于“人性是不能完全数量化的”，这是它在先天上的致命缺陷。

经验主义管理学派的领军人物是大名鼎鼎的彼得·德鲁克（1909—2005年），他被称为大师中的大师，一生著作颇丰且在不同时期皆有创新性见解。他对现代管理学的巨大贡献及其管理思想的实践性和前瞻性已为世人所公认。《公司概念》（1946）首次提出“组织”概念，并奠定了组织学的基础。《管理实验》（1954）提出了目标管理。《卓有成效的管理者》（1966）提出知识工作者即为管理者，成为高级管理者的经典之作。《管理：任务，责任，实践》（1973）指出：管理不仅是一项工作、一门学科，它还应以人为核心，是“人”在管理，而不是“力量”或“事实”在管理；管理得当还是管理失当，取决于管理者在个人理想、奉献精神以及正直无私方面的表现。《巨变时代的管理》（1982），探索了管理者角色、任务、问题与机遇等。《创新与企业家精神》（1985），强调目前的经济已由管理的经济转变为创新的经济。《21世纪的管理挑战》（1999），将“新经济”的挑战定义为：提高知识工作的生产力。

该学派的其他代表人物还有戴尔、纽曼、斯隆等人。经验主义学派认为管理学就是研究管理经验，强调从企业管理的实际经验而不是从一般原理出发，强调用比较的方法来研究和概括管理经验。该学派主张通过分析管理者的实际管理经验或案例来研究管理学问题，他们认为，成功的组织管理者的经验和一些成功的大企业的做法是最值得借鉴的。因此，他们重点分析许多组织管理人员的经验，然后加以概括和总结，找出其成功经验中具有共性的东西，然后使其系统化、理论化，并据此为管理人员提供在类似情况下可采取的有效管理策略和技能，以此达到组织的目标。不足之处在于其重视经验而无法形成有效的原理和原则，使无经验的人感到无所适从。而且，特定环境下的特定人物，其特定的经验未必能够成功复制到其他情景之中。

这也正像后来者评论的："数学学派偏重于运筹学的先验原理而忽视了个人经验，因此虽然应用普遍，但是过于抽象，具体效用受到很大限制。经验派与之相反，偏重于个人体验，但缺乏先天根据，虽然在某一事件中具体有效，但是不能保证下一次还能够奏效。"如同运筹学面临的最大的困难在于"人性是不能完全数量化的"，经验主义学派的困局则在于个人体验是不能普遍化的。它们的这种各自独具特色的致命缺陷，使得它们在管理倾向上成为对立的两派——普遍主义的研究方法与个体化的研究方法的分道扬镳。两派共有的致命缺陷则是对人性特点的认知盲区——"人性的悖论性结构，决定了人性一方面具有自由发散的特性，从而不能以数量化的形式予以确定；另一方面，人性具有非齐一性，即每个人的心理结构都不可能与其他人的体验相等同，从而也就不能将个人体验上升为普遍原理。"

第五节　系统管理学派

20 世纪 60 年代，随着企业组织规模日益扩大，企业内部的组织结构也更加复杂，如何从企业整体的要求出发，处理好组织内部各个单位之间错综复杂的相互关系，从而保证组织整体的有效运转，这一问题成为企业管理面临的较为突出的紧迫课题。以往的管理理论往往只侧重于管理工作的某一方面，它们或者侧重于生产技术过程的管理，或者侧重于人际关系的协调，又或者侧重于一般的组织结构问题，都没有从组织整体的效率出发统筹考虑管理工作。正是基于这一背景，系统管理理论盛行开来。

系统管理理论的思想基础是"系统理论"。创立系统理论的是美籍奥地利理论生物学家路德维格·贝塔朗菲（1901—1972 年）。1968 年，贝塔朗菲出版的《一般系统理论的基础、发展和应用》一书，全面地阐述了动态开放系统的理论，被公认为"一般系统论"的经典著作。一般系统论认为，系统是由相互联系、相互作用的若干要素组成的复合体。构成系统的要素，除了包括可见的"若干要素"之外，还包括"若干要素"之间的"组织联系"，这种"组织联系"

是构成系统的更为关键的要素。将一般系统论发扬光大的是比利时物理学家普利高津（1917—2003，创立“耗散结构论”）、德国物理学家哈肯（1927— ，创立“协同论”）、法国数学家托姆（1923—2002，创立“突变论”）、德国生物化学家艾根（1927— ，创立“超循环理论”）等人。他们的学说被称为“开放系统理论”，这一理论认为，所谓系统是由相互联系、相互作用的若干要素结合而成的具有特定功能的有机整体，它不断地与外界进行物质、能量和信息的交换，以维持自身处于一种稳定有序的状态。

作为一种全新的认识论和方法论，系统理论的基本原则一般包括以下几个方面：

（1）整体性原则。即系统、要素和环境之间的辩证统一。首先，系统与要素、要素与要素、系统与环境之间存在着有机的联系，它们相互作用、相互影响，构成一个整体。其次，系统的性质和规律只有从整体上才能显示出来，“整体”可以出现“部分”所未有的新功能，整体功能不是各部分功能的简单相加。再次，系统内部各要素或部分的性质和行为，对其他要素或部分的性质和行为有依赖性，并对整体的性质和行为有影响。整体性原则是系统论的基本出发点，它要求人们在认识和处理系统对象时，都要从整体着手进行综合考察，以达到最佳效果。

（2）结构功能的原则。即系统的结构与功能的辩证统一。首先，结构是功能的基础，功能是结构的属性；结构不同，一般来说功能也不同，结构决定功能。其次，同一结构可能有多种功能；结构不同，也可获得异构同功。它要求人们在分析研究各种系统时，必须把握好系统结构和功能的辩证发展规律。

（3）相互联系的原则。即系统的整体性是通过各要素间的物质和能量的相互交换、转换及守恒的规律，还有信息的传递、交流等多种形式加以实现的。研究系统整体性时，必须搞清楚系统内外部物质、能量、信息的流动状态。

（4）有序性原则。即系统都是有序的、分层次的和开放的。一般都由低级有序状态向高级有序状态发展。系统有序程度用熵来度量。

（5）目的性原则。即在反馈机制的作用下，系统能保持内部的稳定以及与环境的协调的一种特性。要掌握系统发展的趋向，必须把握它的这种机制。

（6）动态性原则。即现实系统都是变化、发展的，应当在动态中协调系统各方面的关系，使系统达到最优化。

系统理论建立以后，西方有些学者把它应用于工商企业的管理，形成系统管理学派。系统管理学派的主要代表人物有美国的理查德·约翰逊、弗里蒙特·卡斯特、詹姆斯·罗森茨韦克、詹姆斯·格黑尔·米勒、梅·萨洛维奇等。

约翰逊、卡斯特和罗森茨韦克三人于1963年共同撰写了《系统理论与管理》一书，比较全面地阐述了管理的系统理论。1970年卡斯特和罗森茨韦克又合作出版了《组织与管理——系统方法与权变方法》一书，进一步充实了这一理论。米勒是实用系统理论的代表人，其生物学系统观把系统及其部分划分为有机确定的子系统，被称为“生命系统论”。萨洛维奇是数学系统理论的代表人物，他与Y·塔卡哈拉和他们的同事发展了演绎法。

系统管理学派的主要观点：

（1）组织是一个由许多子系统组成的开放的社会技术系统，它由五个不同的子系统构成：目标与价值子系统、技术子系统、社会心理子系统、组织结构子系统、管理子系统。这五个子系统之间既相互独立，又相互作用，不可分割，从而构成一个整体。这些子系统还可以继续细分为更小的子系统。

（2）系统管理学派主张用系统观点来考察工商企业及其管理活动。它认为，工商企业是一个为达成一定的目标，而由相互联系、相互协作的若干子系统所组成的人造系统。它同周围的环境之间存在着动态的相互作用，并具有内部的和外部的信息反馈网络，能够不断地自行调节，以适应环境变化和本身发展的需要。

具体而言，企业就是由人、物资、机器和其他资源在一定的目标下组成的一体化系统，它的成长和发展同时受到这些组成要素的影响，在这些要素的相互关系中，人是主体，其他要素则是被动的。管理人员需竭力保持各部分之间的动态平衡、相对稳定和一定的连续性，以便适应情况的变化，最终达到预期目标。同时，企业还是社会这个大系统中的一个子系统，企业预定目标的实现，不仅取决于内部条件，还取决于企业外部条件，如资源、市场、社会技术水平、法律制度等，它只有在与外部条件的相互影响中才能达到自身的动态平衡。

用系统观点来考察和管理企业，可以使企业管理人员不至于因为只注意一些专门领域的特殊职能，而忽略了企业的总目标，也不至于忽略自己这个企业在更大的社会系统中的地位和作用。卡斯特认为，企业是相对开放的系统，边界是可渗透的，可以有选择地输入和有选择地吸收，不仅要适应环境，还要影响环境。更重要的是，企业应有意识地去改造环境。

（3）系统管理学派强调系统分析。所谓系统分析就是以系统的整体最优为目标，对系统的各个组成部分进行定性和定量的分析。在进行系统分析时，应首先紧密围绕建立系统的目标；其次，应从系统的整体利益出发，使局部利益服从整体利益，既要考虑当前利益，又要考虑长远利益；最后还要抓住关键问题，采用定量分析和定性分析相结合的方法。

运用系统管理还应注意四个要点：

第一，以目标为中心，始终强调系统的客观成就和客观效果。

第二，以整个系统为中心，强调整个系统的最优化而不是子系统的最优化。

第三，以责任为中心，分配给每个管理人员一定的任务，而且要能衡量其投入和产出。

第四，以人为中心，每个员工都被安排做具有挑战性的工作，并根据其业绩支付报酬。同时，在系统管理中，有四个紧密联系的阶段：创建系统的决策、系统的设计、系统的运转和控制以及系统运转结果的检查和评价。

第六节　战略管理理论

战略管理理论萌芽于20世纪20年代的美国，形成于60年代，在70年代得到大发展，80年代受到冷落，90年代又重新受到重视。

一、20世纪60、70年代——传统战略理论阶段

1962年，美国著名管理学家艾尔弗雷德·D. 钱德勒（1918—2007年）在其成名作《战略与结构：美国工业企业史的若干篇章》中分析了环境、战略、组织三者之间的关系，认为企业战略需要适应环境，相应地，组织结构要跟随战

略的调整而调整。钱德勒因此被认为是企业战略管理研究的奠基人之一。

60 年代的企业战略管理研究是一个“百家争鸣”的局面，根据不同的理论基础有多达 10 余个派别，如设计学派、计划学派、定位学派、创意学派、认知学派、学习学派、权力学派、文化学派、环境学派、结构学派等。其中，值得提及的重要人物有安索夫和安德鲁斯。

伊戈尔·安索夫（1918—2002 年）是计划学派的领军人物。著名管理学评论家海勒尔将其誉为“战略规划之父”，管理学界把他尊称为战略管理的鼻祖。安索夫在战略管理中的特殊地位主要表现在对战略管理的开创性研究上，他首次提出公司战略概念、战略管理概念、战略规划的系统理论、企业竞争优势概念以及把战略管理与混乱环境联系起来的权变理论。他在 1965 年出版的《公司战略》一书中提出：战略构造应该是一个有控制、有意识的正式计划过程；企业的高层管理者负责计划的全过程，而具体制订和实施计划的人员必须对高层管理者负责；通过目标、项目、预算的分解来实施所制订的战略计划，等等。他的伟大之处在于在历史上第一次运用适当的语言、程序分析现代工业企业并明确地界定公司战略中的深层次问题，包括公司如何成长、如何寻求合作、如何借用外力等。安索夫提出了一套广为学术界、企业管理界所接受的战略管理方法、程序和范式，不过用今天的眼光来看，安索夫的方法有些过于强调机构的完美和确定性。

而肯尼斯·安德鲁斯（1916—2005 年）所代表的设计学派，主张制定战略的过程中要分析企业的优势、劣势、机会和威胁。其次，高层管理应是战略制定的设计师，并且需要督导战略的实施，“战略应当是由管理层特意和有意识地决定并加以适应的”。他强调战略构造的模式应是简单而又非正式的，应该具有创造性和灵活性。安德鲁斯与安索夫和钱德勒提出并普及了商业战略或商业策略的概念。他的代表作是在 1965 年出版的具有广泛影响力的《经营策略：内容与案例》一书中撰写的正文部分，该部分于 1971 年以安德鲁斯的名义单独出版。

这一时期的研究理论虽多种多样，但是仍能从中总结出几条核心的思想。

（1）企业战略的出发点是适应环境。环境是企业无法控制的，只有适应环境变化，企业才能生存和发展。

（2）企业的目标是提高市场占有率。企业的战略要适应环境变化，要满足市场需求并获得足够的市场占有率，这样才有利于企业的生存与发展。

（3）企业战略的实施要求组织结构变化与之相适应。

（4）研究的主要目标是寻找出一些适合企业实践操作的战略技能。

这个时期的理论的不足之处是，缺少对企业将要投入竞争的产业进行分析，而是仅从现存的产业市场出发，要求企业适应环境，这会导致企业的发展空间受限。再者，企业一味地被动适应环境，只会成为行业中的战略追随者，而难以成为领导者。

从研究方法上来看，这一时期的研究主要是案例研究，通过分析个别企业，得出企业战略制定、实施、执行和控制的方法和技能。这种研究方法所得出的结论是零散的、经验的、非系统的，这样的结论是没有办法广泛推行的。但是，这个时期的研究为后来的研究者提供了坚实的概念和思维逻辑基础。

二、20世纪80年代——竞争战略理论阶段

1980年，哈佛商学院教授迈克尔·波特（1947—　）发表的《竞争战略》弥补了传统战略理论的显著缺点，他提出了以产业（市场）结构分析为基础的战略理论。波特认为，企业盈利能力主要取决于其选择何种竞争战略。竞争战略的选择基于两个重要的部分，其一是对有吸引力、高潜力产业的正确选择，其二是在选择的行业中确立自己的优势竞争地位。广为人知的波特“五力模型”从同行业竞争者、供应商的议价能力、购买者的议价能力、潜在进入者威胁、替代品威胁五个角度分析了产业的吸引力。而竞争战略的制定也就是要通过影响这五方面竞争力，从而影响产业结构，改变规则，赢得竞争优势，最后提高自己的盈利能力。波特“五力模型”中包含了三种通用的竞争战略：总成本领先战略（低价战略）、差异化战略和目标集中战略（瞄准缝隙市场）。

波特的竞争战略主导了80年代的主流研究方向。从企业的外部——其所在行业着手来研究企业战略成为这一时期的主要研究思路，这相对于传统战略理论是一大飞跃。但其欠缺对企业内部环境的研究，这成了其明显的缺陷。波特也认识到了此点不足，后在1985年出版的《竞争优势》中提出了从企业内部环

境出发的价值链模型。波特认为，“每一个企业都是在设计、生产、销售、发送和辅助其产品的过程中进行种种活动的集合体。所有这些活动可以用一个价值链来表明。”企业的价值创造是通过一系列活动构成的，这些活动可分为基本活动和辅助活动两类，基本活动包括内部后勤、生产作业、外部后勤、市场和销售、服务等；而辅助活动则包括采购、技术开发、人力资源管理和企业基础设施等。这些互不相同但又相互关联的生产经营活动，构成了一个创造价值的动态过程，即价值链。波特的价值链理论揭示了企业与企业的竞争不只是某个环节的竞争，而是整个价值链的竞争，整个价值链的综合竞争力决定了企业的竞争力。用波特的话来说就是：“消费者心目中的价值由一连串企业内部物质与技术上的具体活动与利润所构成，当你和其他企业竞争时，其实是内部多项活动在进行竞争，而不是某一项活动的竞争。”

在研究方法方面，这一时期的研究广泛结合经济学理论，融合了经济学的研究框架。

三、20 世纪 90 年代初期——核心资源理论阶段

1990 年，普拉哈拉德和哈默在《哈佛商业评论》上发表《公司的核心能力》一文，1994 年两人又合著《竞争大未来》，正式提出了核心能力理论，构成了 20 世纪 90 年代西方最热门的企业战略理论。他们认为，一个公司可以获得超出市场平均水平的利润，原因在于它能够比竞争者更好地掌握和利用某些核心能力。因此，企业要获得竞争优势，就必须寻找最有价值的核心能力。而核心能力是企业长期积累形成的一种独特能力，难以被模仿、复制或超越，并具有持久性，是企业长期利润的源泉。在核心能力理论的指引下，战略联盟、供应链管理等战略方法被普遍认同和采用。这些方法是在运用波特价值链分析并确定企业竞争优势的基础上，进一步找到核心竞争优势即核心能力，在经营管理的过程中充分利用核心能力，以保证企业的长期生存和持久发展。

四、20 世纪 90 年代后期至今——新理论阶段

美国学者詹姆士·莫尔 1996 年出版的《竞争的衰亡》一书为战略理论提出了一个新的研究方向，标志着战略理论的指导思想有了重大的突破。莫尔打破了传统的以行业划分为前提的战略理论，运用生物学中的生态系统的视角分析企业活动。他站在企业生态系统均衡演化的层面上，把商业活动分为开拓、扩展、领导、更新四个阶段。他认为系统内的公司通过竞争可以将毫不相关的人联系起来，创造崭新的商业模式。企业应着眼于创造新的微观经济和财富，即以发展新的循环来代替狭隘的以行业为基础的战略设计。

纵览战略管理理论研究的历史轨迹，可以发现其演变的某些规律。

（1）战略理论内容方面：从关注企业内部（强调战略是一个计划和分析的过程），到关注企业外部（强调产业结构的分析），再到关注企业内部（强调核心资源的构建），又到关注企业外部（强调企业间合作）。

（2）竞争性质方面：竞争程度由弱到强，再到对抗，最后变成合作共生。

（3）竞争优势的持续性：早期理论追求有形产品以及短期的竞争优势；后期理论寻求长期的、内在的、持久的竞争优势。

第八章　西方现代管理思想中的“日本色斑”

第一节　日本企业的异军突起

一、组织文化——“文化人”假说的横空出世

第二次世界大战结束后，战败的日本凋敝衰败，经济全面崩溃。美国占领日本后，对日本的政治和经济进行全面控制和打击。三井、三菱等主导日本经济的工业财阀被下令解散，资金被抽走，设备被拆除，名称被抹去，管理机构被解体，人员不得被集中使用，管理能力被分散。当时，人们普遍认为，这足以使这些企业彻底灭绝。但是，随着“解散财阀令”在1952年的终止，这些被遣散的日本企业竟再度复活并稳步发展壮大起来。这表明，虽然企业被解散了，但这些企业员工的身份认同感并没有消失，他们的共有价值观仍旧富有生命力和感召力，所以一旦时机成熟便可重新聚合起来。在此之后，仅仅经过20多年的复苏与发展，日本企业就创造了所谓的“日本奇迹”，实现了日本经济在战后的腾飞。

自20世纪70年代始，世界市场上即刮起了一股“日本旋风”：日本企业横扫英国的摩托车业，超越德国和美国的汽车工业，迫使美国汽车相关产业纷纷倒闭，导致美国三大汽车集团全面亏损。日本的电脑制造商甚至一度把美国的IBM挤下世界电脑业霸主的宝座。到80年代，日本的制造业更迅速凌驾于美国制造业之上。日本的家电、信息、光学、钢铁、造船等许多领域开始全面超越美国。美国的布鲁斯·努斯鲍姆曾如此形容这场“日本旋风”的威势：“日

本犹如一支东征西讨的大军，所过之处留下满目疮痍，这种情景只有工业革命初期英国以其机织的廉价棉布冲击世界各地导致千百万人失业的那个时候可以相比。”

一时间，日本企业可谓是独步天下而傲视群雄。

拥有世界最先进技术并号称拥有最先进管理理论做指导的美国企业，在这场“日本反击战”中失地丢城，一败涂地。不仅海外市场尽输敌手，甚至在本土市场也纷纷败北。面对日本企业的气势如虹，美国产业界一片哀鸿，管理学界也觉得颜面尽失。其痛苦与震惊远非笔墨所能描述。势蹙计穷之际，美国人开始冷静思考并潜心寻找日本人在资源匮乏、国土狭小等诸多不利条件下创造此等奇迹的隐秘答案。

经过认真的调研，美国人惊讶地发现，日本的企业管理可以说是一个令人匪夷所思的“怪胎”，它成了管理学上的四不象：卓越的企业竟没有利润指标、明确的分工、详尽的考核指标，甚至连个基本的组织框架都没有？！更奇的是以终身雇佣制、年功序列工资制、禀议制、与资方密切配合的企业工会等为特色的一系列所谓“日本企业伦理”和组织制度，明显背离欧美现代企业制度的基本通则，甚或带有浓重的东方封建主义色彩！旧的管理信条和戒律不能解释日本的成功，对“怪胎”的解剖和深究把美国人引向新的深层思考。

很快，一批研究日本管理秘诀的著作问世。1979 年美国国家广播公司电视片《日本能，难道美国人不能？》公开播映，引起美国各界的强烈反响。1980 年 7—8 月，鲍勃·海斯和比尔·艾伯纳在《哈佛商务评论》上发表《在经济衰退中进行管理》，直言批评美国企业界只重数字而忽视“创造”的管理倾向。1981 年，威廉·大内的《Z 理论》和帕斯卡尔、阿索斯的《日本的管理艺术》出版，首先提出企业中的非技术因素——文化因素的强大作用。1982 年，迪尔和肯尼迪的《公司文化——现代企业生存的习俗与礼仪》出版，提出了“企业文化”的概念，分析研究了企业文化的构成要素和分类等具体内容。同年，彼得斯和沃特曼出版了《寻求优势》①。该书批评了美国现实管理中过分强调分析、控制和决策的理性主义管理模式，深刻地指出，美国有些企业的不可救药之处，就在于管理陷入了“复杂的陷阱”，其表现就是“组织崇拜综合征”和对计算机

①*In Search of Excellence*，中文书名也译作《成功之路》《追求卓越》等。

的单相思。作者认为：当理性超过了使它成为必要的限度时，就必然走向反面。定量分析在它作为一个应用工具时是必要的，但当它上升到一种管理哲学并渗透到管理各方面时，那就是灾难性的了。“复杂的陷阱”使美国面对日本冲击时一筹莫展。而日本企业管理成功的经验则说明：把员工看作最宝贵的自然资源，而不是金钱、机器或少数智者，这可能是这一切的关键。这些著作的思想认知表明：这时的美国理论界已经站在了一个新的高度来透视企业，他们的视角开始落在民族文化传统对管理方式的影响上，开始把企业本身当成一个小社会，一个亚文化结构。认识到企业也有自己的价值观体系、行为方式和文化积累，每个企业都有自己的文化传统、自己独特的文化氛围。日本企业成功的深层原因正在于，它们打破了西方理性主义的管理框架，把企业作为一个文化实体实施管理，并逐渐形成了自己独有的以人为中心、以团队精神和情感氛围为特征的企业文化。

至此，一场管理思想革命轰然启动。这场革命是在东方管理智慧启迪下对美国管理方式进行的彻底反省，是新的“非理性主义”管理思想对旧的管理“理性模式”的批判。它使管理从理性向非理性过渡，恢复被定量分析、组织崇拜、最优化决策搞得面目全非的管理基本原则。一批富有远见的欧美企业家至此也逐渐达成共识：现代企业间的竞争，不仅是科学技术和经济实力的竞争，更是文化力的较量，企业文化建设对于企业的生存和发展具有决定性的作用。

所谓企业文化，指的是一个企业组织在长期的生存和发展中所形成的为本企业所特有的，且为组织内绝大多数成员共同遵循的最高目标、价值标准、基本信念和行为规范的总和。具体地说，企业文化是一个企业组织全体成员共同接受的价值观念、行为准则、团队意识、思维方式、工作作风、心理预期和团体归属感等群体意识的总称，其实质和核心是指一种为企业内绝大多数人所认可和遵循的共有价值观。在这种价值观下，形成了一整套企业特有的思维方式、工作态度、行为方式，最后形成一个企业的传统、习惯、惯例。这种价值观是企业的灵魂，它渗透到企业的行为当中，作为一种内在驱动力大大超过了长官意志。

二、“经营四圣”对现代企业管理的东方式探索

“经营四圣”是指在日本创造“经济奇迹”时代四位出身平民、不具备财阀背景但却凭其骄人业绩饮誉国际的优秀企业家，他们分别是：松下幸之助（松下公司）、本田宗一郎（本田公司）、盛田昭夫（索尼公司）、稻盛和夫（京瓷公司）。这四位对现代企业管理的独特的东方式探索，不仅成就了日本企业在20世纪七八十年代的辉煌，而且代表了战后日本企业家经营哲学的共性，给西方现代管理思想的“百衲衣”添上了醒目的“日本色彩”，更为西方管理思想的“人性”认知线加上了新的注解：人性有别，不仅有时空上的差异，而且有基于文化认同之别的民族性差异。在国际化浪潮汹涌澎湃的新形势下，如何发掘、培育和锻造与时代要求同步的，既根植于本民族优秀文化传统又能激发员工忘我热情的“共有价值观”，是企业在国际竞争中永保不败的“法宝”。

松下幸之助（1894—1989年），作为当年排名世界制造业500强第59位的日本松下公司的创办者，他奠定了日本商业的精神，在日本被称为“经营之神”。作为一个企业人，松下幸之助不但创立了一个神话般的企业，而且通过对经营实践的总结和自己的感悟思考，提出了一套具有普遍意义的经营哲学。

松下幸之助始终以“为了使人们生活变得更加丰富、更加舒适，并为了世界文化的发展做出贡献”为经营理念。随着“二战”后松下电器在全球的攻城略地和其创办的“松下政经塾”的传播推广，松下幸之助成熟的管理思想也广为世人所知。

松下幸之助的经营哲学（管理思想）概括起来，以“自来水哲学”“玻璃式经营”和“堤坝式经营”最为吸睛。

1. 自来水哲学

所谓“自来水哲学”，是松下幸之助对企业使命的比喻，被松下幸之助看作经营的根本理念，是其诸多经营思想的核心，亦是其半个多世纪从事企业经营活动的最根本指引，因此松下的自传也以之命名。“自来水哲学”实际上是出自一种隐喻：“水管里面的水固然有其价值，然而喝路边的自来水不用付费也不会

受到责备，因为水资源相对丰富。”同样道理，任何的物质资源只要达到相对丰富的状态就可以消除现实当中的不方便，而这就是企业经营所追求的最根本目的。从本质来看，“自来水哲学”就是通过工业生产手段，把原来只能供少数人享受的奢侈品变成普通大众都能享受的普及品。“企业的责任是：把大众需要的东西，变得像自来水一样便宜。”这样发展的最终结果就是让人类能够共同走向繁荣，从而消灭贫穷与落后。由此，松下幸之助奠定了其企业经营的基本方针：质量必须优先，价格必须低廉，服务必须周到。

松下“自来水哲学”的形成与其早年的贫困经历密切相关。由于父亲投资失败而导致的家道中落，使松下幸之助在年纪很小的时候就不得不出来工作。改变贫穷生活和挑战贫穷的社会现象是松下幸之助立志创业时的初心和远大志向。这在崇尚自我奋斗的西方文化理念看来，无疑带有某种类似虔诚教徒笃行教义般的准宗教式使命的意味。

从企业家的社会定位看，“自来水哲学”当然是建立在博大的胸怀和强烈的使命感基础之上，但这并不意味着企业家因此就放弃了自身的利益诉求。恰恰相反，当企业经营者的眼睛盯住了人们追求生活进步的欲望，而不是仅仅盯住顾客的钱袋；当一个企业能够以顾客可以接受的价格向其提供质量更为优良的产品时，企业自身的利益也自然会得到最大的回报。所以“自来水哲学”是企业自身利益与其社会使命感相向而行、互助相成、完美结合的管理哲学。这一思想同日本明治维新时期即得以确立的“实业救国”的企业经营理念是一脉相承的：企业应该是社会公共的企业，而并非某人某家的私有物品，所以，满足国家和社会的总体需要应是企业的第一要务，这应该成为从经营者到普通员工恪守的职业信条。由此可以看出，松下幸之助这一代日本企业家的胸襟和视野比起其欧美同行显得更为宽广。

2. 玻璃式经营

“玻璃式经营”就是指所有的经营状况都像玻璃一般清澈可见，不加掩饰。每一个员工都可以清楚地了解到公司的状况以及未来发展的走向，它实际上是建立在对员工信任基础之上的关于企业内部治理的一种管理思想。开诚布公，力求信息对称，“开放的内容不只是财务，甚至技术、管理、经营方针和经营实况，都尽量让公司内的员工了解。”以“使员工能抱着开朗的心情和喜悦的工作态度”，“每个人都以自主的精神，在负责的前提下独立工作”，“在同事之间激起一股蓬勃的朝气，推动整个业务的发展”。松下幸之助一直以来为人所称道的就是他与员工之间建立的互相信任的关系，作为最早在日本建立事业部制模式的企业，松下公司给了员工更多的自我发挥的空间，而作为老板的松下幸之助也充分信任和支持员工的自我发挥，这样员工的责任心以及主人翁精神得到了最大程度的弘扬，类似中国古代“士为知己者死”的现象在这家公司已成为司空见惯的事情。松下幸之助在1927年的经济危机中曾经打算通过裁员缓解危机，但最终“工人一个也不裁，但即日起生产减半，改成半天工作制，工人仍然拿全天的工资。相应地，全体员工取消休假，大家一起努力销售库存商品。”这实际上是源自中国儒家思想中“忠”与“信”的价值观在现代企业管理当中的成功应用。

3. 堤坝式经营

“堤坝式经营”是“自来水哲学”在企业运作上的逻辑展开。它是松下幸之助总结日本18世纪的一代明主上杉鹰山的改革经验而凝练的管理哲学思想。水坝是在河川中通过拦截水流的方式以抬高水位的建筑，它的修建可以形成人工储水装置即水库。当季节或气候发生变化时，可以通过调整水库中蓄水的方式保持必要的用水量，从而避免洪灾和旱灾的发生。这一理念运用于现代企业管理的实质是，要避免经营过程中的周期性震荡，就必须减少不确定性对企业的冲击。在企业中，不论是设备、资金、人员、库存、技术、心理、企划还是新产品的开发等各方面都必须筑有“堤坝”，并发挥其功能。换句话说，在经营上各方面都要保留宽裕的运用弹性。松下幸之助曾经举例解释道：“我从银行借钱的时候，只需借1万元就够了，可是我多借些，借了2万元，然后把剩余的1万元钱又原封不动地作为定期存款存入银行。看起来是赔钱的，但是我却不那么认为。我是把它当成保险金。有了这笔保险金，在需要的时候，随时都可以提出来使用，而且银行总是十分信任我。”在松下幸之助几十年的经营生涯当中，曾经遭遇过三次重大危机，其中的任何一次如果处置不当，都会给企业带来灭顶之灾。因此，在松下幸之助的管理哲学当中非常重视对于危机的防患于未然，而“水坝式经营”就是让企业避免蹈入危机的一个重要手段。

——基于对未来的正确估算，对可能发生的不确定情况提前做好准备，从而使企业在任何时候都有应付环境变化的能力，这是松下“水坝式经营”的精髓所在。

本田宗一郎（1906—1991年），日本本田汽车创始人。1948年，本田宗一郎创建了本田技术研究工业总公司，开始从事机械的生产研发工作。此后本田宗一郎与藤泽武夫开始合作，前者主要从事技术工作，后者则负责公司的经营与管理，因此本田宗一郎的管理哲学可以看作是他们两人共同智慧的结晶。

虽然是当代著名的技术专家（本田宗一郎是亨利·福特之后世界上第二个荣获美国机械工程师学会颁发的荷利奖章的汽车工程师），但是，本田宗一郎并不是一个“技术唯一主义者”，而是一位具有社会责任感的企业家。他提出了“三个喜悦”（购买的喜悦、销售的喜悦、制造的喜悦）的企业口号和“三个尊重”（尊重理论、尊重创造、尊重时间）的经营理念。这一宽广的胸襟和远大的目标，不仅体现在其所经营的本田公司的企业使命感上，还体现在其否定家族式经营，强调企业“公众导向”的人生价值观上，以及充分尊重员工、鼓励包容合作、致力持续创新和构建独创性人才的造就机制等管理理念上。

1. 强调企业的“社会公器”和“公众导向”属性

本田宗一郎在晚年进行人生总结的时候，深感遗憾的是，其所创立的两家企业都是以自己的姓氏来命名的，因为这有违他的人生价值观和经营哲学理念。同大多数有很强社会责任感的日本企业家一样，本田宗一郎认为，企业应该是属于公众的“公器”，而绝不应该成为哪个私人专有的“私器”。在本田宗一郎的整个经营生涯中，给人印象深刻的一个典型现象，就是他特别关注自己的企业经营活动对周边社区所造成的影响。当企业给周围社区带来麻烦的时候，他的第一选择便是终止营业。这样的思路和做法在本田公司业务拓展到国际市场时，也自然延伸到了其所进军的异国他乡。日本的大多数跨国企业在早期也都能做到经营活动尽量不干扰所在地的正常生活秩序，但随着企业规模的扩大，这种做法却没能很好地保持下去。而本田公司却坚守经营本色不变，从而在业界和社会上树立了良好的公众形象。比如，当年为研制成功低公害的CVCC发动机，本田公司曾不惜资金成本和时间成本，付出了大量艰苦卓绝的努力。所以当该产品最终问世时，本田公司迅疾收获了满满的社会赞誉。

本田宗一郎总是强调顾客满意第一，在使用户满意方面从来都是戮力争先。他曾指出，独特的发明创造，如果不能及时地提供给社会，它将毫无价值。在本田公司，研究人员认为他们不是在研究技术，而是在研究人们的心理，在想尽一切办法、用尽一切技术满足人们的心理需求。

2. 充分尊重员工、鼓励包容合作

本田宗一郎的语录“为自己工作”是这种尊重个人精神的高度概括。他告诫职工不要考虑向公司宣誓忠诚，而是要为自己工作。在本田公司，这种尊重人的精神到处可见，人员安排调动贯彻“自我申请制”就是这种精神的体现之一。

本田公司既无官僚色彩，也不存在派系和宗派主义，职工可以轻松愉快地工作。在对本田职工进行的一项关于“本田精神的核心是什么”的问卷调查中，回复结果分别是：独创性、要为自己工作、人尽其才、不要怕失败。

本田公司实行“一人一事，自由竞争”的人事管理制度。一人一事就是保证每一个职工都有自由选择一个自己的主攻方向的权利，废除强迫职工从事其不能胜任的工作的旧有做法。自由竞争就是主张进行不同性质的自由竞争。为了达到共同的目标，每一个人、每一个小集体都要有自己的设想，并通过它来找到开发领域，把竞争机制引进公司内部。

本田宗一郎非常乐于同性格爱好与自己完全不同的人共事，这既是他的工作信念，也是本田公司第一代管理体制架构的基础。本田宗一郎与合伙人藤泽武夫就是性格迥异的两种人，在合作过程当中也不断出现分歧，但是直到 1973 年两个人共同退休为止，他们的和谐关系也从未被打破过。这一方面是建立在良好的分工基础之上，另一方面则是源于本田宗一郎的执着信念：只有充满个性和思想的人才不断加入，公司才能够保持活力。本田公司不需要人人都成为本田宗一郎，相反只有每个人的思想都是不同的，组合在一起的人才价值才能够充分体现。本田宗一郎曾表示“我与藤泽武夫等握有大权的人员列席董事会将会使公司陷入瓦解”，为了避免权威的出现影响大家个性的发挥，他和藤泽武夫后来逐渐淡出了公司管理层，公司的领导方式也开始转向集团指导制的思路。

3. 致力持续创新

作为一名技术出身的企业家，本田宗一郎一生都致力于技术创新，并将这种创新精神延伸到了其管理思想所及的其他领域，从而形成了本田管理哲学中有别于其他日本企业家的最大个人特色。

在本田宗一郎看来，创新就要打破常识性的思维方式和行为，用一种开拓性的精神来引领企业的发展。因此在找到藤泽武夫这个合作伙伴之后，本田宗一郎就退出了日常的管理活动，专心于技术研究和开发。从早期的摩托车到后来的汽车市场，本田公司的技术革新始终走在时代的前列。本田的创新精神可以从几个方面来理解：首先，认可失败的可能性。任何的革新都可能面临失败，而从概率来说往往失败的可能性会远远大于成功，在这个问题上本田宗一郎认为，“失败了谁都会反省，关键是成功了也要反省，如果成功了多问几个为什么，多反省其中成功的原因的话，我们就能从一个成功走向更大的成功。如果忘记了反省，再大的成功也会到此为止，这是我从过去的经验中所学到的一种信念。”其次，技术面前人人平等。在汽车引擎的未来发展问题上，本田宗一郎与年轻技术人员曾经发生过激烈的争论，尽管风冷技术是其自身引以为傲的发明成就，但最终他还是听从了年轻人的意见，选择了水冷技术，从而推动了本田公司的技术革新走向坦途。

4. 构建独创性人才的造就机制

本田宗一郎认为，要造出风格独特的产品，企业职工就必须具备独创性的头脑。为此，本田公司在已有的横向型组织、项目攻关制度之上，又采取了下列措施：引进合理化建议制度；建立“新设想工作室”；举办违反常规作品的展览会，等等。

盛田昭夫（1921—1999年），日本索尼公司联合创办人。他是日本战后协助国家从废墟中重新站起来的重要企业家之一，也是20世纪80年代日本管理巅峰时期唯一能够与松下幸之助齐名的企业家。盛田昭夫极力宣扬日式的管理风格，但也是早期少数去美国学习西方管理精神的日本企业家。与其长期居留美国的经历对应，盛田昭夫的经营哲学具有很强的开放性与融合性，东西方管理文化的精华在他的手中被有机组合发扬光大，他也因此被赞誉为20世纪最具影响力的企业家之一。

1. 面向全球的国际思维

盛田昭夫对于索尼的定位是非常清晰的，即以生产中的创新和高品质的服务在全世界奠定“日本制造”的崇高声誉。在这一国际化战略的指引下，索尼公司成为第一家在美国上市的日本公司。当1960年索尼的美国子公司[①]成立之后，盛田昭夫即举家迁往美国，除了体现对美国市场的重视之外，更是为了将西方管理技术与方法导入索尼的企业管理之中。盛田昭夫内心是更为青睐日本企业文化中的使命感和社会责任感的，他更希望将索尼的管理哲学推广到全世界，但对美式管理在技术和操作方面的优势，他也是有清醒认知的。因此，盛田昭夫希望通过这种东西方管理智慧互补兼容的方式，形成索尼公司“东西合璧”式的管理风格。从结果来看，索尼在这方面确实是走到了其他日本企业的前面，而这种做法的更为积极的结果便是，一方面索尼吸取了欧美的管理理论和方法的有益养分而获得了更好的发展，另一方面美国和其他西方国家也更早更自然顺畅地接受了来自东方日本的产品。“在今天这个步调快速和相互依赖的世界里，我们必须设法更清楚地认识对方，我们需要讨论、交换观点、尝试了解对方，我们可以争执、辩论，但是一定要诉诸平等的方式，并且要以追求知识和解决问题作为目标。”

2. 创造市场，永远领导新潮流

盛田昭夫认为，企业要通过独特的产品研发，为顾客创造新的娱乐生活方式。一般经营者的经营宗旨是跟随市场的需求而经营，而索尼却敢于创造需求，使消费者的需求能随着索尼推出的新产品而不断涌现，并随着它的发展而相应增加。索尼的发展历程可以说是不惜投入致力创新的市场拓展过程。索尼的新产品常常是独占市场一年或一年多以后，其他的公司才会相信该种产品会被市场接受，于是其他品牌的同类产品也随之跟风上市。而在这一时间差中索尼公司早已占尽先机，尽得领先红利，并且推出了新的替代创新产品。

3. 以新制胜，迅速改变旧生活

盛田昭夫不断告诉员工，不能满足于已有的成就，因为一切都在迅速变化，

---

① 索尼美国公司（SONAM），1960年索尼在美国纽约创立的第一个合法企业。其他的海外销售公司，包括一个在瑞士的公司（索尼海外公司），也于1960年创立，索尼英国公司于1968年创立。

不仅工艺技术领域如此，人们的观念、见解、风尚、爱好和兴趣也是如此，任何企业如果不善于领会这些变化的意义，就不能在商界生存，在高技术的电子领域尤其如此。索尼公司开发出的手提式半导体收音机、家庭录放机以及随身听，就都改变了人们的听、看习惯和工作方式，使旧生活一去不复返。

稻盛和夫（1932—　），一人创建了两家世界500强企业：京都陶瓷株式会社和日本第二电电株式会社，但是比其经营成就更负盛名的是他的经营哲学。作为始自涩泽荣一时代的“日本管理哲学”一脉相承的当代集大成者，稻盛和夫完整地经历了日本经济从战后恢复，到创造奇迹，直至泡沫破裂的完整过程。他刻苦勤奋的精神以及深植于佛教思想的商业道德准则，使其成为日本本土企业家的代表人物。稻盛和夫晚年创办盛和塾，并先后出版《活法》《干法》等著作，系统地宣传他的经营管理哲学。从稻盛和夫的思想轨迹中可以看到日本式管理从经营哲学上升到管理哲学的历史进程，其在当世的获评之高甚至已经远超当年的松下和盛田。

1. 以“敬天爱人”的哲学理念经营企业

“敬天爱人”是“明治三杰”中的西乡隆盛最早在日本提出来的理念，也是日本文化受教于中国儒家思想的一个明证[①]。“敬天”，是针对天人关系的一种理解和定位，“爱人”则是对管理关系的一种仁慈而明智的认知。“西乡的‘敬天爱民’思想包含着对劳动人民的同情和对国家富强的向往，作为开国倒幕和明治维新的思想武器，这一主张起过很大的积极作用。”[②] 西乡隆盛在《西乡南洲翁遗训》中首创于日本的这一词汇，在稻盛和夫的管理哲学里得到了全新的诠释并引发了日本企业界的巨大反响：“天就是道理，合乎道理即为敬天。而人都是自己的同胞，以仁慈之心关爱众人就是爱人。”[③] 遵循天理，关爱众人——经过稻盛和夫新解的“敬天爱人”理念，就此被提升为日本企业家在经营实践中必须遵循的基本信条。

---

① 中国儒家思想的源头——周公管理思想的核心理念便是“敬天保民”，这一思想的形成，早在周文王时代即获确立。详见陈继华所著《中国传统管理思想的发轫与流变》一书。

② 钟放．稻盛哲学与日本传统文化［J］．日本学论坛，2004(4)：56.

③ 钟放．稻盛哲学与日本传统文化［J］．日本学论坛，2004(4)：56.

稻盛和夫认为，经营是经营者人格的投影，而做人的标准也会在经营的实践当中发挥效用。没有崇高的人格与奉献精神，经营者也就不可能获得成功。因此从敬天爱人的角度出发，企业应该“在追求全体员工物质与精神两方面幸福的同时，为人类和社会的进步发展做出贡献”。稻盛和夫的管理哲学首先是一种人生哲学，他将个体的人生感悟与天理良心相对照，进而推及其企业经营的实践当中。稻盛和夫经营哲学的“简朴性、实践性、道德性、辩证性”这四个特征，都体现了其“敬天爱人”的管理思想。“敬天爱人”可以看作是稻盛和夫及其企业将自我责任向社会责任感转化的动力。2010 年，稻盛和夫以 78 岁高龄零薪水入主已申请破产的日本航空公司，就是此种责任感的生动体现。可以说，这是稻盛和夫几十年经营企业所获的管理心得，也是其经营思想能够上升到哲学高度的唯一前提。

2.“心灵经营”之道

稻盛和夫指出，无论做人还是做事，讲求的都是用“心”。心理作用是影响一切的根基。企业只有对“心灵”进行经营，才能使员工感到自身的幸福与公司的发展是紧密联系的。只有坚持为全体员工谋求物质和精神两方面的幸福，并以此为企业的奋斗动力，才能使全体员工与企业同心协力，共同前进。

稻盛和夫认为，办企业和做人一样，都应遵循一些伦理准则，比如“敬天爱人”“诚实公正”“满招损，谦受益”等。为了思考人生和社会，他甚至一度遁入佛门。中国著名学者季羡林先生曾如此评价稻盛和夫：“他讲他成功的历程，讲他对人生的看法，讲许多与他的本行陶瓷业有关或无关的问题，到处洋溢着表面浅显、实则深刻的哲学思维，说来头头是道，娓娓动听。”稻盛和夫认为企业最重要的有三个要素：专业人才、金钱、技术。在这三者之中，人才又是最重要的。他坚信只要能将拥有朴素、开朗的心的人才齐聚一堂，让大家团结一致，就一定能够成就大的事业。稻盛和夫建议领导者的选拔标准应是“德高于才”，也就是居人上者，人格第一，勇气第二，能力第三。他还认为，热爱是点燃工作激情的火把，成功的人往往都是那些沉醉于所做之事的人。

3. 全员参与型经营理念——阿米巴经营

阿米巴原虫是一种可怕的食脑寄生虫，这种虫子可以向各个方向伸出伪足，形体也因此变化不断，因此也被称作变形虫。稻盛和夫把这个词拿来形容那种可适应环境形势变化的革新性组织模式。

所谓阿米巴经营模式，就是将整个公司分割成许多个被称为阿米巴的小型组织，每个小型组织都作为一个独立的利润中心，按照小企业、小商店的方式进行独立经营，在公司内部不断培养具备经营者意识的人才，实现全体员工共同参与的全员参与型经营。比如说制造部门的每道工序都可以成为一个阿米巴，销售部门也可以按照地区或者产品分割成若干个阿米巴。阿米巴经营不仅是进行现场改善的工具，而且是一套极其合理的、完整的管理体系。实施阿米巴经营有两个前提条件：企业领导人具备应有的伦理道德（经营哲学）；必须确认人们一致认同的正确的“经营哲学”，并依据这种哲学构筑“经营管理体系”。阿米巴经营可以实现三个目的：确立与市场直接挂钩的分部门核算制度；培养具有经营者意识的人才；实现全员参与。其核心目的是培养经营人才。阿米巴经营成功的关键在于通过这种经营模式明确企业发展方向，并把它传递给每位员工。因此，必须让每位员工深刻理解阿米巴经营的具体模式，包括组织构造、运行方式及其背后的思维方式。如果员工对于阿米巴经营没有一个正确的理解，其结果就会流于形式，出现以自我为中心，为了自己阿米巴的利益而损害其他部门利益的情况，也有可能会因为达成目标的压力过大，而导致员工心理疲劳。

阿米巴经营模式源于稻盛和夫创业早年的困境。稻盛和夫创业之初只有 28 个人，当公司规模发展到 100 人以上时，既负责产品研发又负责销售工作的稻盛和夫感觉已经无法掌控公司，因此非常希望自己能有“分身术”来帮助完成工作。“分身术”当然不可能有，但是却可以自己创造“替身”来分担工作。具体的做法就是将公司细分成若干个小集体（阿米巴），从公司内部通过选拔的方式遴选这些小集体（阿米巴）的领导人，让小集体（阿米巴）内的每一个领导者都有充分的授权和主导性。而随着企业的不断壮大，这些小集体（阿米巴）还会继续分裂和变形。从本质上来讲，这是一种放权管理的行为。稻盛和夫认为这个过程中人心的凝聚力是成功的关键因素，“人体内部的数十万亿个细胞在一个统一的意志之下相互协调，公司内的数千个阿米巴只有齐心协力，才能够使公司成为一个整体。”“领导人的公平无私是调动员工积极性的最大动力，也是实施阿米巴经营的首要条件。”

稻盛和夫常说：“君子爱财，取之有道”，“君子散财，行之有道”，“这是利他之心的回报，为对方着想似乎伤害了自己利益，但却会带来意想不到的成果。”在近半个世纪的时间里，稻盛和夫亲身经历了好几轮经济周期，每当经济不景气的时候，他都会专注于研发，去探究各种新业务、新产品的可能性，KDD[①] 便是他在经济不景气阶段所创立的新业务。凭借胆识和远见，稻盛和夫总能使企业不断在逆势中成长，他的管理思想对日本企业管理影响至为深远。

“经营四圣”只是“二战”后日本出现的为数众多的企业家群体中最具有代表性的典型，除了他们之外还有盛田昭夫在索尼的合作伙伴井深大、“丰田生产方式”的创立者丰田喜一郎和大野耐一、拯救了东芝的土光敏夫等。这一群体尽管在年龄上略有差异，但是创业的时间大致相当，经营思想也存在着很大的相似性。他们的思想更多地是建立在追求崇高的个人道德完善这一人生哲学基础上的，将人生追求和企业经营目标相结合是其经营管理思想的突出特色。他们都认为，经营哲学和管理思想是企业的根本，也是企业能够走向卓越的关键，只有在明确的管理思想指引之下，企业才能够达到理想的境界。而作为企业家个人来说，实现经营目标的工作过程，也是其不断追求自我价值实现、获得人生快乐的必然路径。基于“经营四圣”在“二战”后日本式管理生成中的重要作用，他们经营哲学当中具有共性的部分可以被看作是日本式管理的基本特质所在。

“经营四圣”对现代企业管理思想的东方式解读与探索，以其成功实践的坚实力度证明了以下既浅白又深刻、既混沌又透明的东方式哲思：人并不是纯理性动物，更多的是带有浓重情感色彩的“非理性”生物。对生命意义的追求，是完整人性的一部分，当人的基本需要已得到满足以后，就会受到超越性动机的强烈驱动。满足不了超越性动机的需求，就会产生病态的人群。人只有超越自身的局限，在一个更广阔的世界、一个更广大的关系网络中观照自身时，才会体会到生命的意义，所以说人只有在真正的创造中，在创造与整个人类的关联中，在创造体验的神秘与宇宙相连的情感中，才能进行自我的超越，寻找到

① KDDI 是一家在日本市场经营时间较长的电信运营商，前身是成立于 1953 年的 KDD 公司。经过多年来不断的兼并与重组，最终于 2001 年 4 月正式改名 KDDI，在 2012 年《财富》世界 500 强排行榜中位于第 220 位。

生命的意义。

至于说到超越的形式，在远古是开疆拓土的业绩，是武力征服的英勇，那么工业文明时代以来则是人类智慧的较量。对大多数普通人而言，这一较量的平台便是在实业界出人头地。

大部分当代人的一生都生活在企业里，很少会有人从事别的创造性活动，“企业”这一平台往往决定了一个人的生活水平、社会地位、社交圈子、生活趣味、思想方式、生活信念。它成了生活其中的人唯一施展才能的人生舞台，成了为当代人的超越性动机提供舒展空间的主要场所。在今天，可以说是企业塑造了一个人。因为企业在当代人的生命中占有如此重要的地位，所以企业就必须使职工生活得有意义，必须为职工提供施展才华的机会。卓越的企业之所以每每提起来让人敬佩，让人激动，就在于它在这一片“见物不见人”的理性主义教条式说教中，在人人都为钱而两眼通红的喧嚣里，顽强地带领着它的职工去寻求生命的意义，去实现生命的价值。

任何现代管理理论，最终目标无不是通过揭示企业中人的行为规律，依循它，运用它，从而导向工作的高效率。一个企业的活力不会源自它的组织结构形式或管理技巧，而只能来自其价值观对全体员工的感染力，来自全体员工坚守这种信念所体现出的强烈的协作精神。这种价值观常常体现为一种崇高的目标和宏大的抱负，内涵丰富，富有意义，能够激起从高层到基层成千上万职工的热情。当每个人都去追求同一目标时，人类爆发的创造力是难以想象的。

文艺复兴运动在短短的一个时期内就推涌出那么多人类精神的巨匠，在各个文化领域里创造出许多前无古人甚至迄今尚无来者的辉煌成就，这都应归功于那个时代特有的文化环境：那种人本身可以自由舒展的空间；对任何形式的虚伪、谦恭都很不擅长，从不害怕与众不同的特立独行的时尚。这是一种给生活于其中的每个人行为以一种支持的文化环境，当一个企业有着追求创新、质量、服务的文化传统，也就给了生活于其中的人们以最自由最广阔的舒展这方面才能的空间，追求这些目标就会成为一种崇高的道德表现，一种蔚然成风的风尚。

第二节　日本式管理的文化渊源

马克斯·韦伯说过："在任何一项伟大事业的背后，必然存在着一种无形的巨大的精神力量。犹为重要的是，这种精神力量一定与该项事业的社会文化背景有密切的渊源。在一定条件下，这种精神力量决定着该项事业的成败。"以"经营四圣"为代表的日本式管理另辟蹊径的意外成功，其奥秘恐怕就与日本民族特有文化传统的协力助推不无关系。

日本文化的形成具有相当的复杂性。从文化形态的成熟度上看，它自身缺乏一种可与西方的基督教、中国的儒教和印度的佛教相媲美的主体意识形态。明治时期的日本思想家中江兆民就曾发出抱恨之叹："我们日本从古代到现在，一直没有哲学。""没有哲学的人民，不论做什么事情，都没有深沉和远大的抱负，而不免流于浅薄。"日本著名思想家、东京大学名誉教授中村元也说："日本人的思维无论以哪方面来说，都是非逻辑的，缺乏逻辑的、有条理的思维能力，逻辑学没有得到发展。"而在20世纪50年代中期，被誉为战后日本"最大的知识分子"的加藤周一[①]甚至提出了"日本文化杂种论"之说。实际上，"在日本历史上有过三次重大变革，一是'大化改新'，谓之'唐化'；二是'明治维新'，谓之'欧化'；三是'战后民主改革'，可以称之为'民主化'。"这其中，"唐化"是对唐宋以后"新儒学"为主体的中国传统文化的学习与吸收；"欧化"则是对西方文化的追慕与仿效；而"民主化"则是"二战"后在美国管制下的全面改造与革新。通过三次历史性的脱胎换骨，日本最终完成了其现代化的进程。这其中，日本民族面对不同的外来文化，通过学习模仿、消化吸收和融合创新，完成了对印度佛教、中华唐宋经典文化（主要是"新儒学"和中

① 加藤周一，日本思想家、文明史学家、评论家、小说家。1919年生于东京都，1943年毕业于东京大学医学部。20世纪50年代中期，提出"日本文化杂种论""日本集团主义文化"，并推出力作《日本文学史序说》，成为日本思想和文学研究的经典，他本人则被誉为当代日本"百科全书式"的学者。

国禅文化）、欧美文化（主要是美国文化）与其本土“神道教”的混合集成，形成了自己富有个性色彩的文化传统，日本的国民精神和民族性格也逐渐塑型。因而，当代日本文化应属一种杂糅文化。这是日本现代企业管理最为直接的思想渊源。

作为杂糅文化的现代日本文化虽有诸多短板，但是因其具有的重学习模仿兼具综合再创造的特点，并没有沦为某种外来文化的次级文化（亚文化），也不是一个杂乱无章的“混沌文化”，它在对外来先进文化的模仿吸收创新过程中，依然确立并始终保有了自己的诸多文化底色，甚至可以说保有了自己的文化主色调。像被公认为日本式管理三大特色的终身雇佣制、年功序列制和企业工会制①，就无疑带有明显的日本文化底色——源远流长的“神佛习合”的宗教伦理、独特的“集团主义”价值观和“武士道精神”浸淫的职业操守。

一、“神佛习合”的宗教伦理

据 2009 年日本文化厅《宗教年鉴》披露，日本有 1.06 亿人口信仰神道教（2010 年日本总人口为 1.28 亿，其中包括 170 万名在日外国人），登记的神社法人团体 85234 个（早在明治时代，大大小小的神社甚至多达 18 万个之多）。关于日本“神道”的记载，最早源于《日本书纪》“用明天皇纪”（用明天皇是日本第 31 代天皇，于 585—587 年在位）中的“天皇信佛法尊神道”。上古的日本人认为“人”有为人之道理，谓之“人道”，同理，来到人间的“神”也有取决于宇宙和地球那样为“神”的“神道”。日本人有自然信仰和祖先崇拜并行的习惯，信仰和祭祀“天神地祇”。从日本《古事记》和《日本书纪》的记载看，“天神”也称“天津神”，即天上之神，住在天之上的高天原。天照大神是太阳神，是统治其他诸神的最高神，被奉为日本天皇的始祖。“地祇”包括属于地面上所有自然物的神化者，包含土地神、社稷神、山岳、河海、五祀神，以

①詹姆斯·阿贝格兰（James C. Abegglen），在 1955—1958 年对日本大、小企业进行调查后，在《*The Japanese Factory*》（中译名《日本式经营》）一书中，率先用公司与员工的“终身雇佣制”、以服务的年限和业绩为基本依据晋升级别的“年功序列制”、以公司与劳动者协作为终极目的来协调劳资关系的“劳动组合”（相当于工会）这三大企业特色来概括日式企业的特征。

及百物之神。日本原生的神道文化认为自己是“大日本神国”，注定不同于一般国家。撰写于14世纪的《神皇正统记》最早汇集了流传已久的所谓“神国”思想，这种“国体特殊论”又通过对所谓“万世一系”的天皇的神化来表述“日本至上”的观念，使“日本人将对于种族、文化、国家的感情融为一体，对于本国及其传统文化怀有强烈的优越意识”。这种“神国意识”在日本近代的崛起进程中焕发了独特而巨大的精神能量，在当代日本经济起飞之时的企业运营过程中也发挥了令欧美同行惊叹不已的神奇魔力。

神道既供奉祖灵，祭祀往生，也十分突出“现世主义意识”。信奉者相信其与神之间有强烈的连体意识。日本人祈祷万物之神不仅是祈祷和许愿个人的某件事，如身体健康、考试成功、就业顺利等，他们更多的是相信神能护佑由地缘、血缘或共同职业而结成的共同体，包括部落、村庄乃至国家，以及各类职业团体。例如，京都伏见稻荷神社是祭拜农业的总神社，除了祭拜神保佑农业之外，稻荷神社的功能还扩展为殖产兴业神、商业神、房屋神等，渗透到全日本的工商业等阶层。全日本这类神社约3.2万个。这一宗教意识对后世日本人“集团主义”价值观影响殊深。但是神道没有教义，也没有明确的祭拜规范，至今神道还只停留在原始宗教的水平上。究其原因是神道还没有来得及发展成熟、还没有出现有文字的教义与严格的祭祀规范时，就被外来的佛教打断了它自然演化的进程。

佛教是在538年传入日本的。产生于公元前6世纪古印度的佛教，提倡“众生平等”，认为人活着就是受苦，受苦的根源在于人的欲望，只有消除欲望，才可以免除痛苦，因而佛教主张“万事皆空”。佛教同时还认为世事无常，主张忍耐顺从。佛教徒的修行，就是期待死后可进入“极乐世界”。佛教为日本社会孕育了丰富的文化资源，佛教的思想对日本民族的想象力、直觉领悟力和审美情趣等都有极大的深化作用。这一宗教意识（包括佛教中国化的产物——禅文化）对后世日本人以“武士道精神”为代表的国民心理构造和民族性格浸淫颇深。

综观日本总人口以及信仰神道和佛教的人口，可知其中有大量的人是重叠信仰的（根据1981年日本的宗教统计，日本全国宗教教徒共达2.0927亿人，是日本人口总数的1.8倍。这说明大多数日本人信仰两个以上的宗教）。其原因之一是本土的神道教没有严格的教义和教规，容易与其他宗教并存重合信仰，而日本的佛教又没有那么多严苛的禁忌，“神佛习合”也就成了很自然的事了。原因之二，佛教与神道的信仰区别恰可形成互补：神道信仰万物之神是保佑由地缘、血缘、职业等组成的“共同体”的；佛教则祈祷菩萨拯救“个人”的灵魂，使个人安心立命。两种信仰不仅没有冲突反而相互补位，再加上神道教在教义深邃缜密的佛教进入日本时还处在较为原始粗疏的阶段，于是神道与佛教融合，神道的万物之神对“共同体”和“共同职业”的保护和佛教拯救“个人灵魂”、主张“万物皆空”的信仰共同构成了日本人基本的、普遍的宗教信仰。而作为信仰层面的佛教与神道，也就逐渐渗入到日本人的世俗生活当中。

日本人自古以来就相信“业”（家业、家产）是神的“赐物”，是以天皇这个“半人神”的名义授予的，是“社会和自然的信托”之物。神、佛交融互补的宗教伦理更孕育了日本人信奉家族企业并非个人私有的财产，而是属于最重要的利害关系人，也就是全体员工。业主只是先祖传下来的“业”的管理者，因此“业”的繁荣、发展和“无误”地永续传承，是家主的重要职责。这就是所谓财产“社会信托”理念[①]。

在日本，“家”或“店”是由家主一代一代“无误”地传给子孙后代的神圣的、权威的组织，家主只是其组织中的一员，即“家主只是祖先的‘手代’（掌柜）”。所以，先祖定下的包括业种、业态、生活的规范，是不可动摇的，甚至是“绝对化”的，家主及所有从业人员都有遵守的义务。[②]美国经济学家詹姆斯·阿贝格兰在考察了“二战”后的日本后总结了这么一段话：“日本企业并不是单纯以替股东和经营者创造利益为目的而存在的经营组织，企业是全体员工的生命共同体。”这跟欧美那些追求企业主利益最大化的“经济型”企业是完全

① 日本资本主义不同于欧美“财产私有”的理念，日本的企业家们认为企业是社会和自然界的赐物。日本人信奉财产是“社会信托”的理念，支撑这一理念的是其背后的神道教与外传进入日本的佛教交汇融合的宗教伦理。——西野喜与．住友コンツエルン読本（住友财阀读本）［M］．东京：春秋社，1937：9–11．“日本企业并不是单纯以替股东和经营者创造利益为目的而存在的经营组织。……企业是全体员工的生命共同体。”很明显，这与追求利益最大化的欧美企业价值观是完全不同的。——官文娜．日本企业理念与日本宗教伦理：以近世住友家法为中心［J］．开放时代，2014（1）．

②参见吉田丰《商家の家訓》及官文娜《日本住友家业的源头与家业继承——日本人的“家”与“家业”理念的历史考察》。

不同的，这是一种根植于日本宗教伦理的企业理念。在这样的企业理念下自然会产生与西方不同的企业运营和管理模式。

远自明治维新开始，为使日本企业走上资本主义现代化的道路，日本政府开始把大量的企业廉价卖给私人。恰在此时，武士阶级的特权被废除了，大量的武士随即顺势涌入了工商界，加之原来的很多企业主本身就是武士出身，这样，新兴的企业家阶层就主要是由原武士阶层构成。这些受神道思想和佛教教义熏陶的新兴（武士）企业家，遂顺理成章地将其宗教信仰注入其所管理企业的经营哲学之中，日本宗教伦理和企业文化的真正结合也就由此展开。

延至当代，日本企业家也普遍把宗教思想融入到自己的经营哲学之中。像“产业报国、以社会责任为己任、和睦相处、上下一致”等思想，正是神道“忠”和儒教“和”之思想在企业层面的生动反映。在日本大多数企业的经营哲学中，绝不会将“赚取利润”这一任何企业皆须达成的目标置于首位。相反，他们更多强调的是企业对社会、国家乃至全人类应负的责任。如松下电器公司就把“产业报国”放在第一位；丰田公司的社训第一条是“上下同心协力，以至诚从事业务的开拓，以产业的成果报效国家”；日本 TDK 则将公司精神表述为“创造：为世界文化产业做贡献”；而丰田公司直接将宗教意识导入经营哲学里：“尊崇神佛，心存感激，为报恩感谢而生活”。除经营哲学之外，日本企业的一些常规管理活动也带有浓厚的宗教色彩。在松下公司，它的每家分社都设有一个神社，专门用来供奉神灵，公司的高级职员每周都要来这里，由主持神社的和尚给他们讲法以净化心灵，从而可以更好地贯彻执行公司的经营指令。在日本企业家的言谈话语中，也处处体现出诸如“因果报应”“顺应同化”这样的宗教精神。他们用这种充满灵性的宗教手法来解释企业与社会、员工与上司以及员工之间的相互关系，强调必须以“仁爱”的态度来对待人际关系，而企业贯彻这种以人为本的管理宗旨便是“和”的精神的体现。利用宗教活动，日本企业家把下属的思想引导到了他们所希望的理想境界，从而在企业内部形成了高度统一的思想价值体系，很好地协调了企业内部的各种关系，避免了组织内耗的产生。由于历史上形成的宗教信仰的多元化和兼容性，日本员工对这种充满“复合宗教色彩”的管理思想也极易接纳，宗教信仰也就构成了日本企业文化的重要组成部分。它给员工精神上所带来的向心力、凝聚力也就远非任何其他组织元素所能企及。从一定程度上说，没有宗教信仰就没有日本企业文化，这是日本独有的“企业宗教现象”。

“二战”后，美国占领军司令部强行解散了包括三菱、三井和住友在内的大财阀，摧毁了日本军国主义国家赖以生存的由财阀控制的经济命脉，自由竞争的资本主义市场经济体制得以在日本最终确立。同时，美国占领军司令部严格推行政教分离，宗教（主要是神、佛两教）不可干预政治，政治也不可利用宗教。这是日本战后走上现代资本主义民主国家的重要举措，也最终促成了日本企业得以在自由竞争的市场环境中向现代工业化的道路迈进。但是，这些措施并没能触及日本企业内部的管理和运营机制，即便在经济长期不景气的时代，日式企业最核心的终身雇佣制也没能被真正动摇。据 2003 年 7 月《朝日新闻》对包括各类产业的百家大型企业的调查，有 88 家企业赞成维持终身雇佣制，认为维持有困难的仅有 12 家。NHK 电视台自 1999 年就开始针对终身雇佣制做民意调查。自调查以来，赞成这一制度的比率一直呈逐年增加态势。这一现象正如阿贝格兰所指出的：日本社会的基本价值观早在二千多年前就已经确立，不会那么容易被改变，日本企业的人事管理制度依循的基本价值观也不曾改变过。到目前为止，全球持续存在 200 年以上的企业有 8786 家，其中日本就有 7831 家，德国 537 家，荷兰和法国分别为 222 家和 196 家。阿贝格兰认为，正是日本人“对企业、集体需要专注而漫长的经营”的独到理解，才造就了如此众多的“生命型”企业。这也说明，支撑日本企业经营理念的神、佛交汇融合的宗教伦理，并未因时代变迁而面临危机。“一个社会经济主体的主要运营模式，必然是一种社会理念本质性的表现。反言之，一种社会理念也一定化为社会经营主体的外在运营模式。日本企业的终身雇佣制、年功序列制和劳动组合是日本以维持企业共同体的永续生命为经营目的的企业理念的外在运营模式。”它迄今仍然具有相当的生机和活力，并将继续在日本企业的管理和运营中发挥持久的作用力。

二、独特的“集团主义”价值观

对日本问题素有研究的美国历史学家埃德温·赖肖尔[①]说过：“一般地说，日本人与美国人或西方人的最大差别，莫过于日本人那种以牺牲个人为代价强调集体的倾向。”北京大学日本史专家王新生也认为日本文化最大的特征是“集团主义”精神。1987年日本文部省资助的《东亚经济社会发展和现代化的比较研究》课题报告也认为，与儒教伦理相结合的“集团主义”是日本经济发展的重要原因。而构成“日本现代企业经营管理不可缺少的三个有力支柱”的终身雇佣制、年功序列工资制和企业内工会——这一日本式企业管理的突出特色，也恰恰是日本企业“集团主义”价值观在制度和社会意识层面的有力体现。

“集团主义”的价值观认为：当个人在处理自己与集团（小至家庭，中至企业，大至国家）之间的关系时，应当以集团的整体利益为重，不能因为个人的得失计较而损及集团的整体利益。要争取做到两者的相互协调，必要时要能损私济公、灭私奉公。日本的“集团主义”价值观正持此解：一个团体（集团、群体）内的所有成员要在感情上相互支撑，在行动上相互协作，在事业奋斗中休戚与共。日本的“集团主义”价值观突出日本文化中的“和”，把集团看成是一个大家庭般的命运共同体。日本人具有强烈的对群体、对集团的归属感，对集团有强烈的忠诚意识和奉献精神。他们工作认真，一丝不苟，严守纪律，笃信敬业精神。这种源于“集团主义”价值观的团队精神是日本企业激发出超凡竞争力，战胜欧美同行的“东方秘器”。1984年《日本经济白皮书》曾总结道：“在当前政府为建立日本产业所做的努力中，应该把哪些条件列为首要的呢？可能既不是资本，也不是法律和规章，因为这二者本身都是死的东西。……如果就有效性来确定这三个因素的分量，则精神应为十分之五，法规占十分之四，而资本占十分之一。”可见“集团主义”价值观这样的精神因素对日本战后的崛

① 埃德温·赖肖尔（Edwin Oldfather Reischauer，又译作赖世和，1910—1990年），1961—1966年任美国驻日本大使，是美国公认的日本问题专家。出生于日本东京，16岁之前在日本生活。著有《圆仁唐代中国之旅》《生活在美日之间》《日本人》《当代日本人——传统与变革》等。

起贡献之大。

日本的“集团主义”价值观在企业文化塑造中的一大体现，就是“塑造秩序和权威的等级文化”。曾撰写《菊与刀》《文化的类型》《种族：科学与政治》等书的美国著名文化人类学家鲁思·本尼迪克特曾指出：“在日本民族有关人际关系以及个人国家关系的整个观点中，他们对等级制度的信赖乃是核心地位。”“各守本位”是描述他们等级思想的关键词。在人际关系中，每个人都有其在社会阶层中的地位，每人都应安守其地位，享受其地位应得的权利，履行该地位所要求的义务。一个人必须向地位高于他的人表示敬意，而地位高的人也不得侵犯地位低的人的权利，否则地位低的人的报复便是正当的。一个人要成为有德行的人，就必须报恩。由于报恩意识的存在，人与人之间就产生了服从的关系，比如子女要服从父母，下级要服从上级，人人都要服从天皇。日本是“唯一真正彻底的等级国家”。日本著名人类社会学家中根千枝关于日本“纵式社会”的论述也展现了日本文化中等级观念的存在及影响。日本的等级文化有两个基本的特征：一个是中根千枝所强调的“纵式结构”，人们在集团中依据一定的标准排列出序列——在日本人的家庭及人际关系中，年龄、辈分、性别、阶级决定着适当的行为。另一个则是在这种制度下对权威的服从——日本人会不自觉地意识到自己的等级，同时按照等级来区别对待事物和他人。日本的崛起就有赖于这种“塑造秩序和权威的等级文化”为其提供稳定的秩序和保障。

天皇及其万世一系本来是日本原始的宗教宣传及被神化了的历史记忆，但在对权威和秩序尊重的文化中，近代日本却构建出了一个以天皇为中心的稳定的等级体系，而日本国民也从中获得了稳定的安全感和凝聚力，甚至把它演绎成一种忠诚的信仰力量。由于等级意识和对权威的崇拜，等级制下的日本民族基本安分守己，各阶层会听从居于其上的阶层的安排，按部就班地去履行其义务以求达到目的。日本也因此具有了很强的凝聚力和稳定的秩序，这为其以“集团”形态焕发出惊人的爆发力和竞争力提供了原动力。“二战”以后的日本文化虽在美国的强力改造下发生了某些变化，但是传统的等级文化却依然深植民心，未见显著改观，并且在日本战后的崛起中发挥了显而易见的推涌作用。

日本的学生从小就接受“集团主义”教育。小学教育培养学生以“集团主义”为核心的基本生活习惯、自我控制能力、遵守公共道德和日常社会规范的态度，以及爱故乡、爱国家的感情和爱他人的情操，并使其形成基本的行为方式，从而为其日后走向社会打下牢固的基础。

日本企业伦理的核心是“企业集团主义”，其实质上就是企业中心主义。在企业中，企业的生存总是优先于个人，企业内对“和”的强调超越了对员工个人个性和创造力的尊重。很大一部分日本企业员工都不太注意自己的健康，也把与家人的团聚置于其次，为了企业，也为了自己的前途，他们可以不间断地辛勤劳作。他们注重的不仅是规则，还有他人的督促和评价。正如竹内靖雄在《正义与嫉妒的经济学》中所指出的：“对大多数日本人来说，个人主义不是指追逐最大限度的利益或‘自我实现’的‘强式’个人主义，而是‘在给定的条件下首先考虑将不利益减到最小的‘弱式’个人主义。因为大胆地坚持个人主张，将会导致与所处境遇发生冲突而受挫的重大不利益局面出现，为了避免这一点，日本人考虑的就是‘在这一给定的情况下我能做什么’。”可见，日本人的勤劳精神其实是“企业集团主义”的产物，是它的外在表现形式。在“企业集团主义”营造的组织氛围下，调动员工积极性的原动力一方面是合理的奖惩制度，另一方面则是来自他人的无意识监督。他人的评价以及对此的个人认知，是“企业集团主义”所强调的激励方式。日本企业员工要实现其价值就必须经受两种检验：一是企业集团的评价；二是他人的评价。而要达到这两项标准，员工就必须以牺牲自我为前提。为了获得一个较高评价，他们不惜忘我投入工作，如能获得较高的评价，即便“过劳死”也觉得死得其所；反之，则宁可“保节自杀”或“以死谢罪”。日本商界非常流行自杀，特别是在银行界，各类经理更是自杀成风。这种精神过劳死无疑与日本的这种“集团主义”氛围有很大关系。

日本“企业集团主义”催生的员工对集团的献身精神常常达到了让人匪夷所思的境界。究其原因，依存心理是日本“集团主义”文化的最大诱因。只有置身于某一集团或者潮流当中时，日本人才会感到心安理得。日本“集团主义”文化成功地对其员工灌输了这样的理念：没有对企业的忠诚信仰，人对工作的热情就会丧失。只有以勤劳为天职，才能在工作中找到人生的乐趣，也才能长久与发展的企业共存续。所以，对于加班加点地工作，日本人从无怨言，工作到深夜也是常有的事。根据资料统计，日本工人一年的劳动时间至少比欧美国家多出几百个小时，而且大部分都是自愿无偿地加班。从 20 世纪 50 年代到 80 年代，日本每小时劳动生产率在全世界一直处于领先地位。即使在经济高度发达的今天，夜里 11 点仍在亮着灯的办公楼里熬夜加班的东京上班族依然比比皆是。“工作热情高涨乃至达到狂热的程度，是当代集团效忠意识最明显的日常表现”。正是在这样的服从集体的意识下，索尼（SONY）公司 1955 年到 2003 年营业总额增长了 8350 倍，拥有了近两百家的子公司；富士通和日本电气股份有限公司（NEC）的营业总额在同一时期也增长为过去的 1400 倍。而从 1950 年到 1990 年，短短 40 年间，日本的国民生产总值也增长了 152 倍。可见，集团意识已成为日本民族根深蒂固的文化心结，在对日本人的思想和行为深度调校的基础上，激发了非比寻常的工作效率。

当然，日本企业的“集团主义”价值观并不单方面反映在员工个人对企业的献身和付出上，相应地，它也体现于企业在制度设计、政策制定和文化氛围的培养等方面对员工身心的抚慰、感化和殷切关怀上。东京住友公益财团法人的常务理事和事务局长（秘书长）宫川康雄 2010 年年初在回答“住友如何培养员工忠诚心”时就说过：我们做到了两条，一是我们实行终身雇佣制，解除了员工的后顾之忧；二是我们尊重每个员工，把他们安排在适合他们的岗位上。也就是说只要员工没有犯要害的错误，公司是不会随意解雇员工的。终身雇佣的核心精神在于解除员工的后顾之忧。因此，直至 20 世纪 80 年代，终身雇佣制一直是日本大中企业的主要雇佣方式。

20 世纪 90 年代中期，为了摆脱经济不景气，许多大中企业甚至包括大学也曾转向学习欧美的管理方式，一度部分地废除了终身雇佣制。但是这一变革不仅没有换来日本经济的复苏，相反却因企业内部的技术员工跳槽，造成技术的突然断裂，更进而导致社会失业率增高，社会治安不断恶化。因此，近年来日本社会呼吁回归传统终身雇佣制模式的声浪空前浩大。据日本 NHK 电视台 2012 年 6 月的调查，希望被终身雇佣的企业员工比例达到 87.5%，比 2001 年高出 20%。不少企业甚至于 2008 年前后就开始谨慎地恢复终身雇佣制，京瓷社长稻盛和夫更是公开宣布全面恢复终身雇佣制。

实际上，日式企业的终身雇佣制是神道教保护“共同职业体内的雇员能够在自己的意愿下，长时期地参与企业的共同发展”这一宗教伦理的具体体现。是宗教伦理下特有的企业理念的产物，它证实了除新教伦理之外，尚有另一种同样可带来资本主义经济成长的“资本主义精神”。战后几十年日本经济高速发展，看似靠的是高质量的产品、高信誉的服务、高质素的竞争实力，但深究其因，它们都是日本人的“集团主义”价值观催生的团队精神和企业归属感的文化产物。

在日本，一般公司都会有全体员工一起祭拜的集团活动。有的大公司如南海电铁早在1953年就在高野山建起了公司自己的墓地，并建有公司的供养塔，公司历代的社长、雇员长年安息在这里。在高野山，目前已有90多家公司在这里建有墓地和供养塔。因为有的员工去世后葬在自家的墓地，因此有部分公司还设置接受墓地不在高野山的员工家属的“名片祭”。所谓“名片祭”，就是这些家属到了公司公祭日，就将自己的名片放进供养塔，以示参加了公司的“公祭”。由此可见日本企业在培育员工“集团主义”意识方面用心之深、手法之细！

日本的企业家大都信仰佛教的“万物皆空”，在管理理念上也没有试图把企业资产完全据为一己所有：日本企业董事和高管与员工的工资比率也可以让人信服这一点。现在日本企业董事的薪资大约是一般员工平均薪资的6—10倍，在大企业中，主管级人员的薪资和红利合在一起是一般员工的2.5倍，这一现象自20世纪70年代以来几乎没什么变化。但与此相对，2000年美国企业的首席执行官（CEO）年度所得却高达一般员工平均薪资的531倍。这不能不说是“企业属于最重要的利害关系人，也就是全体员工”的日本经营理念的一个具体而生动的体现，也是日本“集团主义”价值观得以在企业内部落地生根的强力催化剂。只有在这样的制度设计和管理示范下，员工们才会相信：企业的繁荣就是全体员工的繁荣。他们所忠诚的不是（至少不全是）雇主个人，而是企业全体成员共有共享的这份“事业”。员工们在参拜神社祈福发愿时，也才会衷心地祈祷神明护佑“自己的企业”繁荣永生。

三、“武士道精神”浸淫的职业操守

作为封闭的岛国，日本本土原生的文化思想无论同西方文化还是同其他东方文化相比起来，都显得幼稚而肤浅。但是从飞鸟时代[①]起，日本对于外来先进文明的学习模仿就一直没有停止过。神道、佛教、儒家朱子学都曾占据过日本文化的制高点。而在日本国民文化初步形成之后，来自西方文明的冲击和改造又历经了三次之多。通过对外来文化的吸收和对本土文化的改造，在多元文化的共同作用下，日本人的精神世界也逐渐丰富起来。而作为信仰层面的佛教与神道教，也逐渐渗入到日本人的世俗生活当中。进而形成了以“武士道精神”为突出代表的、散化为各个特定阶层职业伦理的社会道德标准，这也构成了日本式管理直接而重要的思想来源。

“武士道，如同它象征的樱花一样，是日本土地上固有的花朵”。早在镰仓时代，随着武士阶层社会地位的提高，日本逐渐形成了关于武士的伦理道德规范——武士道。起初，武士和主人在早期艰辛的生存环境下共赴危难时结成了一种“主从恩义”的契约关系，武士为主人征战，主人则回报恩赏。后来，又演化为一种主人、家臣、随从之间的依附与效忠关系。“忠”的道德伦理遂构成了这种封建关系的最高规范。初期，武士对主人的“忠”是建立在私利基础上的，即以主人的恩赏作为交换条件。1232年，镰仓幕府颁布了第一部也是当时日本最高的武家法典——《御成败式目》(《贞永式目》)，确立了臣民对封建主、武士对将军的绝对忠诚义务。同时告诫武士要敬神佛、尚勤俭、克己奉公、重视团体利益等。这一法典对武士的道德观念影响很大。广大武士在长期的社会生活中逐渐养成了忠勇、尚武、重视名誉、轻视死亡等本阶层特有的文化心理。再加上武士和主人的世袭情谊，就使得武士逐渐克服了自我的私欲，开始追求更高层次的自我实现，“为拼死战斗而结成的人际关系，不可局限于单纯的利害关系，需要拔高到新的精神境界。这种需要促成了武士道的形成”。武士道最终得以超越简单的主仆关系而进一步深化和升华，即确立为

① 飞鸟时代，约始于593年，止于迁都平城京的710年，上承古坟时代，下启奈良时代。——百度百科

主人牺牲一切的奉献精神。后来又经过与中国朱子伦理等新儒学的融合，武士道逐步转化为一种单方面的绝对效忠。武士把为主人战死作为自己的最高荣誉，在不能光荣圆满地完成任务时，则以切腹自杀的方式来体现对主人的忠诚。

“武士道精神”得以形成的最终动力是佛家思想尤其是禅宗思想的浸润。纵观佛教在日本的发展历程，不难看出：产生于中国、流传并光大于日本的禅宗，对“武士道精神”乃至日本的民族性格产生了重大影响。众所周知，日本受中国唐代的影响最深。而禅宗在中国的飞速发展正是始于初唐时期。佛教和中国的老庄学说融合到一起，这就形成了佛教中国化的产物——禅宗。禅宗强调崇尚自然，讲究自然，主张“自力本愿”，即依靠个人主观力量成佛，具有不立文字、教外别传、直指本心、见性成佛等简单易行的特点。在禅宗最饱满鲜活的阶段，天时、地利、人和三要素汇聚齐备，于是禅宗便漂洋过海传入了当时无限尊崇唐文化的东瀛列岛。赵宋以后，很多中国禅僧去日本传播禅宗，而这些禅僧本身也是艺术家，他们将禅宗、艺术和文化结合起来，这对日本文化造成了很深的影响。“佛教给予武士道以平静地听凭命运的意识，对不可避免的事情恬静地服从，面临危险和灾祸像禁欲主义者那样沉着、卑生而亲死的心境。”同时，禅宗“不立文字、见性成佛”“生死一如、万物皆空”“忘我”等理念，使得日本社会各色人等均可在参悟人生真谛的生命探索中，找到自己命运的归宿。因此，它得以在日本社会迅速地普及。禅宗思想就这样在对日本社会生活的浸润进程中传播发散开来。

注入禅意的“武士道精神”，在明治维新之后达到了其作为日本社会伦理影响力的巅峰。它不仅成为日本武士阶层共同遵守的行为守则，也进一步泛化成为日本民族内在精神和价值理念的基本来源。由于下级武士在倒幕运动中起到了主导性的作用，同时也因武士阶层已成长为明治维新之后日本走向现代化的社会核心力量，导致当时的“武士道精神”一度成为日本国民的全民信仰。“武士道精神”也突破了阶层限制，被作为全体国民精神的典范而加以推广，成为所有日本国民的共同精神追求。作为普通的日本民众，武士的精神境界和操行品德是他们向往追求的理想生活样板。他们希望在自己的能力范围内，通过像武士一样的苦修磨炼，达到自己人生的圆满和至善。因此，虽然在明治维新之后武士作为一个特定社会阶层已然消失，但是“武士道精神”却融入了日本国民文化的灵魂之中。

可以说，禅宗以外的佛教各宗派在日本文化史上所起的影响，仅限于日本人的宗教生活，而禅宗则超越了这一局限。随着历史的发展和沉淀，禅宗逐步深入到日本人文化生活的各个方面，无论是儒教、武士道、剑道，还是俳句、茶道、艺术以至对自然之爱，更进而熔铸到日本人的民族性格当中。日本学者铃木大拙在其《禅与日本文化》一书中曾指出：禅在日本人的性格塑造方面起着极其重要的作用，整个大和民族的文化都与禅息息相关，离开了禅，也就无法真正理解日本文化的精神内涵。像日本人追求绚烂一刻的审美心理，就与禅对其审美意识的影响有很大的关系。日本人喜爱和崇拜樱花，除了用它来寓意和抒发“集团主义”精神之外，很大程度上也带有追慕樱花般绚烂一刻的审美心理。绽放的樱花绚烂艳丽，然而却转瞬即逝。樱花是在其最美的时刻突然一下凋落的，日本人也由此获得“禅意”感悟，他们往往借樱花来比喻人生之短，崇拜樱花的一刻绚烂。这形成了日本人独特的人生审美心理。日本人“追求完美、重视名誉、急流勇退、剖腹自杀”等现象，无不与这种审美心理有很大关系。这种追求绚烂一刻的审美心理，无疑对日本人的人生信念和工作态度造成很大影响，也内化成了一种相对持久的搏命动力。这也是构成日本“武士道精神”的一个重要层面。

在现代商业文明社会里，“武士道精神”中的伦理规范特别是武士的“忠义”精神使企业的社会使命生发新意，从而推动了“家国一体”理念体系的形成；另一方面也将企业的伦理规范提升到了社会道德的层面，催生了自律精神的形成。日本企业家充分认识到了这一点，他们将传统的“为主人效忠”“对家长绝对服从”等观念成功演化为一种“一切为了企业”“做企业的忠诚战士”的企业文化。日本企业非常重视对员工忠诚心的培养，这在全世界都堪称楷模。比如，日本知名企业家稻盛和夫就提出，工作也是一种修行，就是说，一个人通过工作的修行，能悟出生命的真谛。他还独创了工作禅。在具体的管理实践中，日本企业还通过终身雇佣、员工持股、鼓励员工参与决策等方式，培育、维护和加强员工对企业的忠诚意识。在日本员工看来，忠于企业是他们一切行为的基本准则。为了忠诚于企业，日本员工往往将自己的人生托付给某个特定的企业，于是日本人也就演变成了一种“企业人”。日本企业活动的封闭性及由此形成的员工对企业的过分依赖性，使得许多日本人久而久之变成了只知道工作不知道生活的工作机器，除了企业安排加班外，如果当天工作没有完成，他们会主动无报酬地加班加点直到做完。这也可以更好地解释日本人远多于他国的“过劳死”现象。正如彼得斯和沃特曼在《寻求优势》一书中所指出的：“生产率这件事，并不在于日本人有什么奥秘，而纯粹是在于人们的忠诚心，在于他们经过成效卓著的训练而产生的献身精神，他们个人对公司的认同感。”

“神佛习合”的宗教伦理、独特的“集团主义”价值观和“武士道精神”浸淫的职业操守，这三种源远流长的日本文化传统，在日本走向现代化的跌宕起伏的历史进程中，已然演化成了弥漫日本全社会的道德戒律和散布在各个阶层的共有民族特性。它们在现代工业文明这一新的管理形势下，又演化成了能与之对接的若干职业心理素养——尽忠职守、义利兼顾、精益求精、止于至善，这些和凸显的日本文化传统价值接续的职业素养与欧美现代管理技术有机结合，遂共同促成了令人印象深刻的日本现代企业及其经营管理思想的塑型。

日本近代以来的三次崛起，每一次都是一项复杂而又艰巨的系统工程，成功的影响因素固然很多，但这其中其特有文化因素无形而巨大的推动作用则是不容置疑的。

第三节　组织文化中的人性差异

20 世纪 80 年代企业文化理论的兴起，标志着西方现代管理思想的一个重大转折。有学者指出，它实现了管理的四个转变：以机器为中心的管理思想向以人为中心的转变；以事务为中心的管理思想向以灵活经营为中心的转变；以硬规范、硬约束为中心的管理思想向以个性塑造为中心的转变；以短期目标和行为为中心的管理思想向以长期目标和行为为中心的转变。实际上，就此理论的价值理念和精神实质而言，还是如何看待和处理“人性”与“科学性”的矛盾——这一西方现代管理思想的内生性冲突的问题。自泰罗的科学管理思想提出以来，“企业中的科学使工人处于被动和依附的地位，而且从他们的工作中抽掉了一切思想。就是对工人最为关心的行为科学，也把人的行为等同于‘牛奶社会学’，对人像对牛一样，满足它是为了更多的牛奶”。西方现代管理思想始终没有摆脱“以人为工具”的“心魔”。认知人性、顺应人性，注重“科学性”与“艺术性”的均衡——所有这些“改良”举措都不过是管理手段的调整，或管理思想的策略性转轨，而非在管理思想的价值前提或终极价值上的改弦易辙与升华。

企业文化理论的“‘文化人’假说克服了以往将人与终极价值相剥离的弊端，蕴含了对人性悖论的超越性维度。因为，文化究其实质不再直接是人性的内部结构，而是外部社会历史的沉淀。在经历了对人性结构的艰苦探讨，呈现了诸多可能性之后，管理学又重新出发，它不再拘泥于‘是否具有确定的人性’这样一个认知层面的问题，而是在承认这一问题不可解决的前提下，追求以此为前提的价值和意义的问题了。以此为基础的企业文化学派强调营造企业内部共同的价值观、信仰体系、荣誉感、团队精神等，代表了当代企业管理颇具前途的一种发展方向”。

康德早就告诫人们，不要把人当成手段，应该把人当成目的，而且每一个人都是目的。旧管理理论在关心工人的后面是一副冷冰冰的实利面孔。而企业文化则相反，在迈向新理论的同时肯定人的价值。正是它对人的关心，才真正地发现了人。人是目的，这是最为激动人心之处。卓越的企业文化在塑造这种文化氛围时，表现了一种强烈的内在驱动力，一种生命的原冲动——寻找生命的意义。在这里，企业不再单纯是求生的场所，而是人们实现其生命意义的所在，企业应该为生活于其中的人提供生命的意义。——这正是企业文化最光辉灿烂的一点。

在20世纪80年代风行的企业文化理论热潮中，尤为引人关注的便是前面曾经提到过的艾德佳·沙因（《组织文化和领导》《组织心理》）、因其身份背景独异而见解非凡的日裔美籍学者威廉·大内（《Z理论》），以及美国学者彼得斯和沃特曼（《寻求优势》）。

一、艾德佳·沙因的组织文化理论

艾德佳·沙因（1928— ），美国麻省理工大学斯隆商学院教授。在组织文化领域中，他率先提出了关于文化本质的概念，对于文化的构成因素进行了分析，并对文化的形成、文化的进化过程提出了独创的见解。在组织发展领域中针对组织系统所面临的变革课题开发出了组织咨询的概念和方法。他的主要研究著作包括《组织文化和领导》《组织心理》等。

在20世纪80年代，随着日本企业竞争力的快速增强及对欧美企业经典管理思想的严重冲击，许多欧美学者开始对日本企业的管理特色及其深层机理展开研究，结果他们发现日本企业的文化特征是促使其企业强劲发展的关键因素。由此，西方管理学家开始对企业文化（组织文化）问题表现出前所未有的研究热情。一时间，各种研究结论令人目不暇接。

统括起来看，这些研究成果主要涉猎以下范围：

（1）人们进行相互作用时所被观察到的行为准则，包括使用的语言，或者为了表达敬意和态度时类似一些仪式的做法等。

（2）群体规范，如霍桑实验中所揭示的“非正式组织”的群体规范。

（3）主导性价值观，即组织中所信奉的核心价值观。

（4）正式的哲学，包括处理组织和其利益相关者如股东、员工、顾客的关系时，应该信奉的意识形态，以及给予组织中各种政策指导的一种价值理念。

（5）游戏规则，即为了在组织中生存而学习的游戏规则，例如一个新成员必须学会这种规则才能被组织中的多数人所接受。

（6）组织气候，即组织成员在与外部人员接触过程中所传达的组织内部的风气和感情。

（7）牢固树立的技巧，包括组织成员在完成任务时的特殊能力、不凭借文字和其他艺术品就能由一代向另一代传递的处理主要问题的能力等。

（8）思维习惯、心智模式、语言模式，包括组织成员共享的思维框架。

（9）共享的意思，即组织成员在相互作用过程中所创造的自然发生的一种理解。

（10）一致性符号，包括创意、感觉和想象等组织发展的特性，这些可能不被完全认同，但是它们会体现在组织的建筑物、文件以及组织其他的物质层面上。

沙因认为，以上所列举的这些文化内容都没有涉及文化的本质，而不过是更加深层的文化的表象。真正的文化是隐含在组织成员的潜意识里的。他认为文化是一个特定组织在处理外部适应和内部融合问题的过程中所学习到的，由组织自身所发明和创造并且发展起来的一些基本的假定类型，这些基本假定类型能够发挥很好的作用，并被认为是有效的，由此被新的成员所接受。

1992 年，沙因在他的名著《组织文化与领导》一书中，将组织文化定义为：“一种基本假设的模型——由特定群体文化在处理外部适应与内部融合问题的过程中发明、发现或发展出来的——由于运作效果好而被认可，并传授给组织新成员以作为理解、思考和感受相关问题的正确方式。”通俗点说，如果一个群体在解决内部和外部问题的过程中，共同拥有了大量重要的经验，并形成了共同的世界观，而这种世界观有着长期的作用并被认为是理所当然的，处于无意识状态，并支配着这个群体的共同行为，那么这个团体中的文化就可以称为组织文化。

沙因认为，组织文化和组织的领导者是同一硬币的两面。当一个领导者创造了一个组织或群体的同时，就创造了文化；而如果领导者对自己的组织文化无意识的话，他将被动地为文化所左右。所以，对组织领导者来说，理解自己的组织文化是必需的。而且，文化最好能够为组织的每一个成员所理解。沙因指出，如果我们不能够将组织文化作为应对变革的首要资源的话，所谓的组织学习、组织发展、有规划的变革等都将无从谈起。

1. 组织文化的三个层次

通过对组织文化要素三个层次的划分，沙因对什么是组织文化做出了精辟的解释。

（1）人工制品。人工制品是那些外显的文化产品，能够看得见、听得到、摸得着（如制服），但却不易被理解。

（2）信仰与价值。藏于人工制品之下的便是组织的信仰与价值，它们是组织的战略、目标和哲学。

（3）基本隐性假设与价值。组织文化的核心或精华是早已在人们头脑中生根的不被意识到的假设、价值、信仰、规范等，由于它们大部分处于一种无意识的层次，所以很难被观察到。然而，正是由于它们的存在，我们才得以理解每一个具体组织事件为什么会以特定的形式发生。这些基本隐性假设存在于人们的自然属性、人际关系与活动、现实与事实之中。

2. 组织文化的五个维度

沙因综合前人对文化比较的研究成果，将深层的处于组织根底的文化，分成以下五个维度：

（1）自然和人的关系，指组织的中心人物如何看待组织和环境之间的关系，包括认为是可支配的关系还是从属关系，或者是协调关系等。组织持有什么样的假定毫无疑问会影响到组织的战略方向，而且组织的健全性要求组织对于当初的组织／环境假定的适当与否，具有能够随着环境的变化进行检查的能力。

（2）现实和真实的本质，指组织中对于什么是真实的，什么是现实的，判断它们的标准是什么，如何论证真实和现实，以及真实是否可以被发现等一系列假定，同时包括行动上的规律、时间和空间上的基本概念。沙因指出，在现实层面上包括客观的现实、社会的现实和个人的现实，在判断真实时可以采用道德主义或现实主义的尺度。

（3）人性的本质，包含哪些行为是属于人性的，而哪些行为是非人性，这一关于人的本质假定和个人与组织之间的关系应该是怎样的，等等。

（4）人类活动的本质，包含哪些人类行为是正确的，人的行为是主动还是被动的，人是由自由意志所支配的还是被命运所支配的，什么是工作，什么是娱乐等一系列假定。

（5）人际关系的本质，包含什么是权威的基础，权力的正确分配方法是什么，人与人之间关系的应有态势（例如是竞争的或互助的）等假定。

沙因认为，组织文化决定了组织价值观以及在此价值观之下的组织行为。但是，组织文化作为深刻地隐含在组织深层的东西，要了解它是非常困难的。仅仅通过对组织构造、信息系统、管理系统、组织发表的目标、典章以及组织中的传说等物质层面的分析，能够推论得到的文化信息是有限的。两个组织结构完全相同的企业，它们的文化可能是完全不相同的。

3. 文化的生成和领导的作用

在解释文化形成过程之前，沙因首先提出了以下疑问：具有同样背景和经历的两个领导者所领导的企业组织，在相同的社会环境中进行生存竞争，在经过了5年或10年以后，这两个企业组织的文化为什么会完全不同呢？某种文化要素在新环境中已经没有任何意义了，为什么还能存在呢？尤其是组织领导者包括组织成员已经认识到这种文化要素必须要改革，但是它却还是能够存在下去，原因何在呢？

沙因将组织文化分为四类：

（1）权力文化。这样的文化中，领导权归少数人所有，并依赖于他们的能力。

（2）角色文化。这样的文化中，领导者和组织机构间的权力是平衡的，角色和规则被明确界定。

（3）成就文化。这样的文化强调个人动机和义务，并看重行动激情和影响力。

（4）支持性文化。这样的文化中人们的贡献是出于义务感和团结，人们之间的关系以相互依赖和信任为特色。

沙因认为，要解释组织文化的生成过程需要综合使用群体力学理论、领导理论和学习理论。利用群体力学理论——通过观察组织中的各种群体，说明在群体根底中潜在的个人之间的情绪过程，可以帮助我们解决诸如“对于某个问题多数人所共有的思考方法和在此之上的共同的解决方案”中“共有”的意思。因为所有对文化的定义中都包含着诸如被共有的解决方案、被共有的理解、被共有的共识等概念，可是人们的共有是如何发生的却没有被解释清楚。利用群体力学理论可以解释这个共有过程。领导理论中关于领导者的个性、类型对于集团形成的影响的研究结果，对于理解文化进化会有许多帮助。而学习理论是组织关于如何学习认知、感情、行为方式等的说明。因为文化也是被学习到的行为，所以利用学习理论可以对于文化的学习过程进行解释。

4. 组织文化理论应用结论

沙因在提出以上的理论框架后，分别应用这些理论对小群体中文化的出现、组织的创始者是如何创造文化的、领导者是如何根植和传达文化的等内容进行了论述。在其著作《组织文化和领导》中还专门探讨了组织的成长阶段和文化变革机制。

如何适应组织内部和外部环境的变化是企业组织经营过程中永恒的重要课题，特别是当今时代环境变化的速度越来越快，适应环境变化的重要性也越来越高。为了适应变化，我们需要从根本上进行改变，而不仅仅是简单地改变战略、组织结构、管理系统。企业需要具有新的思考方式和行为方式，可是这种新的方式却很难产生或很难生存。沙因对组织文化的研究为我们认识所在组织文化的深层本质提供了工具。

沙因在 1992 年承认，即便进行更为严谨深入的研究，我们也只能就组织文化的某些成分得出一些结论，我们不可能理解组织文化的全部。就如何了解和把握组织文化，他推荐了一种类似于心理医生对待心理病人的重复的、临床的方法。值得一提的是，沙因的这种组织文化的研究手段迥异于那些流行管理杂志鼓吹的各种时髦方法。

1996 年，在更新的一本书中，沙因又将组织文化定义为："一系列的内隐假设，有关一群人如何分享和决定他们的认知、思想、情感以及公开行为的程度。它借由组织成员的共享历史和期望，以及他们之间的社会互动的产出所形成。"

二、威廉·大内的《Z 理论》

威廉·大内（1943— ），美国加利福尼亚州立大学洛杉矶分校的管理学教授，从 1973 年开始转向研究日本企业管理。他从与美日两国企业界人士的广泛交往中受到有益的启发，在深入调查两国企业管理现状的基础上，于 1981 年写下了《Z 理论》一书。本书写作的原意是"如何在美国环境中实践日本式的企业管理"，试图回答"日本式的企业管理方法能否在美国获得成功"这一当时美国人极为关心的问题。

威廉·大内在《Z 理论》一书中分析了企业管理与文化的关系，通过对美日两国典型企业的比较研究，提出了 A、J、Z 三类组织的分类。美国式的企业管理模式为 A 型组织，日本式的企业管理模式为 J 型组织，具有美国文化背景而又学习日本管理方式的为 Z 型组织。威廉·大内从雇佣制度、决策制度、责任制度、控制机制、晋升方式、员工职业发展、对员工关怀七个方面对它们进行了比较研究。

A 型组织的特点为：短期雇佣；迅速的评价和升级，即绩效考核期短，员工得到回报快；专业化的经历道路（造成员工过分局限于自己的专业，但对整个企业并未了解很多）；明确的控制；个人决策过程（不利于诱发员工的聪明才智和创造精神）；个人负责（任何事情都有明确的负责人）；局部关系。

J 型组织的特点为：实行长期或终身雇佣制度，使员工与企业同甘苦、共命运；对员工实行长期考核和逐步提升制度；非专业化的经历道路，培养适应各种工作环境的多专多能人才；管理过程既要运用统计报表、数字信息等清晰鲜明的控制手段，又注重对人的经验和潜能进行细致而积极的启发诱导；采取集体研究的决策过程；对一件工作集体负责；人们树立牢固的整体观念，员工之间平等相待，每个人对事物均可做出判断，并能独立工作，以自我指挥代替等级指挥。

威廉·大内不仅指出了 A 型和 J 型组织的各种特点，而且还分析了 A 型组织和 J 型组织各自根植的美、日文化传统差异。威廉·大内认为，日本的经营管理方式一般较美国的效率更高，这与 20 世纪 70 年代后期起日本经济咄咄逼人的气势是吻合的。因此，美国企业应该向日本企业管理方式学习。但他也明确指出，日本的管理经验不能简单地照搬到美国去，美国企业应结合本国的特点，形成自己的管理方式。这就是“Z 型管理方式”的概念。

威廉·大内认为，日本企业成功的秘诀是其形成一种优秀的、独特的企业文化，这种企业文化的核心是重视人的因素，用文化来塑造具有自我管理功能的员工，塑造具有竞争力的企业个性。

威廉·大内在他的著作中生动地概括出日本企业文化与企业经营的关系：“日本企业的基本管理方法是如此微妙、含蓄和内在，以致局外人往往认为它是不存在的。……它的实质与西方企业的管理方法迥然不同。”这种文化主要由信任、微妙性和亲密性所组成，它们对于提高劳动生产率十分重要。管理者对员工表示信任，而信任可以激励员工以真诚的态度对待企业、对待同事，关心企业劳动生产率的提高，为企业忠心耿耿地工作，还可以使企业内的部门做出牺牲以顾全企业整体的利益。威廉・大内认为，人与人之间的关系既复杂又微妙，微妙性是指企业要对员工的不同个性加以了解，以便根据他们各自的个性和特长组成最佳搭档或团队，从而创造出最佳劳动效率。强迫命令不会有微妙性，而微妙性一旦丧失，劳动生产率就会下降。有了微妙性，才能降低成本，提高经济效益。亲密性则是强调个人感情的作用，它会使信任和微妙性得到发展，在企业内部建立一种亲密和谐的伙伴关系，人们相互关心，为企业的目标而共同努力。日本企业的成功，充分证明了亲密的个人感情在工作中的地位及重要性。社会的亲密性一旦瓦解，人们就会失去对企业组织、对社会的信任，就会产生恶性循环，最终导致劳动生产率水平的降低。威廉・大内指出，日本企业内的种种"会""小组""俱乐部"对于增进亲密性都是大有帮助的。为此，威廉・大内主张以坦白、开放、沟通作为基本原则来实行民主管理。

日本企业文化最重要的特点是终身雇佣制，这是很多日本员工的奋斗目标。它不仅仅是一个单独的政策，而是把日本人多方面的生活和工作结合在了一起。在日本的劳动大军中大约有 35% 的人能在大企业和政府部门中享受终身雇佣制。在日本，当经济生活和社会生活融合成为一个整体时，个人之间的关系就变得密切。人与人之间通过多种纽带相互联系，员工对企业的忠诚度非常高，他们大多数以企业为家，同事关系相处得非常融洽，当企业的效益不好时，就不用发放红利。

日本企业的组织也是极其复杂的，他们的评价与晋级方式与美国企业有很大的不同，员工在进入组织后，很长一段时间内他们的待遇都是相同的，只有过了很久后才会显示出差别。这种非常缓慢的过程促进了人们以非常坦率的态度对待合作、工作表现和评价。日本企业对职工在业务方面的培养也是非常独特的，这与美国的培养方式有很大的区别。员工在开始他们的正式工作之前，会在多个岗位上熟悉业务，以便让其对公司的业务有整体的了解，对以后所做的事情有一个全局观。日本的企业采取"禀议制"的集体决策机制，每个有关人员都要参加决策过程。而且重要的不是决策本身，而是人们对决策了解和负责到什么程度。

而在当时的美国企业里，一般来说，科长、经理等企业的管理者都一致认为，他们应该自己担当起决策的责任。大多数机构实行一种“局部关系”，即雇主和雇员之间有一种默契，他们之间的关系仅涉及与完成特定任务直接有关的那些活动，工作以外的其他关系就很少。而且工厂很多都是采用对个人施行物质刺激的方法，如计件制以及与增加工资有密切关系的工作鉴定制度。美国的企业有时即使效益不好，也有可能必须增加员工的工资。

威廉·大内认为，任何企业组织都应该对它们内部的社会结构进行变革，使之既能满足新的竞争性需要，又能满足各个雇员自我利益的需要，Z 型组织也许就接近于这种新的组织形式。它的基本特点可以简述如下：

（1）畅通的管理体制。管理体制应保证下情充分上达，应让职工参与决策，及时反馈信息，特别是在制定重大决策时，应鼓励第一线的职工提出建议，然后再由上级集中判断。

（2）基层管理者享有充分的权利。基层管理者对基层问题要有充分的处理权，还要有能力协调职工们的思想和见解，发挥大家的积极性，开动脑筋制订出集体的建议方案。

（3）中层管理者起到承上启下的作用。中层管理者要起到统一思想的作用，统一向上报告有关情况，提出自己的建议。

（4）长期雇佣职工，及时整理和改进来自基层的意见。企业要长期雇佣职工，使工人增加安全感和责任心，与企业共荣辱、同命运。

（5）关心员工的福利。管理者要处处关心员工的福利，设法让员工们心情舒畅，造成上下级关系融洽、亲密无间的局面。

（6）创造生动的工作环境。管理者不能仅仅关心生产任务，还必须设法让工人们感到工作不枯燥、不单调。

（7）重视员工的培训。要重视员工的培训工作，注意多方面培养他们的实际能力。

（8）全面考核员工。考核员工的表现不能过窄，应当全面评定员工各方面的表现，长期坚持下去，作为晋级的依据。

考虑到由 A 型组织到 Z 型组织转化的困难，威廉·大内给出了明确的 13 个步骤，认为这个变革过程一般应这样进行：

（1）参与变革的人员学习领会 Z 理论的基本原理，挖掘每个人正直的品质，发挥每个人良好的作用；

（2）分析企业原有的管理指导思想和经营方针，关注企业宗旨；

（3）企业的领导者和各级管理人员共同研讨制定新的管理战略，明确大家所期望的管理宗旨；

（4）创立高效合作、协调的组织结构和激励措施，来贯彻宗旨；

（5）培养管理人员掌握弹性的人际关系技巧；

（6）检查每个人对将要执行的 Z 型管理思想是否完全理解；

（7）把工会包含在计划之内，取得工会的参与和支持；

（8）确立稳定的雇佣制度；

（9）制定一种合理的长期考核和提升的制度；

（10）经常轮换工作，以培养人的多种才能，扩大雇员的职业发展道路；

（11）认真做好基层一线雇员的发动工作，使变革在基层顺利进行；

（12）找出可以让基层雇员参与的领域，实行参与管理；

（13）建立员工个人和组织的全面整体关系。

威廉·大内认为，这个过程要经常重复，而且需要相当长的时间，比如 10—15 年。

三、彼得斯、沃特曼的《寻求优势》

面对日本企业的异军突起，企业文化理论风行一时。一时间，美国企业群起仿效日本同行，学术界也对日本经验推崇备至。但两位管理咨询专家彼得斯和沃特曼却对此颇不以为然。在对 62 家美国最佳公司进行深入研究的基础上，他们于 1982 年出版了《寻求优势》一书。该书出版后，在西方企业界形成了一股“优势热”。

该书首先批评了美国企业界当时流行的理性主义管理模式，其主要论点即是强调“人的因素第一”。二位作者先后毕业于著名的斯坦福管理学院，后长期任职于著名的企业咨询组织麦肯锡公司。可能跟自身的工作背景和经历有关，他们对美国现实管理中过分强调分析、控制和决策的现象洞若观火，鞭辟入里。长期接触企业实际使他们见多了理性主义在实践中的弊端，深深感到理论的灰色。他们深刻地指出，美国有些企业的不可救药之处，就在于管理陷入了“复杂的陷阱”，其表现就是“组织崇拜综合征”和对计算机的单相思。在今天这样一个巨变而复杂的世界，技术越来越精密，竞争越来越激烈，市场越来越动荡，一切似乎都不可捉摸。而美国企业组织的内部结构却越来越复杂，“对从公司的象牙之塔里所做的分析的过分倚重以及对财务手段的过分信赖”让其走进了陷阱。

彼得斯和沃特曼指出，在旧的企业管理理论中，对人的行为的解释，有一个神圣不可侵犯的假设前提——理性。这形成了管理理论思考中一个无形的模式：生产者是理性的，消费者是理性的。顾客的购买行为是顾客对产品的性能充分比较、判断的结果。企业的生产者只要把握着顾客的判断原则，就可以制定出精确的市场预测、战略目标、利润指标、生产计划，最后通过组织实施计划。

在这种理性原则下，企业和环境构成一个完美的符合逻辑的理性体系。在这个体系之内，一切行为都符合理性，这种体系最完美的比喻是大机器。这种理性前提无疑是受了自然科学体系的影响。

每一个理性体系都有它自发的追求完美的特性。这种自发的逻辑完美性使企业管理采取高度精确完美的运行方式。这种倾向渗透到整个企业－社会、蓝领－白领，成为一种思维方式、行为方式，一切都喜欢按部就班，井然有序，而不喜欢市场试验，不喜欢非正规性，不喜欢犯错误，不喜欢冒险；谨小慎微，保守稳重。这种对理性完美的追求不仅使企业生命力枯竭，更重要的是人的自我的丧失，人在这种理性模式里的异化。

彼得斯和沃特曼认为，造成这一局面，美国的管理学界也难辞其咎。管理学院成了重数量分析和理性主义的天下。照此逻辑，管理将由科学管理，行为科学，进入以决策理论、系统科学、定量分析为基石的精密科学的神圣殿堂，管理只能在计算机上找出路。

可是，这种理性主义管理模式忽略了企业与市场中的“人”这一要素。人是非理性的，这一点早已少有争议。人似乎总是充满偏见、感情、癖好，行为不定。所以，人群构成的市场也是非理性的，顾客就常常不了解自己的真切需要。而那些卓越的公司也就是因为开发了顾客内心深处未被意识的需要而大放异彩。所以说企业是市场的函数，企业应是一个开放系统。

一个开放系统的行为是由外界决定的，企业行为只应同外界刺激相联系。市场是非理性的，市场的铁律要求企业时刻适应市场，那么适应市场的企业行为也只能是非理性的。既然开拓市场在于开发人心深处的需要，而人的内心又是那么难以推测，那么企业就只有诉诸试验。最重要的不是详尽地调查、周密地计划，而是先拿出产品，投放市场让顾客检验，而不是先让保守理性把它枪毙。

企业要想不断地向市场投放新产品以检验顾客的反应，便只有不断地进行创新。而创新更是需要非理性的管理方式。系统理论的基本观点，一是“非平衡是有序之源”；二是“涨落导致有序”。生气勃勃、富有创造性的系统，往往是在某种混乱（混沌）下产生的。一个内部井然有序、无一点混乱的系统是一个死系统，而一个内部混乱的系统才是有生命力的表现。由此可见，追求完美的秩序反而会使组织的生命力枯竭。

创造性的企业应该几乎是彻底的分散经营和自主。这就带来了机构和权责的重叠，界限不清，协调不足，内部竞争，并形成了某种混乱状态，牺牲了井然有序的工作。一些对某项产品有着强烈热爱和感情的人，玩命似地搞创新，甚至为了创新偷用工具材料，领导这时需要的不是严管细查，而是“睁一只眼闭一只眼”！这些非理性的管理方式之所以能让那些优秀公司大获成功，正是来自它们对市场的认识和适应性生存的结果。

彼得斯和沃特曼还指出，不同的价值观导致了不同的企业行为。有些企业，视顾客为抽象的市场份额，达成利润目标的手段。而卓越的公司则认为顾客是活生生的人，顾客的要求是神圣的。由这一信念唤起的责任感是很强的。如 IBM 公司对用户每条意见 24 小时内予以答复；卡特彼勒拖拉机公司在 48 小时内把修理备件运送到世界任何一个用户所在的地方；雷·克洛克因在他的一家快餐店发现了一只苍蝇，就取消了该店的代销特许权；在迪士尼乐园，一个收门票的新手要经过四天每天八小时的培训，才能开始工作。在这种价值观下，就会形成一整套企业特有的思维方式、工作态度、行为方式，最后形成一个企业的传统、习惯、惯例，一种融洽的文化氛围。最后，在经历了时间的洗礼以后，企业就会形成自己丰厚的文化积累：企业的精神财富和物质财富，包括企业自己的经营哲学、文化传统、厂服厂歌和各种庆典仪式、奖励制度，以及表现这些文化传统的物质环境。

彼得斯和沃特曼说，我们现在应该重新认识卡内基下面这段话：将我的工厂、设备、资金全部夺去，但只要公司的人还在，组织还在，四年后，我又是钢铁大王。过去人们只是把这当成企业家自负的一种表述，今天看来，在卡内基那里，工厂是不重要的，资金是不重要的，技术是不重要的，唯有人才是重要的。这似乎是这个时代的声音，因为现在是“人”的时代。

彼得斯和沃特曼最终通过分析得出结论：美国不少优秀的企业同它们的日本同行相比，其实毫不逊色。在美国，凡称得上优秀公司的企业都“有一套独特的文化品质，是这种品质使它们脱颖而出，鹤立鸡群”。它们在长期的运营中也都形成了具有美国文化背景的卓越文化特质，重振美国企业的希望就在这些带有本土特色的文化品质上。他们认为，这些由美国成功企业身上汇集总结的八种优秀文化品质，也可称为优秀公司经营管理的八项原则。具体而言，分别是：

（1）注重行动。强调管理的流动性和“企业实验精神”，提倡“经理们巡视管理”“周游式管理”和“看得见的管理”，经常与各类人员广泛接触，交流信息。鼓励人们敢于实验、勇于开拓的工作态度。

（2）贴近顾客。出色企业“整天想的就是服务”，紧靠顾客就是要有执着的服务意识、质量意识、开拓市场意识和倾听用户意见的意识。

（3）鼓励革新。鼓励企业家勇于革新，容忍失败，要有百折不挠的毅力和务实肯干的态度。

（4）以人为中心。优秀公司总是把普通职工看作提高质量和生产率的根本源泉，而不是把资本支出和自动化作为提高生产率的最主要的源泉。

（5）以价值观为动力。企业价值观对于企业发展有着潜移默化的功效，优秀企业是靠具有连贯性的价值观体系来驱动的。企业价值观是企业文化的核心内容，企业是否具有正确的、先进的、鲜明的价值观，关系着企业职工的积极性能否发挥，企业能否稳步前进。领导人所能做出的最大贡献，就是阐明企业的价值观体系，并给它注入生命力。企业领导者首先应是倡导和保护价值观方面的专家。

（6）干内行的事（不熟不做）。优秀企业提高生产率的着眼点在于提高质量，而不在于多行业经营。

（7）精兵简政。优秀企业一是结构简单，二是班子精干。

（8）宽严并济的领导艺术。优秀企业既给下属充分的自主权力，发挥每一级人员的主观能动性和创造性，又紧紧把握企业整体价值观的统领权，并且不允许任何人破坏这一原则。

彼得斯和沃特曼还批判了人际关系学派的某些观点，申明建立企业文化理论，运用企业文化管理方式，并不是要"回到人际关系"的观点上去。

在对理性主义批判的同时，彼得斯和沃特曼自然地也体现了其求实的风格。他们既没有提出企业文化的概念，也没有构建什么宏伟的理论体系，而只是用事实、故事对管理中的条条框框进行批判。

20 世纪 80 年代的管理新潮中，通过研究许多国家和企业在工业化发展过程中的历史经验和动态，进行科学的比较分析，以探求最佳的管理模式和普适性的基本原理的学说，不在少数。比较著名的代表人物，就有美国的理查德·帕斯卡尔、巴里·里奇曼，日本的大岛国雄，英国的密勒和罗杰·福尔克等。但是，《寻求优势》是其中最为声名显赫的。它出版当年的销量就超过了著名未来学家约翰·奈斯比特的代表作《大趋势》，后被译成十几种文字，发行量达 500 万册以上。1986 年，美国《商业周刊》曾在一篇封面文章里逐一评介 80 年代管理方面有影响的畅销书，其中地位最显赫、最突出、占篇幅最多的就是这本书。

在经历了 80 年代如狂飙突至的"日本旋风"冲击后，经过近 10 年的努力，到 90 年代，美国企业快步走出萧条的阴影，通用汽车、通用电器、可口可乐、沃尔玛等国际知名企业的规模急剧膨胀，并产生了微软、思科等驰骋世界信息市场的巨无霸。与此同时，美国经济迅速走出低谷，并创造了美国历史上从来没有过的、令世界瞩目的经济奇迹。从 1991 年 3 月到 2000 年 12 月，美国经济连续增长了 117 个月，成为"二战"以来美国经济增长最长的一个时期。到 1999 年第三季度止，美国的 GDP 已占全世界 GDP 的大约三分之一。

美国企业自 20 世纪 90 年代以来的骄人业绩，不能简单地归结为先进技术的应用和信息产业的发展，也不能简单地归结为知识经济，其更深层次的原因还是在于文化，在于美国人对于自身企业文化的深刻反思和重新构建，在于美国这个民族对世界各民族文化的高度兼容性，在于其对东方企业文化，特别是日本企业文化的学习、整理、借鉴，并在此基础上形成了源于自身文化传统的强调创新、张扬个性的独特的美国企业文化。这种优势明显的企业文化使美国人能够抓住信息技术和因特网革命带来的难得机遇，在建设新经济方面明显领先于主要竞争对手西欧和日本，最终在跨入 21 世纪之前成功实现了从经济强国到超级经济大国的飞跃，从而巩固了自己世界经济头号霸主的地位。

第九章　国际化潮流中的跨文化差异

20世纪90年代以后，以信息技术为代表的新科技革命迅速发展，为世界各国的经济交往提供了空前便利的条件。计算机的普及，互联网的兴起，运输和通信成本的大幅度下降，推动了国际贸易、跨国投资和国际金融迅速发展，使整个地球日益成为一个“地球村”。不仅传统经济活动走向全球化，而且生产、服务、技术创新和社会交往也极为显著地全球化。至新旧世纪之交，世界各国的全方位联系与融合愈加深入，经济全球化加速发展已成了一个不争的事实。

由经济全球化向纵深发展的实践活动引发了一系列管理新问题，最为突出的就是管理的国际化问题。全球化时代，几乎一切管理领域都面对着管理环境因素的扩大化，一些原先与国际关系不可能有关联的领域，也开始受制于瞬息万变的国际条件和激烈的国际竞争的影响。“全球化是指一连串的过程，扩张了、加深了并加快了全世界各层面的人类关系和接触的相关联系，这包括经济的、社会的、文化的、环境的、政治的、外交的和安全的各个层面，这种变化过程使得在世界某处的事件、决策和行动，对世界上另一处的个人、团体和国家都会产生立即的影响和后果。”这就迫使管理者必须具有战略眼光，能够超越眼前，放眼全局和未来，把对自己所在组织的管理，放置在国际大环境和社会长期变动趋势之中来定位考量，在敏锐、灵活、迅速的反应中去寻求组织生存的机遇。同时，国际化的管理也是对“国土本位主义”或“民族中心主义”的否定。它要求管理者必须摒弃文化狭隘主义，不能有民族自大的文化偏见，更不能用个人的眼光来看世界，而是应当了解和尊重别国的历史传统、风俗习惯和市场差异性，寻求异质文化之间的理解、沟通、协调和融合，最终达到文化共生。这是一场深刻的革命。各国都将别无选择地置身于这一世界性的潮流之中。

作为经济全球化的主要载体和重要推进器，跨国公司是当今世界经济中除国家以外最活跃的国际行为主体，是当今世界经济活动的主要组织者。当代跨国公司的管理代表着经济全球化时代“国际化管理”的标志性趋势。[①]跨国公司作为生产和资本国际化的产物，在新世纪初又掀起了兼并重组风潮，导致其规模不断扩大。加之跨国公司的研发合作不断发展，使跨国联盟成为跨国公司发展的新趋势，全球性公司如雨后春笋般涌现。这既给世界贸易带来了重大的推动力，同时也给其管理实践带来了诸多不确定因素，出现了许多新的矛盾和新的特点，其中尤为引人关注的便是“跨文化管理”问题与“战略管理”问题。

第一节　跨文化管理

跨文化管理又称为“交叉文化管理”，即跨国公司在全球化经营中，对于公司所在国的文化采取包容的管理方法，在跨文化条件下克服异质文化的冲突，并据以创造出企业独特的文化，从而形成卓有成效的管理过程。其目的是在不同形态的文化氛围中设计出切实可行的组织结构和管理机制，在管理过程中寻找超越文化冲突的企业目标，以维系具有不同文化背景的员工的共同行为准则，从而最大限度地控制和利用企业的潜力与价值。

跨文化管理研究的兴起，源自“二战”后美国跨国公司进行国际化拓展时的屡屡受挫。美国管理学界一直认为，是他们将现代管理理论进行了系统化的整理和总结，并最先提出了科学管理的思想，也是他们最先将这一思想应用于管理实践，并实现了劳动生产率的大幅提高，因此他们的管理理论和管理实践毫无疑问应该是普遍适用的。然而实践证明，美国的跨国公司在国际化经营过

① 美国当代著名管理学者雷恩在其《管理思想史》（修订版）中，认为十分引人注目的当代管理新思想之一——奥利弗·威廉姆森（Oliver Williamson）的《管理自主决策与商业行为》（*Managerial Discretion and Business Behavior*）等系列论文，就把公司治理问题推为当代管理中的首要问题。

程中，照抄照搬本土管理理论与方法很难取得成功，许多案例也证明，对异国文化背景下的不同人性缺乏了解，及对文化差异反应迟钝，是导致美国跨国公司失败的主要原因。因此，美国人不得不去深入了解所要拓展的海外市场所在国的风土民情，并从文化差异的角度来探讨失败的原因，这便产生了跨文化管理这个新的研究课题。

另一个使之成为20世纪末热门话题的原因，则是70年代末80年代初日本企业的异军突起对美国人的强烈刺激。当时日本的跨国公司，其管理日益凸显出对美国和欧洲公司的竞争优势，现实压力下，美国企业和管理学界产生了研究和学习日本经验的迫切愿望。深入调研结果表明，在战后的被改造和培训中，日本人并没有按照美国管理模式进行亦步亦趋的仿效，而是基于自身原有的文化传统，吸纳了美国现代管理的技术因素，建立起了独具日本文化色彩的经营管理体系。这一体系在其后的国际化竞争中，远比欧美同行的已有体系要更具凝聚力、创造力和适应性。美日企业管理的根本差异恰恰在于不同文化传统导致的两国企业管理者及其员工在思想上的明显分歧，比如美国人过分强调诸如技术、设备、方法、规章、组织机构、财务分析这些硬性因素，而日本人则比较注重诸如目标、宗旨、信念、人和价值准则等这些软性因素；美国人偏重于从经济学的角度去考虑管理问题，而日本人则更偏重于从社会学的角度去对待管理问题；美国人在管理中更注重的是科学因素，而日本人在管理中更注意的是哲学和文化因素，等等。这一研究发现使得对文化差异以及不同文化下的人性差异的研究更加风行开来。

迄今为止，关于跨文化管理的研究成果主要有：克拉克洪和斯多特贝克的六大价值取向理论；霍夫斯特德的文化维度理论；蔡安迪斯的个体主义－集体主义理论；强皮纳斯的文化架构理论；舒华兹的十大价值取向理论。

一、克拉克洪和斯多特贝克的六大价值取向理论

佛萝伦丝·克拉克洪与弗雷德·斯多特贝克是较早提出文化理论的美国人类学家。克拉克洪曾在太平洋战争时参与了美国战争情报处的专家小组，研究不同文化的价值、民心和士气。这个研究小组通过对日本民族的心理和价值的

分析，向美国政府提出了不要打击和废除日本天皇的建议，并依此建议修改要求日本无条件投降的宣言。“二战”后不久，哈佛大学与洛克菲勒基金会资助克拉克洪等人展开一项大规模的研究。研究的主要成果就是克拉克洪和斯多特贝克的六种价值取向模式，该成果发表于《价值取向的变奏》（1961）一书中。在该书中克拉克洪沿用了她的丈夫克莱德·克拉克洪提出的有关价值取向的定义。克拉克洪认为，所谓价值取向，指的是“复杂但确定的模式化原则，与解决普通的人类问题相联系，对人类行为和思想起着指示与导向作用”。这一模式包括了六个价值取向：人性取向、人与自然的关系取向、时间取向、活动取向、关系取向和空间取向。

克拉克洪与斯多特贝克的价值取向理论基于以下三个基本的假设：

（1）任何时代的任何民族都必须为某些人类的共同问题提供解决的方法。

（2）这些问题的解决方法不是无限的或任意的，而是在一系列的选择或价值取向中的变化。

（3）每种价值取向都存在于所有的社会和个体中，但每个社会和个体对价值取向的偏好不同。

克拉克洪与斯多特贝克提出，某一社会所青睐的解决这些问题的方法，反映的就是这个社会的价值观。因此，他们提出了六个任何社会都要解决的基本问题。

（1）人性取向——人性本善、人性本恶和善恶兼而有之。

（2）人与自然的关系取向——征服、服从和和谐。

（3）时间取向——过去、现在和将来。

（4）人类活动取向——存在、成为和做。

（5）关系取向——个体主义的、附属的和等级的。

（6）空间取向——空间是共享之源还是个人隐私的防护。

人性取向。人性取向涉及人类本质的内在特征。不同文化中的人们对人性的看法差别很大，西方人受基督教影响崇尚“原罪说”，认为“人性本恶”。而中国人受儒家学说影响，认为“人性本善”。美国文化对人性的看法比较复杂，不单纯地认为人生来善良或生性险恶，而认为人性可善可恶，是善恶混合体。他们同时认为人性的善恶有可能在出生以后发生变化。基督教的原罪说反映的是人性恶的理念，通过忏悔和行善可以洗脱罪孽、升上天堂，反映的则是人性可变的信念。相反，有的社会对人性采取较单一的看法。在分析具体的文化时，不能武断地将某种取向强加于该文化中的每一个人。

人与自然的关系取向。根据克拉克洪与斯多特贝克的价值取向理论，人与自然之间存在着三种潜在的关系，即征服自然、与自然和谐相处及服从自然。

中国的儒家人性观从天人一体的角度阐释人与自然的关系，认为人与自然合一既是人性的必然，也是人应该追求的目的，显示出人与自然统一的思想。

然而，西方的人本主义提倡在生活中用理性和意志来改造环境，鼓励人们去征服自然，享受现世的物质生活。这种取向认为所有的自然力都能并应该被人类征服和利用。

除了以上两种取向之外，有些文化认为人与自然的关系是服从自然。比如，对于东南亚海啸事件，大部分的东南亚人将此事归结于命运。

时间取向。人类的时间取向可以分为三种：一是过去取向，强调传统和尊重历史；二是现在取向，通常注重短期和眼前；三是未来取向，这种社会强调长期和变化。

过去时间取向主要存在于高度重视传统的文化里。这种文化中的人们通常假定生命是遵从由传统或上帝的意志预先注定的轨道，他们崇拜祖先，强调密切的家庭关系。因此循规蹈矩成为一种社会规范。

现在时间取向的人们认为只有现在才是最重要的。他们通常只注重短期和眼前。传统的伊斯兰文化就属于现在时间取向的文化，他们认为将来的事是属于真主的，不为凡人所掌控，任何妄图预测未来的人都有些精神不正常。这些文化与其他文化相比在对时间的态度上有更多的随意性和随机性。这种对时间有些满不在乎的作风常使西方人产生误解，把它当作是懒惰、效率不高的表现。

未来时间取向的文化，通常认为变化是必要和有益的，而过去则是应当被抛弃的。克拉克洪和斯多特贝克与霍尔都认为这种时间取向存在于美国社会。在美国，新产品的种类和包装层出不穷，因为他们认为只有这样才能吸引顾客。而在过去取向的中国传统社会里，人们通常更相信老品牌和老字号。

人类活动取向。人类的活动取向有三种，即存在、成为和做。美国社会是一个强调行动（“做”）的社会，人们必须不断地做事才有意义，才创造价值。美国人工作勤奋，并希望因为自己的成就而获得晋升、加薪以及其他方式的认可。他们同时还注重活动的类型，活动通常要能够看得见，摸得着。在评估一个人时，美国人总是会问“他/她做过什么”和“他/她有什么成就”。

“存在”取向与“做”取向刚好相反。安然耐心被视为美德之一，而非无所事事的表现。中国传统文化便是“存在”取向，提倡“以静制动”“以不变应万变”。此外，在中国，当人们想了解一个人时，总是先打听他的背景，如家庭出身、教育程度、工作单位、社会关系等。

“成为”取向强调的是“我们是谁”，而不是我们做了什么。人类活动的中心是在自我发展的过程中努力成为更完整的自我。

关系取向。克拉克洪和斯多特贝克提出，人类在处理人与人之间的关系时也存在三种取向，即个体主义取向、等级制取向与附属性取向。个体主义取向以个人自治为特征，个人被认为是独一无二的独立个体。在这种取向下，个人的目标与目的优于群体的目标与目的。等级制取向注重群体，群体的目标优于个人的目标。在等级制取向的国家中，群体分成不同的层次等级，每个群体的地位保持稳定，不随时间的改变而改变。等级社会倾向于实行贵族统治，很多欧洲国家中的贵族就是这一取向的例子。附属性取向也注重群体，但并不是具有时间延续性的群体，而是在时空中与个人关系最密切的群体成员。事实上，这一取向考虑的只是人们的群体成员身份而不是具体的人。例如，中国人习惯把自己看成是群体的一员，认为个人不应特立独行，而应尽量合群，与群体保持和谐的关系。当个人利益与群体利益发生冲突时，个人应牺牲自己的利益保全群体的利益。而美国人则恰好相反，他们认为每个人都是独立的个体，都应为自己负责，强调个人的独立性。

空间取向。关于空间的理念，不同文化也有不同的看法。中国人的集体观念决定了他们把空间看成公共的，个人的隐私是很少的。美国等西方国家则把空间看成个人的，特别注重个人隐私。空间取向的内容还包括：人与人保持怎样的距离，空间是共享之源还是个人隐私的防护，同性成人是否可以同居一室，谈话时应该保持多远的距离，等等。

克拉克洪与斯多特贝克从自己的研究出发，得出结论：不同民族和国家的人在这六大问题上有着相当不同的观念，并且这些不同观念会显著地影响他们生活和工作的态度和行为。用六大价值取向理论来区分文化，能够帮助我们理解许多平时观察到的文化差异现象，并对有些“异常”行为做出合理的解释。但该理论没有深究为什么不同国家和民族在这六大价值取向上会有如此不同的价值观念，这在对文化现象的深层根由的挖掘上显得着力不够。

二、霍夫斯特德的文化维度理论

荷兰文化协会研究所所长霍夫斯特德（又译作郝夫斯特）教授对 IBM 公司的 50 种职业、66 个国籍的雇员进行了有关价值观问题的问卷调查，并于 1980 年在《文化的后果》一书中发表了他归纳出的判别比较不同文化价值观的四个维度：个体主义与集体主义、权力距离、不确定性规避、男性化与女性化。后又增加了第五个维度：长期取向与短期取向 (《文化与组织》, 1991)。

1. 个人主义与集体主义

这个层面与个人同集体关系的性质相联系，有的社会把集体主义看作是积极的方面，有的社会则对它持否定的、消极的态度。在集体主义盛行的国家中，人们往往从道德方面来解释他们与组织的关系，他们对组织具有精神上的义务和忠诚。而在个人主义占统治地位的国家中，个人把他们与组织的关系看成是功利性的和个体性的，个人对组织的义务是十分脆弱的，这种义务只有在个人看到了对自己有明显的利益时才存在。个人主义至上的国家，人们关心个人权利，组织系统应努力满足个人的偏好和选择，而个人的价值和报酬应该建立在个人取得的成果上。集体主义的文化重视群体的整体利益，期望个人的利益服从整体利益，人们通常集体决策。

2. 权力距离

权力距离指的是组织中的有权成员在掌握权力方面的差距，其大小是通过权力差距指数表现出来的。权力差距小的社会对诸如社会阶层差异或组织层级差异很反感，高层职位的人们平等地对待低层职位的人。而一个权力差距大的社会，人们会接受不同层级之间的差异。一个人在社会中或组织中所处的地位，影响着他的行为以及别人对待他的态度，在权力差距大的国家管理常分为较多的层次。

3. 不确定性规避

不确定性规避是指有某种文化程度的人对不确定性和未知情景感到威胁的程度，其强弱是通过不确定性规避指数来衡量的。一个鼓励其成员战胜和开辟未来的社会文化，可被视为强不确定性规避的文化；反之，那些教育其成员接受风险，学会忍耐，接受不同行为的社会文化可被视为弱不确定性规避的文化。强不确定性规避国家的人民比较起来更忙碌，常常坐立不安，喜怒形于色，积极活泼，其文化对法律、规章的需要是以情感为基础的，这不利于产生一些根本性的革新想法，但却可以培养人们精细、守时的特质，因而善于将别人的创意付诸实施，使之在现实生活中生效。而弱不确定性规避国家的人们比较起来则显得更加沉静，也更矜持，随遇而安、怠惰、喜静不喜动、懒散一些，人们对于成文法规在感情上是接受不了的，除非绝对必要，社会不会轻易立法，其文化能容忍各种各样的思想和形形色色的主意，因而有利于产生一些根本性的革新想法，但却不善于将这些想法付诸实施。从组织管理方面看，不确定性规避影响了一个组织结构化的程度。

4. 男性化与女性化

霍夫斯特德把这种以社会性别角色的分工为基础的“男性化”倾向，称之为男性或男子气概所代表的维度（即所谓男性化），它是指社会中两性的社会性别角色差别清楚，男人应表现得自信、坚强，注重物质成就；女人应表现得谦逊、温柔、关注生活质量。而与此相对立的“女性化”倾向，则被其称之为女性或女性气质所代表的文化维度（即所谓女性化），它是指社会中两性的社会性别角色互相重叠，男人与女人都表现得谦逊、恭顺、关注生活质量。在男性化的社会，坚强价值观占主导地位，其文化注重收入、认可、升迁、挑战，这种类型的文化鼓励人们决策的自主独立。而女性化社会注重人际关系、生活质量和服务及决策的群体性。

5. 长期取向与短期取向

这一维度是霍夫斯特德在后来的研究中加进去的。考虑到孔子的儒家思想对东方国家特别是中国的影响之后，霍夫斯特德在前四个文化尺度的基础上增加了第五个维度——长期取向 / 短期取向。这一维度表明，一个社会的决策是受传统和过去经验的影响程度大，还是受现在或将来的影响程度大。长期取向强调“坚忍不拔”“节俭”“有羞耻感”“非常珍惜将来”；短期取向强调“个人的稳定”“保护面子”“尊重传统”“珍惜过去和现在”。

霍夫斯特德提出的文化维度理论是跨文化管理领域至今最具影响力的一个理论。他的文化分析框架是迄今为止在跨文化管理研究中较为完整、系统的文化分析模式。它说明了一个国家的管理原则与方式是建立在其文化基础上的，只有透过文化的差异性，观察不同国家的管理方式的差异性，才能提升跨文化管理活动的目标性及有效性。另外，该理论实证性的研究方法，是每一个国家在每一个维度上有一个得分，可以量化文化差异，而不只是定性。当然，该理论也存在一些值得讨论的方面。一是文化理论维度完全是基于数据提出的，但数据的收集不是在理论框架的指导下进行的，所以有可能遗漏一些相当重要的价值观维度。二是仅运用静止的心理程序的文化范畴，而没有注意文化融合情境中的诸如个人、习性等方面的独特性，影响了其对跨文化行为的解释力。同时，不确定性规避维度忽略了不同领域的差异，因此在解释行为时会出现困难。三是研究的样本全部来自同一跨国公司，而且大多数为管理人员，缺乏代表性，影响了研究结果的可信度。四是霍夫斯特德只关注了作为民族特性的文化而没有关注现代社会的文化差异，没有关注亚文化、混合文化及个体的发展。另外，他对维度的描述有时有暗示一些文化比其他文化“好”的倾向，此点也使其饱受争议。

三、蔡安迪斯的个体主义－集体主义理论

蔡安迪斯，生于希腊，早年移居美国，是著名的心理学家，以对个体主义和集体主义的跨文化研究而闻名世界，他的很多理论，如今已被奉为经典并广泛应用于跨文化企业管理的领域。

蔡安迪斯认为，我们通常所说的“文化”并没有什么特指，却又能指代很多东西，涵盖面很广，是一个十分模糊抽象的名词，但如果用“个体主义”和“集体主义”就能清楚地勾勒出它的核心。

在对文化差异问题长达 30 年的研究基础上，他提出了自己的理论。按照他

的理论，文化被大致分为“个体主义文化”和“集体主义文化”。他不同意霍夫斯特德的个体主义和集体主义是同一维度上的两极的观点。他认为，个体主义－集体主义不是一个维度的概念，也不是两个维度的概念，而是一个文化综合体。蔡安迪斯将这个概念降到个体层面，用它来描述个体的文化导向而非国家或民族的文化导向。蔡安迪斯提出了定义个体主义－集体主义的五个重要特征：个体对自我的定义，个人利益和群体利益的相对重要性，个人态度和社会规范决定个体行为时的相对重要性，完成任务和人际关系对个体的相对重要性，个体对内群体和外群体的区分程度。

蔡安迪斯的个体主义－集体主义理论，将个体－集体两者的主要特征进行了深入的阐述和分析，弥补了霍夫斯特德理论中这一维度的单薄与不足，对解释东西方文化差异起了巨大的作用，为跨文化管理理论的发展做出了卓越贡献。但是，该理论注重个体研究而不是对国家和民族总体文化的分析，仅聚焦在个体－集体维度进行分析，所以不够全面。用于解释当今世界不同国家、民族、地域、行业形形色色的文化差异、文化融合时就显然不够了。

四、强皮纳斯的文化架构理论

荷兰管理学者强皮纳斯仿效霍夫斯特德用文化维度来表达他的理论。该理论认为，国家与民族文化差异主要体现在 7 个维度上：普遍主义－特殊主义，个体主义－集体主义，中性－情绪化，关系特定－关系散漫，关注个人成就－关注社会等级，长期－短期导向，人与自然的关系。

强皮纳斯的文化架构理论涉及了以前理论没有触及的文化层面，对我们更全面地理解文化内涵和差异很有帮助和启发。但他的理论没有特别严谨的实证研究做依托，所以得到的数据最多只有参考价值。另外，该理论也没有摆脱前面理论只注重文化差异研究的樊笼，而没有将目光转移到文化的融合上来，只注重消除文化差异的鸿沟，没有把不同的文化当作一种资源来共享。

五、舒华兹的十大价值取向理论

舒华兹提出有必要从人类行事动机的方方面面，来全面思考对人类行为最有指导意义的价值观念，然后检验这些价值导向在不同文化中的主导程度，来说明文化之间的差异。为此，舒华兹用了10年时间，在全世界范围内做调研，收集数据，验证理论。

这十大价值/需要导向的具体内容如下。

（1）权利：社会地位和尊严，控制他人，控制资源（权威、社会权利、财富、公共形象）；

（2）成就：按照社会标准通过自己的能力取得个人成功（雄心、成功、才干、影响力）；

（3）享乐主义：自我享乐和感官满足（快乐、享受生活、自我沉醉）；

（4）刺激：激动、新奇、有挑战性（敢想敢干、有变化的生活、令人激动的生活）；

（5）自主导向：独立思考和行动——选择、创造、探索（创造力、自由、独立、自己选择目标、好奇）；

（6）普遍主义：理解、欣赏、容忍并保护所有人和环境的利益（平等、社会正义、智慧、胸襟宽阔、保护环境、与自然融为一体、美丽世界）；

（7）仁慈：对于自己亲近的人愿意保护和增强他们的利益（助人为乐、诚实、谅解、忠诚、负责）；

（8）传统：尊重、接受并承诺传统文化或宗教提倡的习俗和说教（奉献、尊重传统、谦逊、中和）；

（9）遵从：自我控制那些与社会规范和期望不符的，或者会使别人不安或受到伤害的行为、倾向和冲动（自我约束、礼貌、敬老、顺从）；

（10）安全：社会、人际关系和自我的安全、和谐与稳定（家庭安全、国家安全、社会秩序、整洁、报答别人的帮助）。

舒华兹认为，这10种价值导向可以进一步从以下两个维度来看：

一是开放–保守的维度。开放包括刺激、自主导向和享乐主义；保守包括安全、传统和遵从。

二是自我强化－自我超越的维度。自我强化包括成就、权力和享乐主义；自我超越包括普遍主义和仁慈。

舒华兹认为，虽然某一价值观对个体的重要性有本质的不同，但是这些价值导向却是由一个共同的结构组成的，这个结构中包含了动机的对立和统一，对在不同文化中生活的有知识的成人都适用。更重要的是，价值导向在研究中表现出了对个体的态度、性格特征、行为方式等相当一致的、有意义的、有预测性的结果。

具有普遍主义、仁慈和遵从价值导向的个体，在人际分配中更有合作性；而具有权利、成就和享乐主义价值导向的个体，在人际分配中更有竞争性。具有自主导向、刺激、享乐主义和成就取向的个体，会更积极地参加选举；而那些具有传统和遵从导向的个体则相当消极。

第二节　战略管理

战略管理问题的研究早在 20 世纪 20 年代就已萌芽，60—70 年代也曾倏然而起，一时风光无限，但在 80 年代受到明显冷落。而在 90 年代的“梅开二度”，则完全是缘于此时管理工作面临的全新国际化态势：经济全球化向纵深发展引发管理环境因素的空前扩大化和复杂化，使管理者痛感必须放眼全局和未来，在国际大环境和社会长期变动趋势之中来考量自己组织的发展问题。

20 世纪 90 年代以后，不少通过多元化经营形成的大企业开始出现问题，多元化的热潮也开始消退。其原因主要是随着全球经济一体化进程的加速，企业经营环境的不确定性日益增大，产业边界日益模糊，产业结构的稳定性日益下降，以恰当定位获得竞争优势变得越来越难以持续。在这种严峻的挑战面前，企业战略管理研究出现了三大新趋势：一是竞争优势的理论重点开始由以定位为基础转向以资源为基础的竞争优势观，并出现了核心能力理论；二是强调战略形成中的学习观，认为唯一可持续的竞争优势就是比对手更快的学习能力，其形成的方法是建立学习型组织；三是采用全新的视角。90 年代以前的战略理论都比较偏重讨论竞争和竞争优势，但进入 90 年代以后，随着环境的日益动态化，创新和创造未来日益成为企业战略管理研究的重点，在此背景下，超越竞争成为战略管理理论发展的一个新热点。

1. 核心能力理论

1990 年，美国学者普拉哈拉德和哈默尔在《哈佛商业评论》上发表《企业核心能力》一文，1994 年两人又合著《竞争大未来》，正式提出了核心能力理论，重新掀起了对企业内部环境的研究热潮。该理论认为：假定企业具有某种不同的、独有的资源，包括技术、知识等，而这一资源又不能在企业间自由流动，其他企业无法得到或者难以复制，那么这家企业就可以利用这些资源形成独特的竞争优势，获得超出市场平均水平的利润，这就是该企业掌握和可利用的最有价值的核心能力。

该理论强调，核心能力是企业内部长期积累形成的一种独特的资源，它对企业保持竞争优势以及获取超额利润有决定性作用。这意味着企业要选择与自身优势相符的行业进行活动，避免盲目选择不相关的行业进行多元化经营。这种独特的内部资源可称作"异质性资源"，判断它的标准有四个：有价值的、稀缺的、不可复制的、持久的。企业可以通过这种难以复制的生产性资产获取持久的超额收益。普拉哈拉德和哈默尔的这一认识使其不同于产业竞争战略理论那种通过垄断、壁垒、串谋等获得超额收益的观点。

从企业核心能力（异质资源）出发，可以重新认识和分析组织惯例、组织学习与知识积累、公司战略与多元化、竞争战略与持续竞争优势、企业规模与企业成长、组织文化、创新机制、人力资源、战略实施与执行等众多领域，建立一个企业成长过程的动态分析框架。但这个理论的主要问题是大部分资源看不见、摸不着，对它们进行实际测量和观察难度非常大。所以，定性研究便成为对异质资源的主要研究方法。

2. 学习型组织理论

彼得·圣吉 1990 年的著作《第五项修炼》，从组织的角度对战略管理理论进行了阐释。作者认为，战略管理的最终目的是动态适应环境的变化，而组织学习就是适应环境变化的有效方法，它对于企业的兴衰成败具有举足轻重的影响，尤其是在已经到来的信息社会和知识经济时代，组织学习变得特别重要。

作者还具体提出了成为学习型组织所必须进行的五项修炼：自我超越、改善心智模式、建立共同愿望、团队学习和系统思考。其中，系统思考贯穿于其他四项修炼的全过程，它整合其他四项修炼而成一体。对组织来讲，单独进行某项修炼并不难，但这并没有多少意义，必须把这五项修炼结合在一起进行，才有可能建成一个学习型的组织。

3. 有关超越竞争的战略管理理论

有关超越竞争的战略管理理论较多，以美国学者莫尔 1996 年出版的《竞争的衰亡》提出的“企业生态系统合作演化理论”为标志性成果，它为战略理论提出了一个新的研究方向，标志着竞争战略理论的指导思想发生了重大突破。作者运用生物学中的生态系统视角分析企业活动，认为在当今产业界限日益融合的情况下，企业不应把自己看作是一个孤单独立的社会个体，而应把自己视作一个“企业生态系统”的有机组成部分，这个生态系统的组成部分包括供应商、生产者、竞争者和其他利益相关者。在莫尔看来，商业生态系统的组成部分是非常丰富的，他建议高层经理人员经常从顾客、市场、产品、过程、组织、风险承担者、政府与社会等七个方面，来考虑商业生态系统和自身所处的位置。系统内的企业通过竞争可以将毫不相关的贡献者联系起来，创造一种崭新的商业模式。在这种全新的模式下，莫尔认为制定战略应着眼于创造新的微观经济和财富，即以发展新的循环来代替狭隘的以行业为基础的战略设计。

在企业生态系统中，企业战略的制定与传统战略有很大不同：战略制定的基本单位不再是企业或产业，而是合作演化的生态系统；企业业绩不仅是企业内部管理好坏和行业平均利润的函数，而且还是企业在生态系统中联盟和网络关系管理好坏的函数；个别企业的成长不再是考虑的重点，整个经济网络的发展和公司在其中的地位成为考虑的重点。合作不再局限于直接的供应商和顾客，而是扩展到所有可以被纳入整个生态系统范围内的企业；竞争也主要不是在生态系统内部的企业之间进行，而是在本系统与其他企业生态系统之间以及系统内为取得领导和中心地位而进行的竞争。

莫尔理论的一个贡献是超越了 90 年代以前的战略管理理论偏重竞争而忽视合作的缺陷，给出了在产业融合环境下理解企业经营的整体生态系统的基本框架，以及企业如何在其中发展并取得领导地位的战略管理方法。

第十章 新世纪西方管理思想的所趋大势

第一节 对“现代性”的反思与批判

后现代管理思想根植于“后现代理论”。后现代理论或曰后现代主义，是20世纪60年代以来整个西方以反传统哲学为特征的一种社会思潮和文化思潮，也是对现代文化哲学和精神价值取向进行批判和解构的一种哲学思维方式和态度。它的主要代表人物有美国的理查德·罗蒂（1931—2007年）、法国的雅克·德里达（1930—2004年）和让－弗郎索瓦·利奥塔（1924—1998年）。

所谓“后现代”是相对于“现代”而言的。而所谓“现代”或曰“现代化”，按照后现代主义者和哈贝马斯[①]等人的共同理解，是指从文艺复兴开始，经启蒙运动到20世纪50年代的这一历史时期。实际上也就是指西方资本主义从产生、发展到走向现代化的这一历史过程。现代化的这一过程是一个充满发明、革新和活力的过程，也是一个商品化、城市化、官僚机构化和理性化的过程。所有这些过程共同塑造了现代社会（现代世界）。现代社会（现代世界）最显著的特征或者说“现代性”最充分的体现是其理性和启蒙的精神。它相信随着社会历史的进步和发展，人性和道德的不断改良和完善，人类将从压迫走向解放。“现代性”通过新的技术、新的运输方式和交往方式、产品的分配和消

---

① 尤尔根·哈贝马斯（Jürgen Habermas，1929— ），是德国当代最重要的哲学家之一，西方马克思主义中法兰克福学派第二代的中坚人物。由于思想庞杂而深刻、体系宏大而完备，被公认是“当代最有影响力的思想家”“当代的黑格尔”和“后工业革命的最伟大的哲学家”，在西方学术界居于举足轻重的地位。

费形式、现代艺术和意识形态而散布在人类社会的各个层面和我们的日常生活当中。

后现代主义者认为，在整个现代化进程中，特别是最近的百余年来，人类虽以刻苦自强精神来重建文明，启动了自工业革命以来最大的社会发展运动，但也在不经意间产生并形成了一整套惩罚的制度和实践，以及使现代社会的统治方式和控制方式合法化的话语。"现代性"已使理性走向了它的对立面，使自由走向了压迫和统治。这促使他们从更高的理论层次上来反思现代化过程的利弊和现代化发展的命运，并对作为现代化理论基础的理性主义和启蒙精神进行再评估。

在这一反省中，后现代主义者愈来愈多地醒悟到了现代化过程给人类社会及其生活带来的冲击和伤害。在现代化过程中，由于高扬了主体性和人类中心主义，把人与自然的关系理解为统治与被统治、改造与被改造、利用与被利用的关系，人类无限制地向自然索取，使得生态平衡遭到极其严重的破坏。由于崇奉和宣扬科学至上，以为科学技术可以解决人类的一切问题，却不料科学的昌明竟导致了人的异化，导致了对道德信仰的忽视，甚至导致对人类自身生存的空前威胁。而曾在反对封建神学、解放人类思想方面起过巨大历史推动作用的理性主义和启蒙精神，竟也在现代化进程中因其据有的绝对统治地位和总体化或整体性特征，又重新生成了近乎恐怖的思想禁锢和压迫人的意识形态。"从进步思想最广泛的意义来看，历来启蒙的目的都是使人们摆脱恐惧，成为主人。但是完全受到启蒙的世界却充满着巨大的不幸"。有鉴于此，这些后现代主义者呼唤新的范畴和思维方式，要求用新的价值和政治学去克服现代话语及其实践的缺陷。

而当代科学研究出现的一系列新突破，也在思想文化层面上支持了后现代反理性主义的核心主张，尤其是爱因斯坦的"相对论"、海森堡的"测不准原理"、哥德尔的"不完全定理"等新的科学理论的创立，使传统理性主义对理性的绝对性、先验性的信念受到空前的挑战。强调"不确定性""非中心性""非整体性""非连续性"等核心内容的后现代主义，汲取和利用了这些新的理论观点，并将之作为它们批判"现代性"的有力证据。

可以说，后现代主义源自现代主义但又反叛现代主义，它是对现代化过程中出现的剥夺人的主体性和感觉丰富性的那种整体性、中心性、同一性等现代思维方式的批判与解构。后现代主义反对连贯的、权威的、确定的解释（包括对《圣经》和其他信仰宣告），主张个人的经验、背景、意愿和喜好在知识、生活、文化和性上占优先地位。

总括而言，后现代主义与现代主义的思想差异主要表现在：现代主义是以理性主义、现实主义作为哲学基础，而后现代主义则是以浪漫主义、个人主义为哲学基础。现代主义强调对技术的崇拜，强调功能的合理性与逻辑性，后现代主义则推崇高技术、高情感，强调以人为本。

因此，后现代伦理与现代伦理就有了四个截然不同的特质：

（1）后现代伦理是行动中的伦理而非固定的抽象戒律，它拒斥任何先验的基础主义假定。

（2）后现代伦理是一种私人伦理，它拒斥任何形式的权威主义。

（3）后现代伦理是一种趣味伦理并具有审美化倾向，它拒斥任何机械主义的阻碍。

（4）后现代伦理是一种情感化伦理，它拒斥任何理性主义的预设。

后现代伦理的以上四个特质，无一例外地都指向“人的自由与解放”这一价值主题。

可以说，后现代主义是现代主义走入极致的必然反弹，是人性在痛觉现代主义的令人窒息之际，自然生发的对“自由”空气的渴望。

第二节　后现代管理对人性本质的复原

作为对最近百余年来阔步雄视、风头一时无二的西方现代管理思想大胆质疑深切反思的新兴思潮，后现代管理思想像其理论根基“后现代理论”一样充满着不确定性和歧异性。它既没有统一的学说，更远未形成完整的理论体系，甚至真正建立在后现代理论话语基础之上的专业文献也如夜阑星稀，只是依稀可见。但这并不能使人无视它作为新世纪以来日益涌动的社会思潮存在的事实，也不能使人漠视它对于诊脉西方管理思想发展趋势的重要启示意义。

对现代化持激烈批评态度的后现代主义理论家们认为，从 20 世纪 60 年代开始，随着科学技术革命和资本主义的高度发展，西方社会开始进入一种“后工业社会”或曰“后现代时代”，也可称作信息社会、高技术社会、媒体社会、消费社会、最高度发达社会。它在产业结构、社会生活、传播方式甚至意识形态上，比之现代社会都发生了巨大的变化。有越来越多的社会发展新迹象都确凿无疑地表明，这是人类历史的一个新的发展阶段，甚至可能是一个与之前时代存在断裂的崭新时代。比如，“在后工业社会的产业领域，企业从制造业向服务业转型，新的科技主导型工业成为核心，新技术精英大量涌现并在社会的各个领域占据主导地位。这一切都使管理所面临的环境发生结构性的改变，如自主性较强的知识型员工取代了传统的操作工人，多样化、个性化的产品需求使传统单一的生产标准及程序化的流水线生产模式面临挑战，信息技术的推广则使传统金字塔形状的组织结构变得更加扁平化。日益复杂与动荡的外部环境及知识型员工的多样性需求，使传统的理性控制思维在管理中捉襟见肘。”这一系列根本性的变化，在 21 世纪更以加速度的方式呈现得愈加充分和全面，这种时代巨变需要相应的管理新思维与之对接——后现代管理思想呼之欲出！

后现代管理思想对管理主体与理性的理解与后现代哲学是一脉相承的，它的研究涉及管理哲学、人性假设、组织文化、组织结构、组织的变革与发展、企业的国际化战略与跨文化管理等。其中关于人性的假设和管理主体的看法，是后现代管理的主要研究对象和基础。

后现代管理思想与后现代哲学和文化学一样，将现代社会对人本质的异化作为颠覆对象，试图在管理中还原人的本质。后现代管理思想认为，高扬理性精神的启蒙运动哺育了“现代性”的产生。启蒙主义者将批判神学的力量之源诉诸于人之理性（理智）。人的理性遂成为一切权威的来源及一切事物存在价值的评判标准，也成为人之所以为人的依据。这样，理性就成为人的自我意识觉醒的体现，同时也成为“现代性”自我确证的话语主题或“现代性”之根。但是，“现代性”的原罪是，其自我确证的理性依据自“现代性”产生伊始就扭曲了古希腊的传统理性精神。古希腊的传统理性服务于善的要求，人通过这种理性在追求善的过程中同时领悟到自己的有限性。古希腊理性的要义是“理解”

而非“力量”，是恰如其分地理解人与上帝、人与世界的关系，而不是自大和自狂，这种理性不包含“统治”和“控制”的内在要求。而“现代性”确立的理性精神服务于力量的运用与控制，这种无限扩张及其对力量和控制的强调，就剥离了古希腊理性对善之追求的价值意蕴而蜕化为功利性的技术理性。马克斯·韦伯对理性的这种蜕变有明确的论述。韦伯认为理性是现代社会的基本特征，他将理性区分为价值理性（也称实质理性、规范理性、目的理性）与形式理性（也称技术理性、工具理性、科学理性）。价值理性与形式理性的区分，标志着作为“现代性”主题的理性精神的分化。理性裂变为形式理性与价值理性，“现代性”主题遂分化为科学主义与人文主义，这决定了以解决现实问题为导向的管理学之演化方向，只能在科学主义与人文主义两者之间徘徊。在片面强调经济增长与社会进化的现代社会里，科学主义思潮压倒了人文主义思潮，有立竿见影之效的形式理性成为强势逻辑而在社会的各个领域遮蔽或祛除了价值理性的存在。这也是为什么西方现代管理学自诞生之日起，就一直缺乏对自由这一人类价值主题予以系统考量的历史缘由。自由意味着可以自主地支配个人的情感、欲望和行为，即属于个体的一切（包括理性的需求和情感的释放）不被任何他者（某人或者某物）违背其本人的意愿所占有和控制。自启蒙运动以来，自由一直是启蒙理性所追求的核心价值，但随着理性的分化，作为价值理性主题的自由逐渐被作为形式理性主题的技术所遮蔽。人们幻想通过科学技术的飞跃实现人类的自由与解放问题，但是理性主义的宏观叙事构筑了工具理性的霸权话语，最终使其本身成为一种压抑人的自由和对社会实施控制的操纵系统。库珀和吉布森·伯勒尔（1988）在考察德里达的哲学思想对于组织与管理研究的理论意蕴时指出，理性化运动的经济后果就是，对个人经济利益的片面强调将冲动、欲望、激情等非理性因素驯化，并使之长期在管理领域处于边缘化状态。理性对现代管理的塑造，实质上是以一种压抑性文明将人简单化、机械化，使之成为没有灵魂和欲望的机械个体，只有这样才能通过计算来增强管理的可控性与可预测性，从而提高管理系统的生产效率与运转能力。管理中的理性化过程将人的一系列自然欲求排斥于经济系统之外，而这些自然欲求是人之所以为人的不可或缺的甚或是更为重要的有机组成部分。因而，现代管理在极大地提高人类生产与组织能力的同时，就日甚一日地堕入愈演愈烈的人性化困境。后现代主义人性观意图整合理性与感性两种对立性力量，通过对情感、欲望、直觉等非理性因素的解放，来消解理性的偏执在管理过程中对人性造成的扭曲和损害，在管理中重建现实而完整的人性，使管理不仅符合人性之理性标准，同时也要符合人性之感性需求。

20世纪八九十年代，随着后现代主义思潮大量浸入组织及其管理领域，欧美的后现代主义者在对现代管理的批判中发现了现代社会组织（企业组织）的人性困境。他们认为，资本主义以管理为工具创造了一个现代企业组织形式，资本原始积累所使用的征服、奴役、掠夺、暴力等手段，通过管理而获得理性化。现代社会中的个人被工业化文明的成果所压迫，人成为管理制度的创造物，是被现代文明的产品所异化而存在的。现代社会结构中的人不是“真正的人”，而是社会结构的附属品，其存在的方式是权利。泰罗制管理的普遍性理念掩盖了管理主体代表权力的本质，对于处在社会边缘的职工群体来说，普遍性的管理很可能是压迫性的，因此后现代管理思想呼吁管理的多元化和对个别群体的容忍。在后现代主义者看来，管理新思想更主要的目的，是在组织中建立一种抵抗理性控制系统之压迫的文化共同体，以增强员工对组织及其个人身份的文化认同感。这种后现代伦理使管理的价值考量从组织的角度转向员工个人，控制的主题由效率增长和行为约束转向个体自由与自治。法兰克福学派的领军人物之一马尔库塞认为，人的本能解放之路实质上是一条通往审美的道路。而生产性、攻击性的文明压抑了爱欲的、非攻击性的情愫。“科学主义思潮支配下的管理模式内在地具有普适性与去特殊性的要求，加剧了全球化背景下民族认同与个人身份认同的双重危机，使管理出现深重的‘文化乡愁’问题。……后现代主义者对管理中的人性救赎通过重建人的精神家园、解放人的非理性因素来实现。它开拓了伦理技术与审美体验两条路径，即建造人在组织中的道德生活与审美生活，并将它们和人的自由与解放问题连接起来，构筑了一种反对理性主义、权威主义与中心主义的新自由叙事模式。后现代管理在理性控制系统之外，尝试在组织中建构基于情感与价值的‘自由－自治’系统，从而将组织导向服务于人类自由和幸福生活的一种积极存在。”如果说为产品赋予情感价值的体验经济塑造了一种组织外部的审美生活，那么工作概念由谋生向消遣的根本转变，则塑造了一种组织内部的审美生活。组织内外的这两种巨大变革，共同对传统理性主义主导的机械式组织及其管理形成了革命性挑战。

有鉴于此，奉行后现代管理思想的社会组织（企业组织）就应该具有以下特征：

（1）注重员工的情绪，帮助员工产生美好感受，让组织充满活力，关注个人优点，激发个人潜能。把优点发挥到极致，缺点就没有表现的机会。

（2）挑战权威，拒绝按部就班、机械地做事，任何岗位都强调自己相应的决策权，在适当弹性范围内创造性地工作，不但要告诉人们“怎样做”，还要告诉人们“为什么”，直到完全理解并能活用为止；不但要告诉人们做事的标准，还要告诉人们形成这一标准的模式。

（3）制造经济正向服务经济转型，从中心到边界的、基于控制的管理方式正在失效，等级结构受到挑战，管理的侧重点从中心转向外围，首先是顾客，其次是员工，再次是流程，最后才是领导者。这四个层面不再有等级关系，而是互利的合作关系。在服务经济时代，领导者是最彻底的服务员，如果还有等级存在的话，领导者则处于权力结构的底层。

（4）企业主的决定性地位受到挑战，各方面专家及专业技术人员的作用正在凸显。他们在自己的专业领域获得了相当的自主和自由，能轻易地在企业组织之外实现其专业价值。他们热衷于以自由职业者的身份生活。他们与企业的关系更像合作伙伴而不太像被雇佣者。因此触发的管理变革，应是思考如何运用市场规则把他们变成企业内部的“个体户”（相对独立的市场主体）。

（5）人们普遍以工作小组方式开展工作，“组织脑”将超越个体的大脑，人与人之间联系越多，关系越紧密，其价值则越高。

后现代管理思潮自 20 世纪 80 年代在美国涌现，其后迅速风靡西方，并随之向全世界蔓延。随着 21 世纪经济、社会环境的史诗性巨变，后现代管理思想也呈现出五彩斑斓、引人遐思的千姿百态。

第三节　后现代管理观点集萃

一、德鲁克的《未来的里程碑》

德鲁克在其著作中并没有直接使用后现代管理的概念，但他在 1957 年出版的《未来的里程碑——关于新的后现代世界的报告》一书中，却不仅是在管理学界，而且几乎是在整个人类思想界最先使用了后现代概念，这使其无愧于“20 世纪首开后现代管理研究先河的思想大师”之称号。

由于德鲁克坚决反对对未来做出任何设计，因此他并没有将后现代这一概念理论化和系统化。他把后现代世界称作“尚未命名的时代”。在《未来的里程碑》一书中，德鲁克主要分析了现代社会向后现代世界转变的风向标，即未来的四个里程碑。

德鲁克指出，转向后现代世界的第一个里程碑，是基于生物学的世界观代替了基于机械学的笛卡尔世界观。他认为，信息时代是建立在人类生物学而不是机械学的基础之上。早在计算机革命到来之前，德鲁克就敏锐地看到了需要一种适应新技术的新模式。他写道：我们生活在一个过渡的时代……在这个时代，昨日的旧“现代”不再行之有效，……而新的“后现代”尚缺乏定义、表现方式和手段，但是它已有效地控制了我们的行动和行动的后果。（此书出版于 1957 年，当时的社会现状尚未显露出后现代社会的清晰风貌。）

德鲁克所指出的第二个里程碑，是他所发现的，从进步到创新的转变中所包含的对“秩序的新理解”。进步是自启蒙理性以来的历史神话，这种观点已不能适应新的历史需要。进步的理论过于玄虚——历史像在骑着马飞奔，而人类却徒步而行。德鲁克对进步的理解与大卫·格里芬[①]关于现代性的第三个精神

---

① 大卫·格里芬（David Rav Gdmn），世界著名过程哲学家，建设性后现代主义的主要代表人物，曾获诺贝尔和平奖提名。现任美国中美后现代发展研究院副院长、美国过程研究中心主任。主要学术著作有《后现代科学》。

向度——进步神话的描述恰恰是吻合的。德鲁克摒弃“进步”，而推崇“创新”，他认为，创新是因人发生的、有目的、有组织但具有内在风险性的变化。德鲁克所倡导的创新已成为今天这个后现代社会——无论是社会也好，还是企业也好——主要的活动模式。

德鲁克所指出的第三个里程碑，是规模更加庞大的组织的出现和增多。这意味着团队协作精神将更显重要。德鲁克还十分关注大公司中越来越多的专业工作者。关于知识工作者管理的问题，在其后来的著作中则有更多深入的分析。这些都为后现代企业中的人力资本理论奠定了良好的基础。

德鲁克所指出的后现代世界的第四个里程碑是教育的革命。后现代是一个“教育大爆炸”的时代。德鲁克认为，使受教育者具有更大生产力，这是时代所面临的最重大的挑战之一，为此，我们应该摒弃古希腊那种迂腐和自命不凡，而重视受教育者的实际操作能力的训练。德鲁克有关教育的观点，对于后现代企业创建学习型组织具有重要的指导意义。

最后，德鲁克呼吁，在后现代社会，应使人回归到精神价值上来。在《未来的里程碑》末尾，德鲁克写道：“必须重申人不单是一种生物和心理存在，而且是一种精神存在；他是一种造物主所创造的生灵，以造物主为其存在的目的，并且受造物主的支配。”关于信仰的价值，德鲁克是在丹麦哲学家克尔凯郭尔（1813—1855 年）的《恐惧与战栗》中找到的。德鲁克从未脱离尘世，也从未放弃信仰。他倡导将信仰作为医治现代社会疾病的良方，倡导信仰在后现代世界的公司中的重要性。

二、彼得斯的后现代管理思想

彼得斯在其历史上最畅销的管理类书籍《寻求优势》一书中，即向我们描述了在变动不居的后现代时期如何赢得成功的秘诀，并声称当代管理正面临着库恩所说的“范式的革命”。在随后出版的《寻求优势》的续篇——《追求卓越的激情》及《解放型管理》等著作中，彼得斯通过大量的案例阐述了后现代时期的企业在组织、领导模式等方面的特点。尽管彼得斯没有采用后现代理论话语，而是采用了深入浅出和充满激情的非理论话语，他的著作仍然被视为后现代企业理论的源头，是我们今天进行后现代企业理论研究的极为珍贵的参考文献，他也因此被称为“后现代企业之父”。

在《寻求优势》及其续篇《追求卓越的激情》中，彼得斯指出，“领导”概念对时下的企业革新至关重要，以致应该将“组织”“管理”这些字眼摒弃不用了。而领导的要素包括：关注、象征、戏剧、愿景与爱。“商业就是表演、领导就是表演、管理就是表演”，这里所说的表演，并不是建立在虚假的人格面具下的骗人的把戏，而是强调要把管理作为一门艺术和象征符号行为来对待。“领导（管理）也是一种象征符号行为，无论是马丁·路德·金的精彩演讲，还是杰克·韦尔奇专为采购员特设的专线电话，所要说明的都是这个问题。”因此，彼得斯又说：象征符号可以激发创业精神。在深谙领导艺术的象征符号性质的企业，如麦当劳、迪士尼等公司，都避免使用“工人”“雇员”等字眼，而喜欢使用“成员”“合伙人”等字眼。这说明这些公司已将管理的艺术渗透到细微处。这是后现代管理成功的秘诀，也是对“实践常识”的一种贯彻。

在《解放型管理》一书中，彼得斯阐述了后现代企业及管理的一些特点：

——推崇混乱、学习乐于冒险。

——四大短命：短命组织、短命组合、短命产品、短命市场。

——不要时钟，不要办公室，只要绩效。

——解放员工，鼓励释放创业活力。

——组织解体，走向人人做项目之路。

——摒弃垂直整合，走向网络联盟。

彼得斯还将后现代企业比作“嘉年华”①，认为企业组织不应设计得像由硬石头垒成的金字塔，而应该像一个嘉年华式的聚会场所。因为，“当今经济舞台的旋律已不再是华尔兹，而是伴着街头急促脚步的霹雳舞曲。……如果你不觉得疯狂，你就是没有跟上时代的步伐。”彼得斯十分推崇麦肯锡的管理模式。他说，“麦肯锡任何一个地方都像一个动物园。事实上，我花了 10 年时间才认识

---

① 嘉年华，欧美“狂欢节（Carnival）”的英文音译，嘉年华的前身在欧洲是一个传统的节日，相当于中国的“庙会”。它最早起源于古埃及，后来成为古罗马农神节的庆祝活动。多年以来，嘉年华逐渐从一个传统的节日，演化成为今天这样一种包括大型游乐设施在内，辅以各种文化艺术活动形式的公众娱乐盛会。到今天，全世界各地已有了花样繁多的嘉年华会，并成为很多城市的标志。

到这家组织奇怪的知识商团。以传统标准来评判，这里的管理十分‘差劲’。例如，没有工作说明书，没有组织图，没有年度目标，业绩评估制度也深奥难懂。但在今天由知识创造附加值的时代，它几乎成为每家公司的楷模。”

三、伦理领导理论与工作场所精神性理论

伦理领导理论与工作场所精神性理论，将伦理、价值观等精神性因素抬升到管理考察的核心位置，并将对“善”与“美”的追求视为组织管理的基本目标。这标志着管理学研究中的人文主义范式不断走向纵深，并已与人性的完善与自由解放这种人类的终极价值实现密切结合。

深度研究伦理领导是基于伦理经济学的分析之上的，领导者在组织中既是一个社会人同时又是一个经济人，具备良好道德修养的领导者能在组织中创造一种友善、和睦的组织氛围，使组织中的成员积极效仿其道德行为，从而激发员工工作积极性并最终实现组织绩效最大化。

恩戴尔于 1987 年最早提出“伦理型领导”的概念，并将之界定为一种思维方式，旨在明确描述管理决策中的伦理问题，并对决策过程所参照的伦理原则加以规范。

特雷维诺等人于 2000 年更加清晰地指出“伦理型领导”具有以下两方面含义：一是合乎伦理的个人，即具备诚信等个体特征，并执行合乎伦理的决策；二是合乎伦理的管理者，即采取影响组织道德观与行为的合乎伦理的策略。

与传统的变革型领导和魅力型领导研究不同，伦理型领导的研究着重强调领导者基于合乎伦理的榜样行为促成其与跟随者间的双向沟通的重要实践意义。为了正确认识伦理型领导的重要实践意义，现有的一系列研究着重阐述了伦理型领导的效能结果及其产出机制。

在近期的研究当中，越来越多的学者在探讨伦理型领导效能机制的同时，开始关注伦理型领导是如何形成的这一前因问题。布朗等在回顾 2006 年以前的伦理型领导相关研究的基础上总结认为，伦理型领导的前因变量主要包括个性等领导者个体特征因素以及标杆榜样等情境因素两大类。雷斯克等（2006）以及马丁等（2009）则从区域环境差异的视角指出，地区文化背景也是伦理型领

导形成的重要前因。

特雷维诺等人通过对不同行业的高管们以及伦理实施者进行半结构化访谈，研究发现伦理领导应包含五个方面的内容，它们是：以人为本、采取道德的行为、设置标准、提升伦理意识、实现组织目标。可见，伦理型领导研究已经逐步由单一聚焦结果，考察伦理型领导对组织发展的各种影响及其机制，逐步转向同时聚焦前因，试图阐明究竟是什么促使组织产生伦理型领导，继而又实现卓越的伦理领导力。

四、阿肖克·兰乔德的后现代营销观点

英国南安普顿商学院营销学主任阿肖克·兰乔德在其《因特网，后现代营销和全球化》一文中，阐述了自己的后现代营销观点。兰乔德认为，对后现代营销的讨论，大多数强调数码/通信、技术、传播、消费、形象/符号和超现实的日益增强的重要性。他引用科瓦的观点说，后现代是捍卫个性和对社会约束的解放。社会零散化显然是后现代个人主义的结果。而自相矛盾的是，后现代个人既是隔离的，又是通过网络与整个世界发生实质联系的。

兰乔德进一步引用科瓦的论文说，在后现代营销中必须提供以下几点：

（1）借助信息技术进行一对一营销。对无法预测的个性化的顾客可保持这种方式。

（2）形象。能提供类似欧洲迪士尼主题乐园那样超现实有潜力的体验。技术给予后现代消费者以机会参与创作，要按顾客要求定制其自我的世界。

（3）营销形象。后现代营销时代依靠形象营销，强调文化意义和形象。我们正在目击传统广告的衰微和退场。在后现代市场中，营销要做到给予顾客意义共创的互动经验。

（4）零散化。20 世纪 90 年代市场和技术转向市场零散化和大众传播。市场零散化可能预示着更多强调市场中较小的和较不稳定的部分。

作为一种绵延半个世纪之久的理论话语，不能不说，后现代主义时至今日对经济和管理方面的渲染和助推，仍是大大滞后于其他社会领域的。后现代管

理思想不系统、不严谨的零星描述，使其很难被称为“理论”。至今，后现代管理思想展现的主要功能仍是从根源上对现代管理的批判与反思。它的强大批判功能对于加强现代管理的自我审视和自我超越应该说是具有很大的警醒和指导意义的；而它对非理性因素、不确定因素及边缘性因素的关注和探寻，又对克服现代管理由于其理性的僭越而罹患的非人性化弊病极具现实矫正意义。

后现代主义非理性的、救赎的人性观及其将伦理、审美元素导向“人之自由解放”这一终极性价值的道义主张，批判与超越了现代管理的理性主义预设及其引发的诸多人性困境，对于在现实管理过程中复原和救助丰富多彩的本真人性，指明了符合人类文明走向且契合人性自然要求的努力方向。后现代管理思想无意彻底否定并排拒理性与管理主体本身，而是要确定理性的界限，还原人性的本来面目，使人的理性因素与非理性因素平衡互助发展，从而真正实现人的自由全面的发展。

势如钱江潮般“看似平常江水里，蕴藏能量可惊天”的后现代管理思潮，以其颠覆性的主旨观点使人们深切地体悟到：在管理实践中颠覆绝对理性，构筑相对理性，以及颠覆一元主体，构筑多元主体，重塑管理之魂，恐怕将是21世纪西方管理思想发展的所趋大势。

参考文献

［1］陈恒.古希腊文明特征新论［J］.上海师范大学学报（哲学社会科学版），2002（2）.

［2］陈乐民.欧洲文明十五讲［M］.北京：北京大学出版社，2004.

［3］陈恒.论美索不达米亚文明的历史地位［J］.历史教学问题，2000（4）.

［4］陈村富.地中海文化圈概念的界定及其意义［J］.中国社会科学，2007（1）.

［5］斯塔夫理阿诺斯.全球通史：1500年前、后的世界［M］.吴象婴，梁赤民，译.上海：上海社会科学院出版社，1999.

［6］黄海昀.古代东方文明之古代埃及文明［EB/OL］.https：//max.book118.com/html/2018/0430/163928551.shtm.

［7］佚名.希腊精神与希伯来精神［EB/OL］.http：//www.wendangku.net/doc/96161a7e168884868762d612.html.

［8］佚名.古代中西方自然地理环境对其文明的影响［EB/OL］.http：//www.360doc.com/content/17/1124/22/50074169_706873311.shtml.

［9］恩格斯.反杜林传［M］.北京：人民出版社.1999.

［10］胡国栋.科学与人文：现代性的主题分化与管理学的范式分裂［J］.自然辩证法研究，2013（11）.

［11］柏拉图.理想国［M］.郭斌和，张竹明，译.北京：商务印书馆，1986.

［12］萨顿.科学史和新人文主义［M］.陈恒六，等译.北京：华夏出版社，1989：64.

［13］金歌，等.中外名著博览：人文社科卷［M］.上海：上海科学技术文献出

社，2015：10.
［14］魏特夫.东方专制主义［M］.徐式谷，等译.北京：中国社会科学出版社，1989.
［15］奥勒留.沉思录［M］.何怀宏，译.北京：中央编译出版社，2008.
［16］赵林. 基督教与西方文化［M］. 北京：商务印书馆，2013.
［17］伯尔曼.法律与革命——西方法律传统的形成［M］.北京：中国大百科全书出版社，1993：374.
［18］邱吉尔.英语民族史：第一卷［M］.薛力敏，林林，译.海口：南方出版社，2003：83.
［19］佚名.中国思想文化发展史上的几次繁荣和几次沉重打击［EB/OL］.http：//blog.sina.com.cn/s/blog_5061497f0102v6s1.html.
［20］徐大同，丛日云.西方政治思想史：第二卷［M］.天津：天津人民出版社，2005.
［21］张卜天.科学与宗教：两种文化现象间的冲突与依存［EB/OL］.http：//blog.sina.com.cn/s/blog_669f7f540102wt3k.html.
［22］丛日云.欧洲中世纪的契约社会与权利斗争传统［M］.大连：大连出版社，1996.
［23］霍菲克.世界观的革命［M］.余亮，译.北京：中国社会科学出版社，2010.
［24］阿奎那.阿奎那政治著作选［M］.马清槐，译.北京：商务印书馆，1963：44.
［25］亚里士多德.政治学［M］.吴寿彭，译.北京：商务印书馆，1965：7.
［26］佚名.基督教文化对西方文明的影响［EB/OL］.http：//ishare.iask.sina.com.cn/f/iKLq57JnOt.html.
［27］佚名.浅论托马斯·阿奎那政治思想及其现实意义［EB/OL］.https：//tieba.baidu.com/f?kw=%E6%89%98%E9%A9%AC%E6%96%AF_%E9%98%BF%E5%A5%8E%E9% 82%A3&ie=utf-8.
［28］R W Carlyle，A J Carlyle.西方中世纪政治思想的特质［M］//西方政治思想史：第二卷，丛日云，王淑梅，译.天津：天津教育出版社，2005.
［29］衣自强.阿奎那政治思想浅析［J］.今日南国，2009（5）.
［30］马基雅维利.论李维［M］，冯克利，译.上海：上海人民出版社，2012.

[31] 马基雅维利.君主论［M］.潘汉典，译.北京：商务印书馆，1985.
[32] 马基雅维利.马基雅维利全集［M］.时弘殷，潘汉典，王永忠，等译.长春：吉林出版集团，2011.
[33] 聂文聪.马基雅维利的思想遗产［N］.光明日报，2011-02-27.
[34] 莫尔.乌托邦［M］.戴镏龄，译.北京：商务印书馆，1982：74.
[35] 孟广林.社会变革与西欧文艺复兴的酝酿［N］.学习时报，2004.
[36] 列宁.列宁全集：第1卷［M］.北京：人民出版社，1984：377.
[37] 吴晓波.从汴梁城到比萨城到底有多远？［EB/OL］.［2015-08-12］.http：//finance.sina.com.cn/zl/lifestyle/20150812/075022942328.shtml?fromsinago=1.
[38] 胡亚敏，黎杨全.黑死病与欧洲人文精神的复苏［D］.武汉：华中师范大学文学院，2010.
[39] 马凯尔.瘟疫的故事［M］.罗尘，译.上海：上海社会科学院出版社，2003.
[40] 中共中央马克思恩格斯列宁斯大林著作编译局.马克思恩格斯选集：第三卷［M］.北京：人民出版社，1993.
[41] 陈浩武.马丁·路德的宗教改革及其历史意义［EB/OL］.http：//blog.sina.com.cn/s/blog_669f7f540102wrm9.html.
[42] 朱孝远.近代欧洲的兴起［M］.南京：学林出版社，1997.
[43] 王荣声.19 世纪欧洲大陆工业革命的特点及其社会后果［J］.晋阳学刊，1999（1）.
[44] 江晓原，黄庆桥，李月白.今天让科学做什么？［M］.上海：复旦大学出版社，2017.
[45] 李劲辰.人性悖论：西方管理思想史演进的原点与动力——对西方管理思想史的哲学解读［J］.海军工程大学学报（综合版），2009（2）.
[46] 卢敦基.科学与人性的冲突及其可能的未来——读爱德华·威尔逊《知识大融通》［J］.浙江社会科学，2017（5）.
[47] 占部都美.现代管理论［M］.北京：新华出版社，1984.
[48] 韩共同.科学与人文的分裂、冲突与融合［EB/OL］.http：//www.360doc.com/content/15/1006/06/14979747_503531781.shtml.

[49] 肖鹰.科学与艺术的审美差异——科学与美学三论之三［J］.哲学研究，2004（12）.

[50] 松下幸之助.自来水哲学［M］.李菁菁，译.海口：南海出版公司，2008：32.

[51] 刘永辉，伊波美智子.论本田宗一郎的实践经营哲学［J］.对外经贸实务，2010（3）：28.

[52] 盛田昭夫.控制日本的十大财阀：日本爱迪生盛田昭夫［M］.北京：中国经济出版社，1992：160.

[53] 稻盛和夫.敬天爱人［M］.曹岫云，译.沈阳：万卷出版公司，2011.

[54] 稻盛和夫.阿米巴经营［M］.曹岫云，译.北京：中国大百科全书出版社，2009.

[55] 刘韬.现代日本管理哲学研究［D］.黑龙江：黑龙江大学，2016.

[56] 韦伯.新教伦理与资本主义精神［M］.于晓和，陈维刚，译.北京：三联书店，1987.

[57] 邵鹏.管理新潮：企业文化对话录［J］.读书，1988（3）.

[58] 松本三之介.国权与民权的变奏——日本明治精神结构［M］.李冬君，译.上海：东方出版社，2004.

[59] 戴季陶.日本论［M］.杭州：浙江出版集团数字传媒有限公司，2014.

[60] 官文娜.日本企业理念与日本宗教伦理——以近世住友家法为中心［J］.开放时代，2014（1）.

[61] 张弘，杨超.法国《读书》杂志评荐的理想藏书［M］.呼和浩特：远方出版社，2006：224-225.

[62] James C Abegglen.21st Century Japanese Management：New Systems，Lasting Values［M］.New York：palgrave macmillan，2006.

[63] 盛勤.试论日本集团效忠意识的历史演变［M］.北京：北京大学出版社，1995.

[64] 新渡户稻造.武士道［M］.张俊彦，译.北京：商务印书馆，1993：18.

[65] 孟晓旭.日本崛起的文化因素［J］.当代世界，2012（6）.

[66] 中牧弘允.むかし大名、いま会社——企業と宗教［M］.京都：淡交社，1992：18-25.

[67] 郑祝君. 外国法制史 [M].北京：北京大学出版社，2007.
[68] 徐静波.东风从西边吹来——中华文化在日本 [M].昆明：云南人民出版社，2004.
[69] 霍克海默，阿尔多诺.启蒙辩证法 [M].洪佩郁，蔺月峰，译.重庆：重庆出版社，1990.
[70] 哈桑.后现代转向——后现代理论与文化论文集 [M].刘象愚，译.上海：上海人民出版社，2015.
[71] Robert Cooper，Gibson Burrell.Modernism，Postmodernism and Organizational Analysis：an Introduction [J].Organizational Studies，1988，9（1）：91–112.
[72] 罗珉.西方后现代管理的研究特点 [J].南开管理评论，2002（5）.
[73] 胡国栋.非理性解放：后现代管理视域中的人性救赎 [J].伦理学研究，2016（6）.
[74] 马尔库塞.审美之维 [M].李小兵，译.桂林：广西师范大学出版社，2001.